JN417650

글쓰기와 발표

- **권태현** : 충북대학교 국어교육과 교수
- **김경열** : 충북대학교 국어교육과 교수
- **김태인** : 충북대학교 국어국문학과 교수
- **김아름** : 충북대학교 국어국문학과 교수
- **이규범** : 충북대학교 국어교육과 교수
- **장충덕** : 충북대학교 교양교육본부 교수
- **황지영** : 충북대학교 국어교육과 교수

글쓰기와 발표

초판1쇄 인쇄 | 2026년 3월 31일
초판1쇄 발행 | 2026년 3월 31일
저자 | 글쓰기와 발표 교재 편찬위원회
발행처 | 충북대학교 출판부
발행인 | 박유식
주소 | 28644 충북 청주시 서원구 충대로 1
전화 | 043-261-2952, 3014
팩스 | 043-274-1256
이메일 | presscbu@chungbuk.ac.kr
등록 | 제1983-2001-7호
인쇄처 | (주)케이랩

ISBN 978-89-7295-581-8 93800
값 17,000원

글쓰기와 발표

NOVA APERIO 1951 충북대학교 출판부

목차

Ⅰ. 의사소통의 이해 5
1. 소통의 필요성 6
2. 의사소통의 개념과 모델 11
3. 의사소통의 구성 요소 15
4. 의사소통의 원리 25

Ⅱ. 글쓰기 33
1. 글쓰기의 과정 34
2. 글쓰기의 실제 100

Ⅲ. 말하기 123
1. 발표하기 124
2. 토의와 토론 156

참고문헌 198
어문 규범 이야기 30, 56, 82, 98, 122, 154, 196

I.

의사소통의 이해

I.

의사소통의 이해

1. 소통의 필요성

학습 목표

1. 현대 사회의 소통 부재의 양상을 여러모로 설명할 수 있다.
2. 소통 부재가 초래한 여러 병폐 현상이 자신의 삶 주변에서 혹은 사회에서 어떻게 전개되고 있는지 설명할 수 있다.
3. 소통의 어려움에 대해 이해할 수 있다.

1.1. 소통 부재의 시대

오늘날 우리 사회는 소통의 부재로 많은 어려움을 겪고 있다. 소통의 부재는 크게 두 가지 양상으로 사회 면면에 드러난다. 갈등과 고립이다. 갈등은 문자 그대로 볼 때 더 와닿는다. '갈(葛)'은 칡나무이고, '등(藤)'은 등나무이다. 칡과 등나무는 태생적으로 무엇인가를 휘감고 올라가야만 한다. 문제는 칡과 등나무가 만날 때이다. 칡과 등나무가 서로를 기둥 삼아 휘감아 올라가는데, 상생(相生)이 아닌 고사(枯死)의 몸짓이기에 참담하다. 얽힌 이 둘을 떼어 내려고 해도 어디에서부터 풀어야 할지 엄두가 나지 않는다.

꼬일 대로 꼬인 갈등의 영역들은 사회 곳곳에서 보인다. 몇 가지만 그 예를 살펴보자. 여론조사 기관인 한국리서치는 2023년에 전국의 만 18세 이상 남녀 1,000명을 대상으로 세대 인식 조사를 실시하였다. 응답자의 25%는 우리 사회의 세대 갈등이 '매우 심각하다'로 답했고, 54%는 '심각하다'로 답했다. 응답자의 80% 정도가 세대 갈등을 심각하게 인식하는 것이다. 사회에 이제 막 진출한 청년층과 기성세대 간에 갈등이 있을 뿐만 아니라, 노년층과 비노년층 사이의 갈등도 심각하다. '틀딱', '꼰대', '잼민이', 'MZ스럽다', '영포티' 등의 단어를 통해 서로를 향해 비수를 꽂는다. 한국리서치는 2024년에 남녀 갈등 인식에 대한 조사도 실시했는데 응답자 가운데 3명 중 2명꼴로(64%) 우리 사회의 남녀 갈등이 심각하다고 답했다. 일부 극단적 세력은 '○○충' 등으로 대표되는 표현을 써서 서로를 벌레로 만들어 버려야 직성이 풀리는 지경에 이르렀다. 정치에서의 갈등은 또 어떠한가. 통계청에서 조사한 '우리 국민이 가장 크게 느끼는 갈등의 영역'은 '보수와 진보의 대립'으로 82%의 매우 높은 수치를 보였다. 정치 갈등 역시 언어로 표출되기에 서로를 향해 말로 생채기를 내는 것이 일상처럼 되어 버렸다.

영웅 서사시를 기반으로 하는 소설이나 영화 등은 대체로 선과 악의 선명한 대립을 보여준다. 그런 대립의 이야기를 접하며 우리는 당연히 선이 이기고 악이 처참히 짓밟히기를 바라고는 한다. 하지만 현실의 갈등은 선과 악의 선명한 대립 속에 전개되지 않는다. 대부분 현실의 갈등은 자기 기준에서의 절대 선들이 충돌하여 일어난다. 현실의 갈등 구조 속에서는 대립 항의 그 누구도 자신을 '악의 역할'로 규정하지 않는다. '선과 악'의 대결이 아니라 '선과 선'의 대결인 것이다. 갈등이 골치 아픈 이유는 칡이든 등나무든 제 나름의 삶의 양식을 따라 살았을 뿐이고, 그것이 최선이라고 믿기 때문이다.

이 책을 통해 우리는 말과 글로 소통하는 방법을 익히려고 한다. 하지만 현재의 여러 갈등이 꼭 우리가 소통하는 방법을 잘 모르는 데에서 기인하는 것 같지만은 않다. 우리 소통의 근원적 문제는 상대를 '다른 것'이 아니라 '틀린 것'으로 미리 규정하고 소통 자체를 하지 않으려는 데 있을지도 모른다. '서로 다를 수 있음'을 받아들이지 않는다든지, 모두 '나'처럼 행동하고, 생각해야 한다는 강박에 사로잡혀 있다면 소통은 시작조차 하지 못할 것이다.

활동하기

- 자신이 생각하는 우리 사회의 가장 큰 갈등은 무엇인지 이야기 나누어 보자.
- 최근 누구와 다툰 적이 있는지 생각해 보자. 그 갈등의 이야기를 영웅 서사시로 각색해 보자. 이때 자신을 오히려 악의 축으로, 상대방을 선을 대변하는 영웅으로 묘사해 보자.

소통의 부재는 고립의 형태로도 나타난다. 우리는 SNS가 고도로 발달된 시대를 살아가고 있다. SNS는 Social Network(ing) Service의 약자이다. 말 그대로 인간이 사회적 관계망을 구축하는 것을 도와주는 서비스인 것이다. 여기서 우리는 '현대'의 역설적인 상황을 마주하게 된다. 최첨단 기술은 우리 인간의 소통을 전폭적으로 돕지만 정작 현대인은 그 어느 때보다 더 진하게 '외로움' 혹은 '단절' 능의 키워드를 자신들의 징후로 드러낸다.

> 우울증은 나르시시즘적 질병이다. 우울증을 낳는 것은 병적으로 과장된 과도한 자기 관계이다. 나르시시즘적 우울증의 주체는 자기 자신에 의해 소진되고 기력이 꺾여버린 상태이다. 그는 세계를 상실하고 타자에게 버림받은 자이다. 에로스와 우울증은 대립적 관계에 있다. 에로스는 주체를 그 자신에게서 잡아채어 타자를 향해 내던진다. 반면 우울증은 주체를 자기 속으로 추락하게 만든다.
>
> — 한병철, 『에로스의 종말』

우리는 소통하는 힘을 잃었다. 그 힘의 상실은 소통의 부재, 타자의 상실과 맞물린다. 소통하는 힘을 잃어버린 우리는 삶에서 사랑할 대상을 가지지 못해 허덕이게 된다. 사랑할 타자를 잃어버린 우리는 이내 자기를 향한 골몰 안에 갇혀 버리게 되고, 이는 결국 '외로움'과 '단절'로 귀결된다.

1.2. 소통, 생존을 위한 모험

소통은 '생존을 위한' 모험이다. 소통은 해도 되고, 안 해도 되는 선택의 문제가 아니다. Eisenberger & Lieberman(2004)은 <Why rejection hurts?>(거절은 왜 상처가 되는가?)라는 논문에서 우리의 뇌가 신체적 고통과 사회적 고통을 구분하지 못한다는 것을 실험을 통해 입증했다.

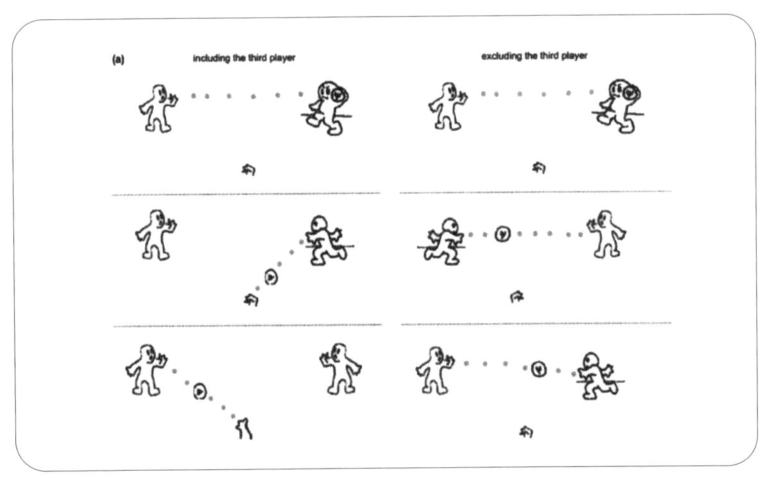

〈Why rejection hurts?〉 Eisenberger & Lieberman(2004: 296)

모니터에는 가상의 두 사람과 피실험자가 조종하는 손이 삼각형 구도로 배치된다. 그 사이를 공이 왔다 갔다 하는데 피실험자가 조종하는 손에 공이 오면 버튼을 눌러 모니터의 다른 이에게 공을 넘기면 되는 것이다. 한참을 그렇게 실험이 진행되다가 어느 순간부터 피실험자가 조종하는 손에 공이 오지 않게 되고, 가상의 두 사람만이 공을 주고받게 된다. 그때 피실험자의 뇌에 어떤 변화가 일어나는지를 기능자기공명영상법(FMRI)을 통해 관찰했더니 놀라운 결과가 나타났다. 관계 속에서 고립되었을 때, 쉽게 말해, 따돌림당했을 때, 피실험자의 뇌 가운데 배측 전대상피질(DACC, Dorsal Anterior Cingulate Cortex)과 전측 뇌섬엽(AI, Anterior Insula)이 반응을 일으켰다. 놀랍게도 이 뇌의 부위는 우리가 물리적 고통을 겪었을 때 발화하는 곳과 정확히 일치한다. 이 실험의 결과는 우리가 고립되었을 때 느끼는 고통이 몽둥이로 얻어맞는 고통, 칼에 베이는 고통과 다를 바 없다는 것을 알려주고 있다. 이것은 비유적 표현이 아니다. 우리의 뇌는 이 둘을 구분하지 않는다.

우리가 고통의 연속 속에서 살아갈 수는 없는 노릇이다. 기어코 소통해야 한다. 본 절의 제목은 '소통, 생존을 위한 모험'이라고 하였다. 소통을 생존을 위한 '모험'이라고 한 데에는 이유가 있다. 소통은 안전하지 않기 때문이다. 쉽게 말하면 우리가 누구와 관계를 맺는 행위, 가령 우정이나 사랑을 나눌 때, 그 누구도 상처로부터 자유로울 수 없다는 것이다.

> "위험 없는 사랑을 당신에게!"입니다. 아니, 이런 것도 있습니다. "사랑에 빠지지 않고서도 우리는 사랑할 수 있다!" 따라서 결국 좌절 따위는 없다, 뭐 이런 말이 아닐까 합니다. 그다음으로 "고통받지 않고서도 당신은 완벽하게 사랑에 빠질 수 있습니다!"라는 슬로건도 있습니다. …… 저는 이 프로파간다가 "사랑"의 '안전한 개념'을 부각시키고 있다고 생각합니다. …… 위험이 부재하는 체제에서 존재에 부여하는 이런 '증여'는 결코 사랑이 될 수는 없다는 것입니다. 이런 사랑은 언젠가 미국이 "전사자 제로" 전쟁을 홍보하기 위해 만들었다던 그 프로파간다와 상당히 닮은 것처럼 보입니다.
>
> — 알랭 바디우, 『사랑 예찬』

> 사랑해라 더는 상처받고 싶지 않아 / 사랑해라 아냐 그건 너무 어려워
>
> — <엄마가 딸에게> (김창기 작곡, 김창기·양희은 작사)

<엄마가 딸에게>라는 노래에서 엄마는 딸에게 "사랑해라"라고 당부하지만, 딸은 "더는 상처받고 싶지 않아"라고 답한다. 그 대꾸를 들은 엄마는 딸에게 다시 "(그럼에도 불구하고) 사랑해라"라고 말하고서는, 본인도 뭔가 체념한다는 듯이 '아냐, 그건 너무 어려워'라고 중얼거리고 만다. 철학자 알랭 바디우 역시 사랑은 안전한 것이 아니라, 위험과 상처에 속절없이 노출되는 것임을 강조한다.

진정한 소통은 '나' 자신을 열어젖히는 일에서 시작한다. 이때 우리는 발가벗은 채로 타자 앞에

서게 된다. 여기서 우리는 소통이 두려울 수밖에 없는 이유를 알게 된다. 나 자신을 열어젖힐 때 우리는 '상처 입을 수 있음(vulnerability)'에 자신을 내던지는 모험을 감행하는 셈이기 때문이다.

이제 우리는 '말'과 '글'로 소통하는 법을 본격적으로 배우려고 한다. '말'이든 '글'이든 '나'의 생각이 '살(flesh)'이 되어 구현된 것이라는 점을 기억해 두어야 한다. 차가운 논리로 벼리든, 따뜻한 온도를 입히든 각자는 자신이 세우고 채운 언어의 뼈대와 살에 책임을 져야만 한다. '말'이 뱉어지고 '글'이 읽히는 순간, 체현(體現)된 나의 생각들이 다른 이에게 있는 그대로 전달될 것이며, 그것은 '나 자신을 드러내 보이는 과정' 그 자체이다. '말'과 '글'의 소통이야말로 '상처 입을 수 있음(vulnerability)'에 자신을 내던지는 모험일 수밖에 없는 것이다.

소통의 역량이 그 어떤 때보다 높게 평가되고 있는 요즘이다. 대한상공회의소에서는 5년 주기로 국내 매출액 100대 기업을 대상으로 각 기업이 원하는 인재상을 분석하여 발표한다. 이 『100대 기업 인재상 보고서』에 따르면 소통과 협력 역량은 2008년에는 5위, 2013년에는 7위로 기록되어 그다지 높은 순위 안에 들지 못했는데 2018년에는 소통과 협력 역량이 1위에 오르더니, 2023년에는 3위로 여전히 높은 순위를 유지했다. 한편 인재에게 요구되는 '전문성'은 3위 바깥으로 밀린 적이 없더니 어찌 된 일인지 2023년에는 6위로 밀려났다. 이 양상들을 종합해서 말하면, 요즘 기업은 인재들의 '일에 대한 전문성'보다 다른 사람과 '소통'하고 '협력'하는 능력을 더 높게 평가한다는 말이다. 그러나 정작 대학에서는 전문성 강화, 직업능력 강화라는 허울 좋은 명분으로 앞다투어 글쓰기와 말하기 관련 강좌(결국 '소통' 강좌)를 축소하고 있고, 학생들도 해당 강좌의 필요성을 그다지 느끼지 못하고 있는 듯하다. 기억하자. 기업을 포함하여 사회는 '능력 있는 사람'보다는 '소통하는 사람'을 선호한다. 다시 한번 강조하지만, '말'과 '글'로 소통하는 것은 선택의 문제가 아니라 생존과 직결된 필수 사항이다. 그래서 '말'과 '글'을 통해 잘 소통하는 방법을 잘 아는 사람은 정말 좋은 재주를 가진 셈이다.

활동하기

- '말'과 '글' 중에 자신이 더 어려워하는 영역은 무엇인지 생각해 보자.
- 쉽게 말해, 할 말이 있을 때, 전화를 하는가, 아니면 메시지를 남기는가. 그 이유는 무엇인가.

2. 의사소통의 개념과 모델

학습 목표

1. '소통'이 무엇인지 'communication'의 어원과 사전을 바탕으로 설명할 수 있다.
2. 의사소통을 섀넌·위버의 전송 모델과 토마셀로의 협력 모델의 차이를 통해 이해하고, 이 차이를 비교할 수 있다.
3. 문자적 의미의 전달과 화자 의도의 전달이라는 목표를 구분하고, 그 차이를 설명할 수 있다.

2.1. 의사소통의 개념

의사소통의 정의를 살펴보기 전에 먼저 근원적인 질문을 던질 필요가 있다. 인류는 왜 의사소통을 하기 시작했을까? '말'과 '글'을 통해 호모 사피엔스가 이루려고 했던 목표는 자명하다. 정보에 대한 공유이다.

> 개별 남성이나 여성이 사자와 들소의 위치를 아는 것만으로는 충분치 않다. 그보다는 무리 내의 누가 누구를 미워하는지, 누가 누구와 잠자리를 같이하는지, 누가 정직하고 누가 속이는지를 아는 것이 훨씬 더 중요하다. …… 뒷담화는 악의적인 능력이지만, 많은 숫자가 모여 협동을 하려면 사실상 반드시 필요하다. …… 누가 신뢰할 만한 사람인지에 대한 믿을 만한 정보가 있으면 작은 무리는 더 큰 무리로 확대될 수 있다.
>
> — 유발 하라리, 『사피엔스』

그런데 초기 인류의 언어를 통한 정보 공유는 이 세계에 대한 것보다 '사람', 곧 '이웃'에 대한 것이 더 큰 비중을 차지했다. '뒷담화'를 주목하고 싶겠지만, '협동을 하려면'이라는 부분에 더 집중을 하자. 요컨대, 초창기 호모 사피엔스부터 현대를 살아가는 호모 사피엔스까지 '언어'는 '소통'을 위한 수단이고, 이 소통은 대부분 협력을 위한 것이다. 이것이 의사소통의 개념과 직결된다.

'의사소통'은 『표준국어대사전』에서 '가지고 있는 생각이나 뜻이 서로 통함'으로 정의한다. 여기서 '의사(意思)'가 '생각과 뜻'이라고 한다면 '소통'은 '서로 통함'을 의미한다. 영어로 '의사소통/소통'은 'communication'이다. 이 말은 라틴어 'communicatio'에서 왔는데 어원적으로 'co-'는 '함께'라는 의미이고 'mun'은 '바꾸다, 이동하다' 등의 의미를 가진다. 곧 이 단어의 핵심은 '함께 바꾸어 나간다, 공유한다, 함께한다'라는 의미 등에 있는 것이다. 의사소통은 결국 화자와 청자가 서로의 생각(지식, 정보, 믿음, 감정 등)을 나누는 과정, 그 행동이라고 할 수 있다.

> 일부 초기 인류는 생태 환경의 변화에 따라 식량을 얻기 위해 협력해야 했다. 이것은 개인이 특히 서로 절박하게 의존하게 만들었다. 이와 같은 상호 의존 활동에서 충분히 협력적인 의사소통이 가능해졌다. 공동의 목표를 위해 협력하고 각자의 역할에서 상대방에게 유용한 정보를 알리는 것이 개개인의 관심사였기 때문이다. 그래서 사회적 파트너와의 협력과 소통에 기대어 생존하고 번창할 수 있는 초기 인류가 탄생했다.
>
> — 마이클 토마셀로, 『생각의 기원』

인간과 가장 가까운 종이라는 대형 유인원들은 인간과 다르게 '공통 관심'을 가지지 못한다. 여기서 '공통 관심'은 'joint attention'이라고 하는 것으로 진화인류학, 인지심리학 분야에서 중요하게 다루어지는 인간의 특징 가운데 하나이다. 쉽게 말해 침팬지는 두 개체가 협력하여 '다른 무언가'를 두고 동일한 목표를 수행할 수 없지만, 인간은 그것이 쉽게 가능하다는 것이다. 마이클 토마셀로는 이를 '사슴 사냥 게임' 이론에 적용하여 설명한다. 토끼는 혼자서 잡을 수 있지만 먹을 것이 그다지 없다. 반면 사슴은 먹을 것은 많지만 혼자서는 사냥이 어렵다. 각자 토끼를 사냥하려고 했던 인간 두 개체는 '토끼'라는 목표를 수정해, 공통 목표인 '사슴'을 설정하고 협력해야 한다. 관건은 '혼자서' 하는 사냥보다는 '함께' 하는 사냥이 낫다는 서로의 마음을 확인하는 것이다. 다시 말해, 상대방 역시 자신과 동일한 생각('혼자서 토끼를 사냥하는 것보다 둘이 같이 사슴을 사냥하는 것이 더 나아!')을 한다는 것을 알아야 하고, 상대방 역시 '나'와 같은 생각을 한다는 것을 알아야 한다(곧 '생각'에 대한 '생각'이다). 인간은 여기서 상대의 '마음 읽기'라는 마술에 가까운 능력을 발휘하게 된다.

상호 협력, 소통에 탁월하게 진화한 인간은 여타 영장류(침팬지나 고릴라 등)와 구분되는 중요한 신체적 특징을 가지게 되었다. 흰 눈자위가 그것이다. 인간은 흰 눈자위가 매우 커서 그 가운데 검은자위가 어디를 향하고 있는지가 명확하게 보인다.

> 인간은 유일하게 흰 눈자위를 갖고 있으며 눈동자의 방향이 쉽게 드러난다. 상대방의 머리와 눈이 다른 방향을 보고 있을 때, 생후 12개월 된 아기는 눈을 따라가지만 대형 유인원은 하나같이 고개 돌린 쪽을 따라갔다. 자신이 바라보는 곳을 뚜렷하게 드러내는 신호가 진화하려면 시선을 '광고'하는 것이

자신에게 이득이 되어야 하는데, 이는 시선 정보가 경쟁적으로 부당하게 활용되기보다는 대체로 타인과 의지하고 협력하는 상황이 있었음을 암시한다. 인간의 의사소통 행위는 자신의 마음을 광고하는 것이다.

— 마이클 토마셀로, 『생각의 기원』

인간은 상대의 의도, 상대의 마음을 알아차리는 기술을 습득한 것이다. 절대 오해하지는 말자. 상대의 마음을 알아차려서, 상대를 골탕 먹이거나, 생존 경쟁에서 이기는 것이 목표가 아니다. 상대와 협력하는 것이 목표이다. 그것이 바로 의사소통의 목표이기도 한 것이다.

활동하기

- 검색 포털에서 '눈빛만 봐도'라는 키워드를 입력해 보자. 이때 검색되는 자료들을 통해 인간에게 눈빛이 어떻게 작동하고 있는지를 알아보자.

2.2. 의사소통 모델

'협력'의 맥락에 그다지 관심이 없던 시절에는 의사소통 모델 역시 단선적이었다. 대표적인 것이 의사소통 모델의 모태라고도 불리는 섀넌과 위버의 의사소통 모델(transmission model)이다

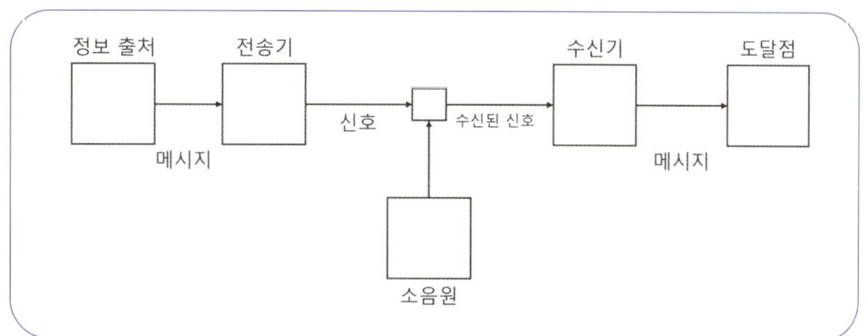

<섀논과 위버의 의사소통 모델> (Shannon & Weaver 1949/1964: 34)

이 모델은 어떤 정보에 기반하여 만들어진 메시지가 일방적으로 화자로부터 청자에게 '있는 그대로' 전달되는 것을 보여주고 있다. 하지만 인간의 의사소통 모델이 이처럼 이루어진다고 가정하

는 것은 여러 면에서 현실에 부합하지 않는다.

섀논과 위버의 모델은 인간의 의사소통을 지나치게 수학적 관점에서 도식화하였다는 데 문제를 드러낸다. 택배로 물건을 주문하면 업자는 내가 원하는 물건을 잘 포장해서, 아무런 손상 없이 '나'에게 도착시킨다. 의사소통 역시 화자가 메시지를 잘 포장해서 청자에게 도달시키는 과정과 같아 보이지만 현실은 그렇지 않다. 인간의 의사소통은 무균실에서 이루어지지 않기 때문이다. 상호관계적 상황에서 수많은 변수의 작용으로 거의 실시간으로 대화의 장(場, field)이 다채롭게 변한다. 또한 제대로 된 의사소통은 섀논과 위버의 모델에서 보이는 것처럼 '단방향적(unidirectional)'이지 않고, 양방향적이다. 대화자들은 실시간으로 '얼굴 표정이 되었든, 추임새가 되었든, 말대꾸가 되었든' 되먹임(feedback)을 하게 되어 있고, 그것이 소통을 계속 조정해 나간다. 이 모델의 가장 큰 문제는 화자의 '의도'가 어디에도 반영되어 있지 않다는 데에 있다. 택배에서 전달되어야 하는 것은 '물건 그 자체' 그 이상 그 이하도 아니지만, 의사소통에서 더 잘 전달되어야 하는 것은 '언어'에 더하여 그 언어를 사용한 화자의 '의도'이다.

결국 중요한 것은 '의도'이다. 이 화자의 의도를 파악하는 일에 인간은 추론이라는 강력한 인지기제를 사용한다. 이를 의사소통의 상호 협력 모델이라고 하자.

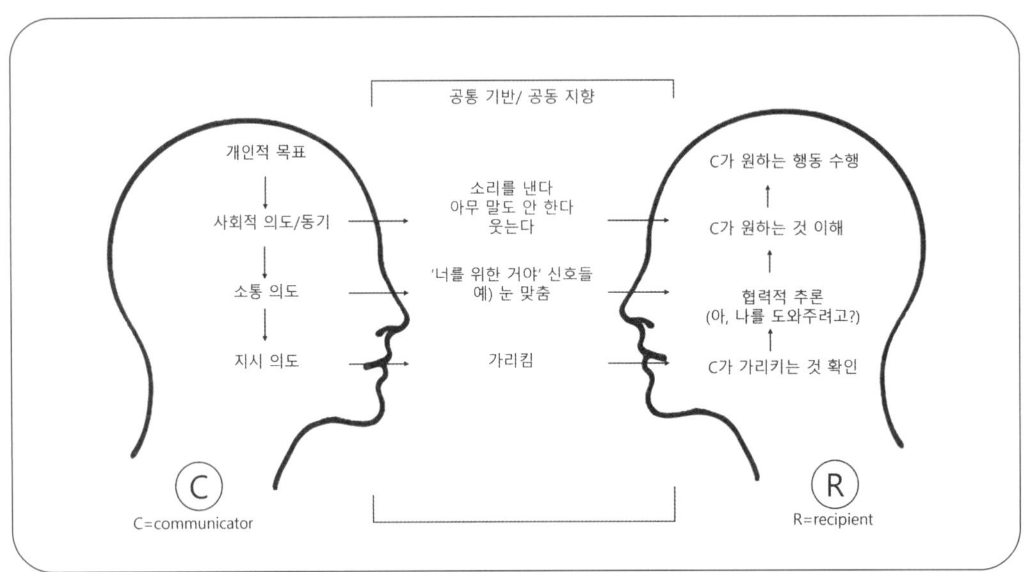

<인간 의사소통의 협력 모델>

— 마이클 토마셀로, 『인간의 의사소통 기원』

A와 B가 함께 수업 발표 준비를 하다가 A가 B에게 '벌써 1시 반이야!'라고 말했다. B는 순식간에 이 발화의 의도를 알아들었다. 이에 '점심 뭐 먹을까?'라고 답한다. 우리의 일상생활에서 흔하

게 있는 일이다. 만약 '벌써 1시 반이다'라는 발화가 섀논과 위버의 모델에 입각하여 해석된다면 지금 시각이 1시 반이라는 정보일 뿐이다. 하지만 인간의 의사소통은 여기에 그치지 않는다. 곧 추론을 통해 상대방이 해당 발화를 하는 의도를 파악해내는 것이다.

요컨대, '의사소통'의 목표 달성은 '말'과 '글'의 단순 기호 체계에 의해서만 일어나는 것이 아니다. '말' 혹은 '글'이라는 중요한 의사소통 수단을 기본으로 하고 인간은 추론을 작동시켜 온전한 의사소통을 이루어낸다.

활동하기

- 말과 글의 '있는 그대로'의 해석과 의도하는 바가 차이가 나는 예시를, 광고나 일상 대화, 소설, 드라마 등에서 찾아서 발표해 보자.

3. 의사소통의 구성 요소

학습 목표

1. 의사소통의 핵심 구성 요소를 구분할 수 있다.
2. 송신자·수신자·메시지·맥락 등의 의사소통 구성 요소들이 의사소통에 어떻게 관여하는지를 이해할 수 있다.
3. 의사소통에서 관점 전환의 중요성을 파악하고 이를 마음 이론을 통해 설명할 수 있다.

선풍기가 갑자기 고장이 난 상황에서 이것을 급한 대로 고쳐보기로 마음먹은 상황을 생각해 보자. 제일 먼저 무엇을 해야 할까? 당연히 분해를 해야 한다. 날개가 고장이 났는지, 버튼이 고장이 났는지, 전선이 끊기지는 않았는지, 모터가 과열되지는 않았는지 여러 변수들을 고정한 채로 구성 요소 하나씩 돌아가며 점검하는 것이다. 그런 후에야 문제가 있는 부분을 특정할 수 있고, 그 부분을 고칠 수 있게 되는 것이다. 어떤 이는 자신이 소통에 서툴다거나 문제가 있다고 생각할 수도 있다. 그렇다면 선풍기를 고치려고 하는 이 상황을 그대로 적용해 보면 된다. 의사소통을 분해하여 그 역동적인 과정을 구성하는 요소들을 하나씩 살펴보는 것이다. 이에 우리는 의사소통을 구성하는 요소들을 '나의 의사소통에 어디에 취약점이 있는가'를 발견하는 것에 주안점을 두고 살펴보고자 한다.

보통 의사소통의 구성 요소를 송신자(sender, encoder), 수신자(receiver, decoder), 경로

(channel, medium), 메시지(message), 잡음(noise), 환경(setting), 되먹임(feedback) 등으로 나눈다. 본 책에서는 이 모든 구성 요소를 세세히 살펴보지는 않을 것이다. 우리는 이 가운데 송신자, 수신자, 메시지, 환경을 살펴보려고 한다. 송신자는 화자(말하는 이) 혹은 필자(글쓴이)에 해당한다. 수신자는 청자(듣는 이) 혹은 독자(읽는 이)에 해당한다. 당연한 이야기이지만, '나'는 '송신자'이기도 하고 '수신자'이기도 하다. '말하기와 글쓰기'를 배움에 있어서 이 두 항목을 살핀다는 것은 '나는 어떤 화자/필자인가'의 문제를 살피는 것은 맞지만, '나는 어떤 청자/독자인가'의 문제를 살피는 문제는 아니다. '말하기와 글쓰기' 학습에서 '나'는 항상 '송신자'로 설정되어야 한다. 그렇다면 이 관점에서 '청자/독자'에 대해 알아보는 것은 '나'가 '청자/독자'를 어떻게 고려하고 있는지를 점검하는 일에 해당한다. 의사소통의 핵심은 메시지이다. 이를 내용 그 자체라고 할 것이다. 메시지가 전달되는 방식, 환경도 당연히 중요하지만, 내용 그 자체가 가장 중요하다는 점은 아무리 강조해도 부족함이 없을 것이다. 그런데 이 내용도 어떤 환경에서 전달되느냐에 따라 그 내용이 달리 해석될 수 있다. 오늘날 의사소통 모델에서는 이 환경을 매우 중요하게 보는데, 이를 이야기가 펼쳐지는 맥락, 장(場, field)이라고 할 것이다. 이제 하나씩 살펴보도록 하자.

3.1. 송신자(화자/필자)

송신자는 영어로 sender라고도 하고, encoder라고도 한다. 전자의 경우 어떤 메시지를 보내는 주체라는 것에 방점이 찍히고, 후자의 경우 어떤 메시지를 입력한 주체라는 것에 방점이 찍힌다. '화자/필자'는 어떤 내용을 단순히 보내는 이가 아니라, '말'과 '글'이라는 code를 활성화(en-)하여 '내용을 생성하는 이'라는 점에서 encoder가 적합해 보이고, '송신자'는 말 그대로 생성된 신호를 보내는 이라는 점에서 sender가 적합해 보인다. 내용 생성과 내용 전달의 영역을 구분하고 나면 송신자는 다양한 경우의 수로 분화된다.

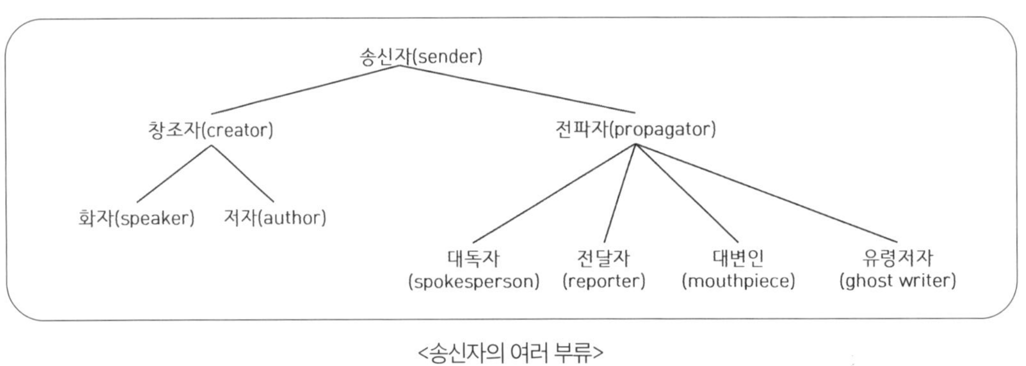

<송신자의 여러 부류>

— 이성범, 『소통의 화용론』

내용을 적극적으로 생성하는 쪽은 송신자 중에서 창조자에 해당한다. 이것이 구술이냐 저술이냐에 따라 화자와 저자로 나뉘게 된다. 반면, 내용을 적극적으로 생성하지 않고, 이미 생성된 메시지를 전파하는 임무에 치중된 송신자를 전파자라고 할 수 있다. 이 전파자는 다시 기존의 메시지를 재해석하는가 있는 그대로 전달하는가에 따라 대독자, 전달자, 대변인 등으로 나뉠 수 있고, 메시지의 출처도 불분명하고, 이를 전달하는 이도 불분명할 때 유령저자로 파악할 수 있다. 대독자는 누군가의 메시지를 토씨 하나 틀리지 않고 그대로 전달한다. 전달자는 해당 메시지를 자신이 이해한 범위 내에서 주관적 해석을 자제하고 최대한 객관적으로 전달한다. 대변인은 어떤 단체나 기관을 대표하여 어떤 메시지를 자신의 해석이나 논평, 감정 등을 섞어 설득력 있게, 혹은 호소력 있게 전달한다.

우리의 말하기와 글쓰기가 무조건 '창조자'의 역할에서 비롯하는 것만은 아님에 주의해야 한다. 우리가 말과 글을 직조할 때 그 말과 글에는 자신의 목소리와 다른 사람의 목소리가 혼재되어 나타날 수밖에 없다. 이때, 우리는 여러모로 주의를 기울여야 한다. 자신의 목소리와 타자의 목소리를 구분하여 제시하고, 이를 수신자가 잘 구별할 수 있도록 여러 장치를 해 두어야 한다. 우선 누군가가 생성한 내용을 전달할 경우, 해당 내용의 신빙성 등을 잘 점검하여 선별하고, 해당 정보의 출처를 적절하게 밝히는 것이 송신자의 몫이다. 또한 다른 이가 생성한 내용을 자신이 생성한 것처럼 해서도 안 된다. 이는 글쓰기의 윤리와 직결되는 매우 중대한 문제이다. 창조와 전파 사이를 쉴 새 없이 넘나들며 글쓰기 혹은 말하기를 할 때 주의해야 할 점들을 본서를 통해서 잘 배우기를 바란다.

그즈음 나를 불타오르게 한 일이 있었다. "화가들이 그림책을 자꾸 만드는데, 요즘 화가들이 만드는 책은 하나같이 서사가 없다. 글공부 좀 더 해야……" 정도로 요약되는 글을 어느 잡지에서 보게 된 것이다. '서사가 없다'는 마법의 주문이었다. 이 말만 하면 화가들이 픽픽 쓰러졌다.

— 이수지, 『만질 수 있는 생각』

활동하기

- 위의 글에서 저자의 목소리와 타자의 목소리를 구분해 보자. 그리고 그것이 어떤 장치를 통해 확인되고 있는지 알아내 보자.

글쓰기와 말하기에서 '나'는 언제든 '화자/필자'가 될 수밖에 없다. 말하고 글 쓰는 '나'에게 가장 중요한 것은 자존감이다. 인간의 의사소통 행위는 자신의 마음을 광고하는 것이라고 『생각의 기원』에서 마이클 토마셀로는 말했다. 앞서 밝혔듯이 '말'이든 '글'이든 '나'의 생각이 '살(flesh)'이 되어 구현된 것이다. 이때 내 마음의 근육, 곧 자존감이 없다면 하고 싶은 말을 제대로 하지 못할 것이다. 그러므로 인간 무리 속에서 소통하는 사람으로 평생을 살아가야 하는 '나'에게 가장 중요한 것은 자존감이다.

사랑하고 싶어, ooh-whoa, in this world 빛나는 나를 소중한 내 영혼을
이제야 깨달아, ooh-whoa, so I love me 좀 부족해도 너무 아름다운 걸
I'm the one I should love

—〈ephiphany〉(BTS 진 노래, 방시혁 작사, 작곡.)

BTS의 멤버 진은 자신의 별명을 스스로 '월드 와이드 핸섬(world wide handsome)'으로 지었다고 인터뷰했다. 이 인터뷰에서 진은 "물론 저보다 잘생긴 사람이 많겠지만, 그렇다고 제가 못생겨지는 건 아니잖아요."라고 말했는데, 이것이 자존감이다. 다른 사람과 비교하지 않는 것, 자신을 있는 그대로 존중하고 받아들이는 것이다. 그런 자존감에서 말하기와 글쓰기도 시작해야 한다. 의사소통과 관련한 책들을 보면 대부분의 책들이 작은 꼭지로 '자아'를 다루고 있다. 그만큼 의사소통에서 '화자/필자'의 역할을 담당하는 '나'를 올바로 정립하는 것이 중요한 일이라는 것을 방증한다고 하겠다.

3.2. 수신자(청자/독자)

본 절에서 다루고자 하는 것은 '우리가 청자가 되었을 때 어떤 모범적인 청자가 되어야 하는가'가 아니다. '나'가 말하고 글을 쓸 때 '청자'의 어떤 점을 고려해야 의사소통이 효율적으로 일어날 것인가의 문제이다. 한 가지만 기억하면 된다. 입장을 바꿔서 사고할 수 있는 능력이다. 이 일이 간단해 보이는 것 같지만 사실은 마법과 같은 엄청난 능력이다. 이를 인지과학계에서는 '마음 이론(theory of mind)'이라고 하는데, '타인의 감정, 생각, 믿음 등을 추론하는 능력'을 말한다. 인간이 이 능력을 갖췄음을 입증하는 유명한 실험이 있다.

<틀린 믿음 실험>
— Martin J. Doherty, 『Theory of Mind』

실험자는 피실험자인 아이들 앞에서 틀린 믿음 실험을 실제로 재현한다. 샐리는 장난감을 상자에 두고 자리를 비운다. 그 사이 토니는 그 장난감을 유리병으로 옮기고는 떠나 버렸다. 토니가 장난감을 옮겼다는 사실을 알지 못하는 샐리가 잠시 뒤 돌아온다면, 샐리는 장난감을 어디에서 찾게 될까? 피실험자인 아이들이 3~5세의 경우에는 샐리가 유리병에서 장난감을 찾을 것이라고 답한다. 자신들은 토니가 장난감을 유리병으로 옮기는 것을 봤기 때문이다. 곧 3~5세 사이의 아이들은 샐리의 입장에서 생각할 줄 모른다. 3~5세의 나이를 지나 좀 더 성장하게 되면 아이들은 샐리의 입장으로 관점 전환을 할 수 있게 된다. 샐리는 자리를 비워 토니가 장난감을 옮겨 놓은 것을 모를 테니 원래 자신이 장난감을 넣었던 상자에서 장난감을 찾게 될 것이라고 답하게 되는 것이다.

우리의 말하기와 글쓰기는 청자 중심적이어야 한다. 말하기와 글쓰기의 목표가 의사소통인 이상 이것은 숙명과도 같은 것이다. 우리는 글을 쓰고 말을 하기 이전에 청자 혹은 독자에 대한 파악을 선행해야 한다. 그때 우리는 읽기 쉬운 글을 쓸 수 있게 된다. 읽기 쉬운 글이 수준이 낮은 글이라는 오해는 버리도록 하자. 오히려 읽기 쉬운 글은 상대방이 어떻게 하면 자신의 글을 이해하기 쉬울까 고민하면서 다듬고 다듬은 결과물이다.

> 우리 ㅇㅇ 머리카락은 색종이고, ㅇㅇ 볼따구는 복숭아야.
>
> — <딸아이를 둔 어느 아빠의 말에서>

아빠에게는 어린 딸의 머리카락도 예쁘고 볼도 예쁘다. 아빠는 그 말을 꼭 해주고 싶은데 어린 딸이 이해하기 힘들까봐 딸이 잘 아는 사물에 빗대어서 설명해 주고 있다. 머리카락의 색이 영롱

하고 반짝거린다고 설명하는 것보다 '선명하고 예쁜 것이 색종이다'라고 말하는 것이 아이 입장에서는 훨씬 이해하기 쉽다. 색종이는 매일 가지고 노는 익숙한 대상이기 때문이다. 볼이 예쁜 것을 고급 형용사를 사용하여 알려주는 것보다 '복숭아'로 알려주는 것이 아이 입장에서는 훨씬 이해하기 쉽다. 아이도 복숭아가 예쁜 것이 어떤 느낌인지 알기 때문이다. 이런 설명 방법, 수사법을 우리는 은유(metaphor)라고 한다. 은유는 설명하기 쉽지 않은 대상 A를 청자가 알 법한 B에 빗대어서 나타내는 수사법이다. 이때 A는 설명하기에 추상적이고 복잡한 대상인 반면 B는 화자와 청자 모두에게 구체적이면서 익숙한 대상이다. 결국 재치 넘치는 글쓰기는 청자의 입장을 잘 파악하여, 청자가 이해하기 쉬운 구체적인 예시로 끊임없이 은유를 만들어가는 글쓰기이다.

활동하기

- 광고나 드라마 등에서 은유가 사용된 것을 찾아 그것이 왜 전달력을 가지는지 분석해 보자.

> 원숭이 부리는 사람이 원숭이에게 상수리를 나누어 주면서
> "아침에 세 개, 저녁에 네 개다."
> 했더니 원숭이들이 모두 화를 냈다.
> "그럼 아침에 네 개, 저녁에 세 개다."
> 하니까 원숭이들이 모두 좋아했다.
>
> —『장자』「제물론」

장자에 나오는 조삼모사(朝三暮四) 우화는 다르게 해석될 필요가 있다. 대부분 사람들은 본질은 그대로인데 어리석은 상대를 속여 먹는다는 식으로 이 이야기를 이해한다. 하지만 이 이야기의 전모는 그렇지 않다. 원숭이를 관리하는 관리(저공, 狙公)는 지역에 도토리 수확량이 줄어 예전처럼 풍족하게 도토리를 주지 못하는 것이 마음이 아팠다. 나름대로 지혜를 내서 아침에는 세 개를 먹고 저녁에는 네 개를 먹는 식으로 도토리 배급을 조정했다. 관리 입장에서는 밤에 든든히 먹고 자야 배가 고파 깨지 않으리라는 판단이 섰을 것이다. 하지만 원숭이들의 생각은 달랐다. 아침에 4개를 먹어 활동량이 많아지는 하루를 대비하고 저녁에는 3개만 먹고 자버릴 심산이었던 것이다. 관리는 자신의 의견을 고집하지 않았다. 바로 원숭이의 입장에서 생각해보고, 그것이 원숭이들에게 좋다는 것을 깨닫고는 자신의 의견을 고집하지 않은 것이다. 글쓰기도 이와 같다. 같은 말들

의 배열이라도, 같은 뜻을 가진 단어라도, 결국 같은 내용의 단락이 들어가더라도, 그 순서는 달라질 수 있다. 이때의 기준은 언제나 청자여야 한다.

활동하기

- '노래란 무엇인가'를 설명한다고 하자. 그런데 그 대상이 대학생 친구와 초등학교 4학년 조카 각각일 때, 설명의 내용이나 방식이 어떻게 달라질지를 생각해 보자.

3.3. 내용

의사소통이 원활하게 이루어지지 않을 때 우리는 '도통 무슨 말인지 모르겠다'라고 비명을 지른다. 상대방이 무슨 말인지 모르겠다는 것은 '나'의 말과 글의 내용에 문제가 있는 것이다. 그런데 문제가 있는 층위가 다를 수 있다. 라센-프리맨(Larsen-Freeman 1994)은 언어를 형식(form), 의미(meaning), 사용(use)이라는 세 영역으로 구분하고 이 세 영역에서 흠결이 없어야 정확한 의사소통이 가능하다고 말한다.

(1) 민서는 육계장를 끄렸다. → 형태론적 오류
(2) 나는 어제 종일 책이 읽었다. → 문법론적 오류
(3) 책상이 웃고 있다. → 의미적 오류
(4) 연우는 러시아 사람이다. → 진리치 오류
(5) 나는 토요일에 영화를 보러 갈 거야. → 화용론적으로 오류

(1)과 (2)는 내용에 형식적 오류가 있다. 더 세분하면 (1)은 소위 '맞춤법'의 영역이라고도 할 수 있다. '육계장'이 아니라 '육개장'이 맞고, '끄렸다'가 아니라 '끓였다'가 옳다. (2)는 '책을'을 '책이'라고 해 버려서 주어와 목적어, 서술어가 딱 맞게 떨어지지 않는 경우이다. 보통 '비문'이라고 하는 것들이다. 간혹 형식이야 어찌 되었든 내용만 진정성이 있으면 문제없다는 사람을 보게 된다. 그렇지 않다. 아무리 좋은 내용이라도 맞춤법이 틀려 있거나, 비문이 난무하면 글의 신뢰도가 대폭 내려간다. 그래서 우리는 글을 쓸 때 형식적으로도 완결성을 갖추도록 노력해야 한다.

(3)은 내용에 의미적으로 문제가 있음을 보여준다. '책상'이 웃을 수는 없다. 우리는 지나친 의인화나 과격한 은유의 사용으로 청자의 이해 범위를 넘어가 버리는 글을 쓰지는 않는지 주의해야

한다. (4)는 겉보기에는 아무런 문제가 없어 보인다. 다만 실제 세계에서 연우가 러시아 사람이 아니라면 거짓으로 판정이 된다. 이를 진리치의 오류라고 한다. 요즘처럼 가짜 뉴스가 판을 치는 시대에 특히 우리는 자신이 기술하는 사태나 정보가 거짓에 기반한 것은 아닌지 반드시 점검해야 한다. (5)는 적절성(appropriateness)의 문제에서 다루어진다. 문법적으로도 문제가 없고, 실제로 토요일에 영화를 보러 갈 것이기에 진실에 부합한다고 해도, 만약 (5)의 발화가 토요일에 이사를 앞둔 부모님에게 자식이 발화한 것이라면 문제가 된다. 가족의 이사를 돕지 않고 영화를 보러 간다는 것이 언어 사용의 측면에서 내용이 적절하지 않은 것이다.

이상의 것들 가운데 언어 사용의 측면으로서의 내용을 적절히 생성해 내는 것이 그리 간단하지만은 않다. 형식이나 의미는 다소 외현적이고, 문제가 명확하게 드러나는 경향이 있어 수정이 쉽게 일어날 수 있지만 언어 사용은 맥락, 상황의 문제에서 비롯되는 것이라 그 문제를 파악하고 고치기가 쉽지 않은 것이다. 본서를 통해 우리는 어떻게 하면 양질의 내용을 담보한 말과 글을 생성할 수 있는지에 대해서 배우게 된다. '내용'이라는 핵심을 염두에 두고 기대하는 마음으로 학습을 이어가 보도록 한다.

활동하기

- 인터넷에서 우스갯소리로 아래와 같은 문제가 돌아다닌다. 한번 맞혀 보자.
  다음 남자들의 단체톡방의 대화를 보고 약속 장소에 가장 빨리 도착한 사람은 누구일지 고르시오.

  돌이: 다들 어디야?
  성이: 나 이제 출발함.
  진이: 나 다 와 가. 차 막힌다. ㅠㅠ
  민이: 미안, 나 5분 정도 늦을 듯.
  석이: 어디로 가야 돼?
  혁이: (안 읽음)

3.4. 맥락

> 언어활동에 대해 정의할 수 있는 유일한 방법은 그것을 주어진 순간에 한 언어 안에서 통용되는 명령어들, 암묵적 전제와 화행들의 집합으로 정의하는 것이다.
>
> — 들뢰즈·가타리, 『천의 고원』

현대의 언어 해석 모델은 맥락(context)에 상당한 비중을 싣고 있다. 현대 철학자인 들뢰즈와 가타리는 『천의 고원』에서 아예 언어 활동의 의미는 해당 언어 활동이 놓인 시공간적 맥락에 의해서만 파악될 수 있다고 말했다. 앞서 우리는 '상황에 맞는 말'을 생성해야 내용에 문제가 없다는 것을 살폈고 이를 적절성(appropriateness)과 관련한 것이라는 것도 설명하였다.

말이든 글이든 '어떤 맥락'에 놓이는가에 따라서 해석 자체가 달라질 수 있기 때문에 우리는 주의해야 한다. 인터넷에서 찾은 우스갯소리가 있다. 다음과 같이 소개한다.

> "3만원"
>
> (1) 밥 한 끼: 잘 먹었네.
>
> (2) 술자리: 적게 나왔네.
>
> (3) 옷: 싸게 잘 샀네.
>
> (4) 1년 구독료: 아주 집안 기둥 뿌리째 뽑아라.

'3만원'은 숫자이다. 숫자는 어느 맥락에서도 고정불변한 성질을 가진 대표적인 것으로 취급된다. 다시 말해 '2+3=5'는 언제, 어디에서나 '2+3=5'여야만 하는 것이다. 그런데 그런 숫자마저도 맥락에 의해 의미가 달라질 수 있다. '말'과 '글'은 그 맥락 의존의 정도가 더하면 더할 것이다.

활동하기

- 귀엽네.

  (1) 17개월 된 조카를 안으며 삼촌이
  (2) 씩씩거리며 달려드는 4살짜리 어린아이의 손을 꽉 잡은 어른이
  (3) 아무거나 다 사준다고 호언장담한 아빠를 향해 백화점에서 무엇인가를 가리키며 딸이

위의 '귀엽네'라는 말이 어떤 의미를 가지는지 각 맥락에 맞추어 해석해 보자.

미국의 인류학자 Edward T. Hall은 『Beyond Culture』라는 책에서 의사소통이 맥락에 대한 의존도와 밀접한 연관이 있음을 밝힌 바 있다. 의사소통을 함에 있어 맥락 의존 정도가 높으면 고맥락 문화로 분류되고, 맥락 의존 정도가 낮으면 저맥락 문화로 구분된다.

직접 언어 표현 방식(저맥락 문화)	간접 언어 표현 방식(고맥락 문화)
상황적 맥락이 중시되지 않음	명확한 언어적 메시지가 중시되지 않음
중요 정보가 명확한 언어적 메시지에 의해 전달됨	중요 정보가 주로 맥락적 단서(장소, 시간, 상황, 관계)에 의해 전달됨
자기 표현, 언어적 유창성, 설득력 있는 연설에 가치를 둠	상호작용에서 침묵을 유지하거나 모호한 언어를 사용하며 '조화'에 높은 가치를 둠
타인을 설득하거나 자신의 관점을 받아들이게 하기 위한 의견이나 의도를 직접 표현함	핵심을 돌려 말하고 타인에게 직접 '아니오'라고 말하는 것을 꺼림

<저맥락 문화와 고맥락 문화의 차이>

— Hall, E. T., 『Beyond culture』

위의 표는 고맥락 문화와 저맥락 문화의 의사소통 방식의 차이를 일목요연하게 보여주고 있다. 거친 분류에 의하면 한국, 일본, 중국, 필리핀, 베트남, 프랑스, 그리스, 러시아, 중남미 국가, 아랍 국가, 아프리카 국가 등은 고맥락 문화를 가졌고, 미국, 호주, 독일, 뉴질랜드 등은 저맥락 문화를 가졌다.

난 꿈처럼 사랑할 때 난 네 앞에 멈추게 돼 있어
내 눈짓도 멈추게 돼 있지 이게 나만의 사랑이야
난 꿈처럼 사랑할 때 모든 말이 멈추게 돼 있어
난 사랑이 도대체 뭔지 모르는 그런 사람이야

— <사랑> (최유리 작사, 최유리 작곡)

위에 인용한 최유리 <사랑>은 감정이 고조될수록 말과 표현이 멈추고, 시선과 분위기 같은 비언어적 신호가 중요해지는 상태를 노래한다. 이는 감정과 의미가 명시적인 언어보다 맥락과 분위기를 통해 전달되는 고맥락 문화의 의사소통 방식을 잘 보여준다. 말하지 않음과 에둘러 표현함이 오히려 관계의 진정성을 드러내는 방식으로 작동하는 것이다.

거친 분류법이기는 하지만, 대체로 한국 문화의 배경을 가진 사람들은 의사소통을 할 때, 메시지 그 자체보다 상황과 맥락에 크게 의존하게 된다. 쉽게 말해 '눈치를 잘 챙겨야' 하는 것이다. 또 정확하고 뚜렷하게 할 말을 하기보다는 관계를 위해 할 말이 있어도 참거나 상당히 순화하여 돌려 말하는 방식으로 의사소통이 이루어진다. 하지만 여기서 우리가 절대로 오해하지 말아야 할 것이 있다. 동아시아는 개개인의 자유보다 집단의 조화를 더 중시하는 문화를 가지고 있다. 반면 서양은 개개인의 자유를 최고의 가치로 두는 문화를 가졌다. 이러한 차이는 민주주의의 발아가 서양에서 이루어지도록 하였다. 만약 민주주의가 인류보편적으로 타당하고 옳다는 전제를 가진다면, 우리 동아시아 사람들은 우리의 사유 문법에 민주주의를 저해하는 요소는 없는지 성찰하고 이를 의식하며 개선할 필요가 있다.

의사소통 역시 마찬가지다. 고맥락 문화에서 의사소통은 '이러저러하기' 때문에 그렇게 의사소통을 하면 그만이라는 식으로 결론이 나면 바람직하지 않다. 우리가 배우려고 하는 학술적 글쓰기, 토론 등은 고맥락 문화의 의사소통 방식으로는 그 한계가 드러난다. 그러므로 고맥락 문화의 사람들은 우리의 의사소통 방법이 정확한 의사소통을 막지는 않는지 의식적으로 성찰하고 개선할 필요가 있는 것이다.

4. 의사소통의 원리

학습 목표

1. 협조의 원리와 주요 격률(질·양·관계·방식)을 간단히 설명할 수 있다.
2. 격률 위반을 통해 생기는 함축 의미를 예시를 통해 설명할 수 있다.
3. 말하기·글쓰기에 적용될 수 있는 공손성의 원리를 이해할 수 있다.

4.1. 협조의 원리

인간의 본성이 착한가 악한가에 대해 동서고금을 막론하고 많은 이야기가 오고 갔다. 소위 성선설이니 성악설이니 하는 것들이 바로 그것이다. 흥미롭게도 최신의 연구는 인간이 이타적 본성을 가졌다는 데 방점을 찍고 있다. 맹자는 "불쌍히 여기는 마음이 없다면 그것은 인간이 아니다(無惻隱之心, 非人也 / 무측은지심 비인야)"라고 하여 인간이 인간일 수 있는 단서를 이타심에서 찾은 바 있다. 인간은 타고난 이타성을 가지고 있고 이를 발현하면서 삶을 영위한다.

> 저는 이 책을 번역하며 깨달았습니다. '공감은 길러지는 게 아니라 무뎌지는 것'이라는 걸. 우리는 모두 충분한 공감 능력을 갖추고 태어납니다.
>
> — 프란스 드 발, 『공감의 시대』(옮긴이 서문)

인간은 어떻게든 남을 도우려고 한다. 다시 말하면 협력하고자 하는 것이다. 이 협력의 양상은 재화, 노동력, 정보의 측면에서 나타날 수 있다. 곧 인간은 가진 것을 타인에게 직접 나눠 주거나, 자신의 힘을 곤경에 처한 타인을 위해 쓸 수 있다. 말과 글의 측면에서 이타성은 정보를 '자신만 아는 것'이 아니라 다른 이와 공유하는 양상으로 드러난다.

이를 과학적으로 포착하여 하나의 원리로 정리한 것이 Herbert Paul Grice가 1975년에 「Logic and Conversation」이라는 논문을 통해 제시한 '협조의 원리(cooperative principle)'이다. 가령 길을 몰라서 누군가에게 물어보는 상황을 생각해 보자. 상대방은 나에게 50걸음 정도 더 가서 오른쪽으로 꺾으라고 알려 주었다. 이때 '나'는 상대방이 나에게 일부러 거짓 정보를 주었다고는 결코 생각하지 않는다. 곧 상대방은 나에게 진실을 말할 것이라는 암묵적인 전제가 있는 것이다. 이런 식으로 우리 인간의 대화는 암묵적으로 서로 지키고 있을 것이라고 믿어 의심치 않는 조건들이 있다. 이를 협조의 원리라고 하는 것이다.

협조의 원리 "당신이 참여하는 대화에서 말할 때에는 그 대화의 목적이나 방향에 의해 필요한 말을 하도록 하라."	
질의 격률	거짓이라고 믿는 것은 말하지 마라.
	적합한 근거가 부족하면 말하지 마라.
양의 격률	필요한 만큼의 정보를 제공하라.
	필요 이상의 정보는 전달하지 마라.
관계의 격률	관련이 있는 것을 말하라.
방식의 격률	모호하게 말하지 마라.
	중의적으로 말하지 마라.
	간략하게 말하라.
	순서대로 말하라.

<협조의 원리>

— Grice, 「Logic and Conversation」

한라봉을 세 개 사고 싶다고 해 보자. 과일 파는 상인에게 한라봉을 세 개 줄 것을 요구하면, 상인은 한라봉을 세 개 담아서 건넬 것이다. 우선 상인은 한라봉을 준다. 천혜향, 귤, 오렌지 등과 한라봉이 비슷하게 생겼어도 정확하게 한라봉을 주어야 한다. 그리고 그 한라봉은 먹을 수 있을 만큼의 당도와 신선도가 있어야 한다. 질이 좋지 않은 한라봉을 건네는 것은 상인의 도가 아니다. 이런 것들이 바로 질의 격률이다.

우리는 의사소통에서 참이라는 질이 담보된 말들을 상대에게 건네야 한다는 것이다. 한라봉을 세 개 달라고 했으니 상인은 두 개를 주면 안 된다. 네 개를 주어서도 안 된다. 이것이 양의 격률이다. 상대방이 기대하는 정보를 충분히 제공하되, 그렇다고 너무 많이 제공해도 안 된다.

한라봉을 달라고 했을 때 상인이 갑자기 화장실에 가버린다든지, 라디오를 듣기 시작한다든지 하면 손님은 어이가 없을 것이다. 한라봉을 달라는 손님의 요청에 정확하게 응해야 하는 것이 상거래 맥락에서의 상인이 지켜야 할 규칙이다. 우리도 대화를 할 때 상대방이 말한 것에 대해 관련이 있는 말로 응해야 한다. 그것이 관계의 격률이다.

상인은 한라봉을 검은 봉투에 담았다. 그러고는 두 봉투를 내밀며 둘 중 하나에 한라봉이 있으니 가져가 보라고 한다. 혹은 한 봉투에 잘 담더니 갑자기 전달할 때 봉투를 빙빙 돌리며 가져가 보라고 말한다. 혹은 봉투를 먼저 건네주더니 한라봉 세 개를 갑자기 손에 쥐어준다. 이런 상황들은 한라봉의 양과 질과는 무관하게 그것이 전달되는 방식의 문제를 보여준다.

이상의 비유는 실제 상거래 맥락에서는 있을 수 없는 일일 것이다. 하지만 한라봉을 '말'로만 바꾸면 이상의 말도 안 되는 상황은 우리의 의사소통에서 비일비재하게 일어나는 일들이 된다. 한편으로 우리는 의사소통에서 이상의 격률을 일부러 위반하기도 한다. 이를 통해서 독특한 효과를 거두는 것이다. 이를 함축(implicature)이라고 한다.

A: 나, 여자친구랑 헤어졌어.

B: 야, 순댓국 먹을래?

— 친구 둘의 가상 대화

A가 여자친구와 헤어졌다고 말하는데 B는 순댓국을 먹자는 제안을 한다. 이는 관련 있는 말만 하라는 '관계의 격률'을 어긴 셈이다. 하지만 위 대화는 있을 법하다. B는 일부러 이 격률을 어겼고, 이를 통해, '여자친구랑 헤어진 것이 슬픈 일이긴 하지만 밥을 먹고 힘내보자'라는 의미를 전달하고 싶었던 것이다. 이런 식의 말의 해석이 작동하는 원리를 언어사용론에서는 '함축'이라고 하는 것이다. 이 함축은 우리 인간의 의사소통에서 빈번하게 일어나지만, 공식적인 말하기와 글쓰기에서는 매우 조심스럽게 사용해야 한다. 정확한 말하기와 글쓰기의 측면에서는 다소 어울리지 않는 지점이 있는 것이다. 하지만 잘만 사용한다면 상당히 재치 있는 말하기와 글쓰기 기법이 될 수도 있다.

4.2. 공손의 원리

ㄱ. 소리 좀 줄여.

ㄴ. 소리 좀 줄여 줄래?

ㄷ. 소리 좀 줄여 주지 않을래?

ㄹ. 소리 좀 줄여 주면 정말 좋을 것 같은데.

ㅁ. 미안한데, 소리 좀 줄여 주면 정말 좋을 것 같은데.

ㅂ. 미안한데, 소리 좀 줄여 주면 정말 좋을 것 같은데. 나 지금 중요한 부분 처리하고 있어서 그래.

— 기숙사 같은 방 친구들의 가상 대화

앞서 우리는 협조의 원리에서 '양의 격률'에 대해 본 바 있다. 양의 격률은 상대가 원하는 만큼의 충분한 정보를 주어야 함과 동시에 필요 이상의 정보를 주면 안 된다는 것이 핵심이다. 기숙사에서 같은 방을 쓰는 두 친구가 있다고 치자. 한 친구가 볼륨을 제법 높게 설정하여 게임을 하고 있다. 이때 다른 친구가 과제를 하고 있고 소리가 상당히 방해가 되는 상황이다. 숙제를 하는 친구가 게임을 하는 친구에게 하고 싶은 말은 자명하다. '소리를 줄이라는 것'이다. 양의 격률에 의거하면 ㄱ과 같이 말하면 그만이다. 놀랍게도 이것이 격률을 지킨 것이다. 하지만 우리의 의사소통은 이렇게 일어나지 않는다. 오히려 ㅁ이나 ㅂ과 같이 발화할 것이다. 여기서 우리는 협조의 원리만큼 중요한, 어쩌면 상위법으로 적용될 수 있는 중요한 원리가 있음을 알게 된다. 바로 공손의 원리(politeness principle)이다. 이 원리는 Leech(1983)에서 제시된 것인데, 다음과 같이 정리할 수 있다.

(1) 배려의 격률	(2) 관용의 격률
a. 상대의 부담을 최소화하라.	a. 자신의 이익을 최소화하라.
b. 상대의 이익을 최대화하라.	b. 자신의 부담을 최대화하라.
(3) 인정의 격률	(4) 겸손의 격률
a. 상대에 대한 비방을 최소화하라.	a. 자신에 대한 칭찬을 최소화하라.
b. 상대에 대한 칭찬을 최대화하라.	b. 자신에 대한 비방을 최대화하라.
(5) 동의의 격률	(6) 공감의 격률
a. 상대와 자신의 차이를 최소화하라.	a. 상대와 자신의 반감을 최소화하라.
b. 상대와 자신의 일치를 최대화하라.	b. 상대와 자신의 공감을 최대화하라.

<공손의 원리>

— Leech, 『Principles of pargmatics』

여기에서 (1), (3)은 상대를 향한 것이고, (2), (4)는 화자 자신을 향한 것이라고 이해해야 한다. 큰 틀에서 보면 우리는 의사소통을 할 때 상대방에 대해서는 최대로 배려하고, 인정해주고 동의해주는 쪽으로 하고, 자신을 향해서는 손해 보고, 깎아내리는 쪽으로 한다는 것이다. 또 상대방의 의견에 대해서는 최대한 동의해주고 차이는 줄이려고 하며, 공감을 극대화하고 반감을 없애는 방향으로 의사소통이 이루어진다는 것이 위 표의 핵심이다.

우리의 말하기와 글쓰기는 물론 정확한 정보 전달을 위해서 이루어지는 경우가 많다. 하지만 이에 못지않게, 상호 친밀감의 증진, 사회적 유대성 강화 등을 위해서도 말하기와 글쓰기가 이루어진다는 것을 반드시 명심해야 한다. 정보 전달을 위한 글쓰기이든 유대성 강화를 위한 글쓰기이든 누군가를 비방하거나, 무시하는 식의 방법은 바람직하지 않다. 이에 따라 우리는 글쓰기와 말하기를 하면서 끊임없이 이 공손의 원리를 잘 준수하고 있는가를 잘 점검해야 하는 것이다.

어문 규범을 지켜야 하는 이유

우리는 오랜 시간 어문 규범을 배워 왔다. 우리가 사용하는 여러 어휘들 중 한국어의 표준 어휘에 해당하는 것이 무엇인지, 그리고 이를 어떻게 표기하고 발음하는 것이 올바른지에 대해 말이다. 이러한 내용들이 <한국어 어문 규범>의 '표준어 규정', '한글 맞춤법 규정', '표준 발음법 규정'과 같은 항목들로 명시되어 있기는 하나, 사실 일상생활 속에서 어문 규범을 정확히 지키지 않는다고 해도 별다른 일은 일어나지 않는다. 실제 방송 뉴스, 신문 기사, 각종 자막 등에서도 어문 규범이 지켜지지 않은 표기들이 숱하게 사용되고 있으니 말이다. 이런 상황에서 우리가 글을 쓸 때 어문 규범을 지켜야 하는 이유는 어디에서 찾아야 할까? 아래의 글을 읽으며 한번 생각해 보자.

> 인터넷에서 별 다른 죄책감 없이 타인에게 심한 모욕감을 주어서 명예회손죄 처벌을 받게 되는 일이 빈번하게 발생되어지고 있습니다. 이런 상황에서 적절하게 대응하지 못 하면 무거운 명예회손죄 형량을 받게 될수 있으므로 안일한 대처는 절대 금물이라는 사실을 망각해 주셔서는 안되겠습니다.
>
> <법무법인 ○○○>

위의 글을 읽으며 어떤 생각이 들었는가? <법무법인 ○○○>에 내 사건을 맡기고 싶은 마음이 드는가? '발생되어지고'와 같은 이중 피동 표현이 사용된 문장, '망각해 주셔서는 안되겠습니다'와 같은 어색한 표현은 물론, 맞춤법에 어긋난 '명예회손'이라는 표기와, 띄어쓰기가 되지 않은 '될수'와 같은 표기가 눈에 거슬리는 사람들은 <법무법인 ○○○>에 내 사건을 의뢰할 마음이 싹 사라졌을 것이다. 그리고 그 이유는 글쓰기의 기초라 할 수 있는 어문 규범조차 지키지 못한 글로 인해 신뢰성이 떨어졌기 때문임 직하다. 어문 규범에 맞지 않는 글은 신뢰성은 물론 설득력을 갖기 어렵다. 이것이 글을 쓸 때 우리가 어문 규범을 지켜야 하는 이유이다.

그런데 생각해 보면 어문 규범을 지키지 못한 글이라고 해서 모두 다 설득력을 잃는 것은 아닌 것도 같다. 혹시 위의 글에서 '명예회손', '될수' 외에 다른 맞춤법 및 띄어쓰기 오류는 발견하지 못했는가? '별 다른', '못 하면'도 규범에 따르면 잘못 띄어 쓴 예에 해당되는데 이와 같은 오류에 대해서는 어떻게 생각하는가? 아마도 이것이 오류인 것을 알아채지 못한 사람들이 대부분일 듯하다. 그리고 설사 오류인 것을 알았다고 하더라도 이 정도의 띄어쓰기는 틀릴 수도 있다고 생각하지 않을까 싶다. 다시 말하면 어문 규범 오류 중에는 신뢰성을 크게 떨어뜨리는 오류도 있지만 언어 사용자들에게 어느 정도 용인되는 오류도 있다는 것이다. 그 차이가 무엇인지 아래의 표를 통해 알아보자.

<어문 규범 사용상의 오류 유형>

유형	글의 신뢰도	예시
① 맞춤법을 틀린 경우	매우 하락	'감기 빨리 낳으세요'. '문안한 옷이네요'.
② 대부분이 아는 띄어쓰기를 틀린 경우	어느 정도 하락	'그럴수 밖에', '학생 입니다.'
③ 소수만 아는 띄어쓰기를 틀린 경우	거의 영향 없음	'국어 사전 vs. 국어사전'

앞서 살핀 <법무법인 ○○○>의 글이 신뢰도가 떨어졌던 것은 '명예회손'과 같은 '맞춤법'을 틀린 데서 그 이유를 찾을 수 있을 것이다. 그 외에 '될수'와 같이 대부분의 사람들이 알고 있는 띄어쓰기를 틀린 것도 영향을 주었을 듯하다. 우리가 글을 쓸 때에는 적어도 ①과 같이 맞춤법을 틀리거나 ②와 같이 대부분의 사람들이 알아챌 수 있는 띄어쓰기를 틀리는 일은 없어야 한다.

한편 ③은 어떠한가? '국어사전'을 '국어 사전'과 같이 띄어 쓰면 안 된다는 사실을 알고 있었는가? '국어사전'은 '국어'와 '사전'이라는 두 단어가 결합되어 만들어진 '한 단어'이고, 국어의 띄어쓰기는 '단어'를 기준으로 하여 한 단어면 붙여 쓰고, 한 단어가 아니면 띄어 쓰게 되어 있으므로 '국어사전'과 같이 붙여 쓰는 것이 옳다. 그런데 무엇이 한 단어이고 무엇이 한 단어가 아닌지를 사전 지식 없이 판단하여 띄어쓰기를 하는 것은 매우 어려운 일이다. 어문 규범의 측면에서 보자면 ③의 경우도 오류인 것은 분명하고, 글을 쓸 때 ③과 같은 오류도 나타나지 않게 하는 것이 좋을 테지만, 대학 글쓰기를 처음 시작하는 우리는 우선 ①과 ②의 오류를 범하지 않는 것을 목표로 삼아 글을 써 보자.

혹시 내가 쓴 글에 어문 규범상의 오류가 없는지 확인하고 싶다면 어떻게 해야 할까? 우리가 문서를 작성할 때 사용하는 <한글>이나 <MS Word> 프로그램 안의 '맞춤법 도우미' 기능을 통해 일차적인 오류는 점검이 가능하다. 다만 이들 기능은 정교함이 부족하여 추가 확인이 필요한데, 그럴 때는 『표준국어대사전』과 <맞춤법 검사기>를 활용해 보는 것을 추천한다. 『표준국어대사전』은 한국어 어문 규범을 총괄하는 '국립국어원'에서 편찬한 것이므로 다른 사전들보다는 이를 참고하는 것이 좋을 것이다(구체적인 사전 활용법은 【어문 규범 이야기③】에서 다룰 예정이다). <맞춤법 검사기>는 부산대학교 인공지능연구실과 나라인포테크에서 공동 개발한 프로그램을 사용해 보자(https://nara-speller.co.kr/speller/). 사이트에 접속해서 검사받고 싶은 문장을 입력하면 어문 규범 오류를 점검해 주는 것은 물론, 틀린 이유와 함께 바르게 고쳐 쓸 수 있는 방법도 제시해 주고 있어 편리하게 이용할 수 있을 것이다.

글쓰기와 발표

글쓰기와 발표 교재 편찬위원회

Ⅱ.

글쓰기

II. 글쓰기

우리는 살면서 의사소통 과정으로서 글을 써야 하는 경우를 자주 마주친다. 그러나 글을 써야 하는 상황에서 막상 해야 할 이야기를 어떻게 글로 표현해야 할지 시작부터 막막할 때가 있다. 한 편의 글을 쓸 때에 무엇을 먼저 준비하고 표현할지에 대한 고민은 누구나 흔히 겪었음 직한 경험이다. 이때 글쓰기의 이전 단계를 준비함으로써 그 고민을 상당 부분 해결할 수 있는데, 많은 글쓰기 전공 학자들은 이 과정에서 필요한 글의 주제 정하기와 개요 작성하기를 글쓰기의 준비 단계라 말한다.

글쓰기 준비 단계는 말 그대로 글을 쓰기 전에 이루어지는 활동으로, 주제를 정하고 이에 대한 아이디어를 생성, 조직하여 개요로 표현하는 것까지를 의미한다. 즉 글쓰기 준비 단계 는 주제 정하기와 개요 작성 이렇게 두 가지 활동이 핵심이다. 그렇기에 중심 소재가 무엇이고 주제를 어떻게 정할지에 대한 이해가 우선적으로 필요하다.

1. 글쓰기의 과정

1.1. 글쓰기의 준비 단계

학습 목표

1. 문제의식을 주제문으로 표현할 수 있다.
2. 내용 생성하기 전략을 사용하여 글의 범위를 한정할 수 있다.
3. 내용 조직하기 방식 등을 사용하여 개요를 작성할 수 있다.

1.1.1. 주제 정하기

1) 주제의 개념 및 요건

주제를 정하기에 앞서 글쓰기의 수사적 맥락을 탐구하고 쓰기 전반에 걸친 계획을 세움으로써 막연했던 주제를 글쓰기 상황에 맞게 구체화할 수 있다. 수사적 맥락이라는 글쓰기 상황 전반에 대한 요건, 즉 이 글을 왜 쓰는가? 이 글을 읽는 독자는 누구인가? 나는 어떤 형식으로 무엇을 쓸 것인가? 이 글을 작성함으로써 독자가 어떤 영향을 받기를 기대하는가? 등의 물음에 답을 하면서 글의 목적, 예상 독자, 상황 등을 파악하고 대략적인 글의 주제를 설정할 수 있다.

글쓰기에서의 수사적 맥락과 주제 설정 과정에서 활용되는 질문 전략

1. 글쓴이(필자): 나는 누구인가? 나는 중심 소재에 대해 어떤 입장을 지니고 있는가?
2. 예상 독자: 누가 이 글을 읽는가? 독자의 수준이나 관심사는 무엇인가?
3. 글의 목적: 이 글을 통해 독자를 설득하려고 하는가? 독자에게 정보를 전달하려고 하는가? 감동을 주려고 하는가?
4. 주제(핵심 내용): 이 글에서 무엇을 말하려고 하는가?
5. 상황(맥락): 지금 이 글이 필요한 이유는 무엇인가? 시대적, 사회적 맥락과 연결했을 때 의미 있는 내용은 무엇인가?

글쓰기에서 말하는 수사적 맥락에는 글쓴이, 예상 독자, 글의 목적, 주제, 상황 등이 포함된다. 이 가운데 글에서 무엇을 말할지, 즉 주제를 정하는 문제는 다른 수사적 맥락 요소들을 충분히 고민해 봄으로써 어느 정도 해결할 수 있다. 다시 말해 주제는 수사적 맥락의 한 요소이면서도, 글쓴이·독자·목적·상황 등 다른 요소를 파악하는 과정 속에서 설정되는 요소이기도 하다. 이는 예시를 통해 더 쉽게 이해할 수 있다.

글쓴이(필자): 환경 동아리 학생

예상 독자: 대학생

글의 목적: 행동을 촉구하고 캠페인 참여를 유도

형식: 교내 웹진에 실리는 짧은 칼럼

상황(맥락): 교내에서 '제로 웨이스트 주간' 행사 중

수사적 맥락을 고려했을 때 설정 가능한 주제는 다양하다.

예시)

- **대학생들의 작은 선택 하나하나가 모여, 더 지속 가능한 캠퍼스를 만들어 갈 수 있다.**
  → 다양한 실천 방법을 열어 두면서 참여를 이끌어 낼 수 있는 주제이다.
- **대학생들도 환경 보호를 충분히 실천할 수 있으며, 그 가능성은 일상 속 작은 실천에서 시작된다.**
  → 단순한 행동보다는 생활 전반에 걸친 인식 변화까지 포괄할 수 있다.
- **제로 웨이스트 주간은 우리 모두의 참여를 통해 일상의 변화를 이끌어 내고 지속 가능한 삶을 실현할 수 있는 계기가 된다.**
  → 캠페인과 행동을 직접 연결하면서도 주제를 넓게 유지한다.
- **학생들의 일상 속 작은 실천이 모여 더 나은 학교 환경과 문화를 만들어 갈 수 있다.**
  → 실천 내용을 다양하게 담을 수 있고 독자의 행동을 유도하기도 좋다.
- **기후 위기 시대를 살아가는 대학생은 환경 감수성을 지니고 지속 가능한 미래를 위해 행동하는 책임 있는 시민이어야 한다.**
  → 다소 철학적이지만 환경 의식과 행동 사이의 연결고리를 자연스럽게 만들어 준다.
- **지속 가능성을 지키기 위해 우리 세대는 일상에서부터 실천을 시작해야 한다.**
  → 환경 이슈를 MZ세대, 대학생활, 소비습관 등과 연계해 폭넓게 쓸 수 있다.
- **우리 캠퍼스에서부터 불편함을 감수하는 용기를 지니고, 지속 가능한 변화를 시작하자.**
  → 제로 웨이스트 실천이 어렵다는 현실도 인정하면서 의미 있는 행동을 독려한다.
- **우리는 일상에서 얼마나 지구를 배려하고 있으며, 그 배려가 우리에게 어떤 변화를 가져올지 고민해야 한다.**
  → 인식과 실천을 아우르는 문제 제기형 주제로, 칼럼에 잘 어울린다.

• 연습문제 • 글의 주제가 될 수 있는 자신의 관심사 중 하나를 선택하여, 수사적 맥락에 따라 주제를 설정해 보자.

• **자신의 관심사**

1. ______________________________

2. ______________________________

3. ______________________________

→ 글쓰기 주제로 선택한 자신의 관심사: ________ 번

• **수사적 맥락**

1. 글쓴이(필자): ______________________________

2. 예상 독자: ______________________________

3. 글의 목적: ______________________________

4. 형식: ______________________________

5. 상황(맥락): ______________________________

• **수사적 맥락을 고려했을 때 설정 가능한 주제**

1. ______________________________

2. ______________________________

3. ______________________________

글의 주제란 글쓴이가 나타내고자 하는 기본적인 사상이며, 독자에게 전달하고자 하는 주된 내용이다. 쉽게 말해서 '무엇을 말하고 있는가?'에 대한 대답이다. 앞에서 수사적 맥락에 따라 무엇을 말할지를 대략적으로 결정했다면, 이제는 그 '무엇'에 해당하는 내용을 구체화해야 한다. 우리가 글을 쓸 때에는 가장 먼저 글의 중심 내용인 '주제'를 정하는 것에서 글쓰기가 시작되는데, 주제에는 대개 중심 소재에 대한 글쓴이의 입장이 담겨 있다. 예를 들면 '환경'이라는 중심 소재에 대해 '정부와 기업, 시민이 함께 참여하는 환경 협력이 지금보다 훨씬 적극적으로 이루어져야 한다.', '탄소중립 사회를 위해서는 법적 규제뿐 아니라 시민 교육이 병행되어야 한다.', '환경 보호를 일상화하려면 제도적 유도와 사회적 인센티브가 필요하다.' 등의 주제 설정에서 글쓴이의 환경에 대한 입장을 확인할 수 있다. 이러한 주제는 글의 중심 소재에 대한 뚜렷한 문제의식에서 비롯한

다. 따라서 앞서 언급한 수사적 맥락의 글쓴이(필자) 요소와도 밀접한 연관성을 보인다.

주제가 무엇인지 개념을 이해했다면 이번에는 주제를 정할 때 고려해야 할 요건에 대해 살펴보겠다. 좋은 주제를 정하기 위해서는 먼저 자신의 관심과 흥미를 고려할 필요가 있다. 어쩔 수 없이 관심이 없는 주제를 가지고 글을 써야 하는 상황도 있겠지만, 자신이 주제를 정할 수 있는 상황이라면 가급적 자신에게 흥미로운 주제를 정하는 것이 좋다. 그래야 즐겁게 글을 쓸 수 있다. 이는 주제를 정하는 단계 이후의 내용 생성 과정과도 연결된다. 글쓴이가 잘 이해하고 있거나 관심이 많은 주제를 선정했을 때 독자에게 좀 더 풍부한 내용의 글로 주제를 전달할 수 있다. 비슷한 맥락에서 주제를 정할 때는 글쓴이 자신의 능력으로 해결할 수 있는 주제인지도 고려해야 한다. 글쓰기가 익숙하지 않은 학생들은 주제를 거창하게 잡는 경향이 있다. 그럴듯한 주제여도 거창한 주제, 혹은 막연한 주제는 글을 쓰는 사람도 버겁기 때문에 수박 겉핥기만 하다가 정작 중요한 메시지를 놓치거나 다른 사람이 한 말을 짜깁기하는 수준에서 글이 마무리될 우려가 생긴다. 그러므로 글을 쓰는 사람의 수준과 능력에 맞게 주제를 정해야 좋은 글이 될 수 있다.

'환경'과 관련된 너무 거창하거나 막연해서 좋지 않은 주제 예시

- **환경이 중요하다.**
  → 어떤 환경인지, 왜 중요한지, 어떤 관점에서 이야기하려는 것인지 구체적이지 않다.
- **환경을 보호하자.**
  → 좋은 말이지만 너무 당연하고 구호에 가깝다.
- **환경 문제는 해결해야 한다.**
  → 환경의 어떤 문제를 의미하는지 범위가 너무 넓다.
- **우리는 환경을 생각해야 한다.**
  → 생각해야 하는 이유, 구체적인 상황, 대상 등이 빠져 있어 중심이 흐리다.
- **환경이 파괴되고 있다.**
  → 사실 진술에 그치고 있어서 주제문으로서의 방향성이나 입장이 부족하다.
- **환경이 우리 삶에 영향을 준다.**
  → 어떤 환경이, 우리 삶에 어떻게 영향을 주는지 글쓴이의 입장이 부재한다.

이런 주제들로는 글을 쓰려 해도 방향이 흔들리거나 내용이 뻔하고 얕게 끝나는 경우가 많다. 그래서 글쓰기에서는 주제를 조금 더 구체적이고 자신의 입장이 담기도록 다듬는 게 중요하다. 위에서 수사적 맥락을 통해 주제를 설정할 수 있음을 배웠다. 같은 수사적 맥락에서 설정되는 구체적인 주제를 살펴보면 좋은 주제의 요건을 짐작하는 데 도움이 될 것이다.

글쓴이(필자): 환경 동아리 학생
예상 독자: 대학생 학우
글의 목적: 행동을 촉구하고 캠페인 참여를 유도
형식: 교내 웹진에 실리는 짧은 칼럼
상황(맥락): 교내에서 '제로 웨이스트 주간' 행사 중

구체적인 주제 설정 예시
- 캠퍼스 내에서 플라스틱 사용을 줄이자.
- 대중교통 이용 등 일상생활 속 작은 에너지 절약을 통해 환경을 지킬 수 있다.
- 로컬 푸드와 채식 중심의 식단을 통해 탄소 배출을 줄이자.
- 지속 가능한 미래는 특별한 사람들의 거창한 행동이 아니라, 우리 모두의 인식에서 시작된다.
- 환경 보호는 누군가를 따라하는 것이 아니라, 나만의 방식을 고민하며 삶의 방식을 조금씩 바꾸는 데서 시작한다.

좋은 주제는 분명한 초점을 지님으로써 명확해야 하고, 실제 상황과 연결 가능한 구체성을 띠어야 하며, 생각할 거리를 제공할 수 있도록 의미가 있어야 한다. 지금까지의 내용을 정리하면 다음과 같다.

좋은 주제의 요건

1. 명확성 (분명한 초점)

주제가 너무 막연하거나 넓지 않고, 글쓴이의 관심 지점이 뚜렷하게 드러나야 한다.

좋은 예: 대학 내 '중고 장터의 활성화'는 순환 경제의 가치를 캠퍼스 내에서 실천하고 학습하는 중요한 계기가 될 것이다.

좋지 않은 예: 환경이 중요하다.

→ 독자가 "그래서 이 글이 뭘 말하려는 거야?"라고 묻지 않도록 설정해야 한다.

2. 구체성 (실제 상황과 연결 가능)

현실 속 예시나 사례와 연결할 수 있는 구체적인 주제여야 한다.

좋은 예: 데이터 센터의 전력 낭비를 막기 위해 학기 말마다 학내 클라우드와 메일함을 정리하는 '데이터 비우기 캠페인'을 실시해야 한다.

좋지 않은 예: 깨끗한 세상을 만들자.

→ 글 속에서 설명, 근거, 사례 제시가 수월해진다.

3. 의미와 중요성 (생각할 거리 제공)

사회적·개인적으로 의미 있는 질문이나 문제의식을 담고 있어야 한다.

좋은 예: 학생 식당의 '비건 메뉴 확대'는 개인의 취향 존중을 넘어, 대학이 탄소 배출을 억제하고 기후 정의를 실천하는 방법이다.

좋지 않은 예: 우리는 깨끗한 공기를 마셔야 한다.

→ 독자에게 "이건 나와도 관련 있는 이야기네!"라는 반응을 끌어내는 주제가 좋다.

4. 흥미 유발 (독자의 관심을 끄는 소재)

독자가 궁금해하거나, 공감하거나, 반응할 만한 요소가 있어야 한다.

좋은 예: 축제 기간에 폐현수막을 활용해 우왕이 굿즈를 만들어 주는 '업사이클링 부스'를 운영하면, 쓰레기 문제를 즐거운 참여형 이벤트로 전환할 수 있다.

좋지 않은 예: 지구를 살리자.

→ '읽고 싶다'는 느낌이 들어야 좋은 시작이 된다.

5. 글의 목적과 일치 (수사적 맥락과 어울림)

글의 목적(설득, 정보 전달, 정서 표현 등), 독자, 형식에 맞게 조정되어야 한다.

좋은 예: 기후 위기에 대응하기 위해 '환경 실천' 비교과 프로그램을 도입하고, 이를 이수하면 생협에서 사용할 수 있는 '에코 마일리지'를 부여해야 한다.

좋지 않은 예: 일회용기의 성분이 환경에 미치는 영향

→ 행동을 촉구하는 칼럼에 글을 싣기 위해 작성한다면 실천 유도형 주제가 적합하다.

이 밖에도 좋은 주제의 요건에는 독자 입장에서 읽을 만한 가치가 있어야 하고, 글쓴이 자신의 관심 사항인 주제가 다른 사람들에게도 보편적인 공감을 받을 수 있도록 시의성이 있어야 하며,

창의적이고, 인류의 행복에 보탬이 되어야 함을 추가로 생각해 볼 수 있다. 또한 좋은 주제는 발전성이 있어야 한다. 다른 사람에게 보편적 공감을 얻고, 시의성이 있는 주제라 해도 진부한 생각을 담고 있으면 좋은 주제가 될 수 없다. 좋은 주제는 상황을 예리하게 짚어 다른 사람들이 미처 생각하지 못한 것을 다루어야 한다. 다만 인류 공통의 가치관을 저해하는 부도덕한 내용은 좋은 주제라 할 수 없다. 이 모든 요건을 다 충족하는 것은 글쓴이 입장에서 심리적 부담이 되어 오히려 좋은 주제를 설정하기 어려운 장애 요소로 생각되기 쉬울 것이다. 따라서 보편적 가치를 염두에 두고 주제를 선정하는 것 정도로 생각하면 좋을 듯하다.

• 연습문제 • 위 연습문제에서 설정한 주제를 '좋은 주제의 요건'에 따라 점검하고 수정해 보자.

- **수사적 맥락을 고려하여 설정한 주제**
  1.
  2.
  3.

- **'좋은 주제의 요건'에 따른 점검 사항**
  - 주제가 너무 막연하거나 넓지 않고, 글쓴이의 관심 지점이 뚜렷하게 드러나는가?
  - 현실 속 예시나 사례와 연결할 수 있는 구체적인 주제인가?
  - 시회적·개인적으로 의미 있는 질문이나 문제의식을 담고 있는가?
  - 독자가 궁금해하거나, 공감하거나, 반응할 만한 요소가 있는가?

- **'좋은 주제의 요건'에 맞게 수정한 주제문**

2) 내용 생성 방법

주제를 대략적으로 정했다면 주제를 담을 내용 생성이 필요하다. 내용 생성하기는 글을 쓰기 위해 아이디어를 떠올리고 수집하는 과정이다. 글의 내용을 생성하는 방법은 글쓴이가 창의적인 사고 활동을 통해 아이디어를 생성하는 방법과 기존 아이디어(혹은 내용)를 다양한 매체를 통해 찾고 수집하는 과정으로 총 다섯 가지 정도로 분류할 수 있다.

내용 생성 방법

1. 자료 검색
2. 면담 및 인터뷰
3. 브레인스토밍 및 마인드맵
4. 설문 조사 및 데이터 수집
5. 경험 기반 생성

내용 생성의 첫 번째 방법은 기존 자료를 검색하여 필요한 내용을 수집하는 방법이다. 이때에는 책, 논문, 기사 등 출판된 자료를 조사해서 내용을 정리하거나 새롭게 구성하는 문헌 조사 방법이 있고, 블로그나 커뮤니티 등 인터넷을 활용하여 자료를 손쉽게 검색해 내용을 수집하는 인터넷 검색 방법이 있다. 문헌 조사의 방법은 학술적 글쓰기, 보고서 쓰기, 리서치 기반 콘텐츠 제작 등에 적합하고, 인터넷 검색 방법은 정보가 풍부하고 접근이 쉬워 대부분의 실용 콘텐츠 제작에 기본적으로 사용된다는 점에서 유용하지만 신뢰도 면에서는 확인이 필요하다는 단점을 지닌다. 그래서 신뢰할 만한 자료를 찾기 위해 학교 도서관 홈페이지에서 제공하는 '학술연구정보서비스(RISS)'에서 학술 정보를 수집할 수 있다. RISS는 학술 문헌을 대상으로 한 온라인 검색 기반의 문헌 조사 도구로, 검색은 온라인에서 이루어지지만 필요에 따라 오프라인 자료 이용으로도 이어질 수 있다. 따라서 글의 주제를 정하고 내용을 생성하는 단계에서 'RISS'를 통해 관심 분야에 대한 구체적인 정보를 얻을 수 있다. 'RISS'는 교내에서 학교 도서관 홈페이지를 통해 무료로 이용할 수 있으나 학교 밖에서 이용하려면 반드시 학교 도서관 홈페이지에 로그인하여야 한다.

‘학술연구정보서비스(RISS)’에서는 학위논문과 학술논문 등의 학술적인 자료를 동시에 검색할 수 있으나 잡지 등의 기사까지도 검색되므로 주의해야 한다. 자신의 주제와 직접적으로 연관된 정보를 찾고자 할 때는 ‘상세검색’을 활용할 수도 있다. ‘상세검색’에서 여러 주제어를 입력하면 구체적인 논문이 검색되어 나온다. 검색을 통하여 원하는 논문을 찾았다면 ‘원문보기’를 실행하여 그 내용을 구체적으로 살펴볼 수 있으며 논문의 초록과 목차를 통해 간단한 내용을 확인할 수도 있다. 또한 검색한 논문의 참고문헌 목록을 통해 유사한 주제의 논문을 더 찾는 것도 가능하다.

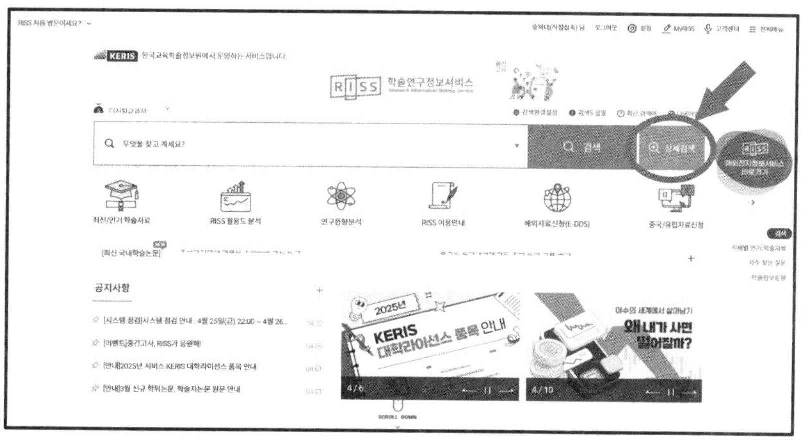

내용 생성의 두 번째 방법으로는 특정 인물과 직접 대화하거나 준비한 질의에 대한 응답을 정리함으로써 필요한 정보를 수집하는 면담의 방법이 있다. 인물 자체 혹은 인물이 지닌 전문적 지식에 대해 알고 싶을 때 사용하는 전략이다. 면담은 현장감 있고 구체적인 사례 중심 콘텐츠를 얻을 수 있다는 장점이 있어 기사, 사례 연구, 인물 중심 콘텐츠 등에 활용하기 적합하나 면담을 진행할 시 원하는 인물의 섭외가 어려울 수 있고 계획한 질문에 성실한 답변을 얻지 못할 수도 있다는 점에서 단점도 동시에 지닌다.

활동하기 | 다음 절차를 따라 내용 생성을 위해 면담을 계획하고 진행해 보자.

• 면담 준비하기

① 자신이 면담하려는 목적 및 목적에 맞는 적절한 대상을 생각해 보자.

□ 정보를 얻기 위한 면담
 예) 희망 진로에 대한 정보를 얻기 위해

□ 설득을 위한 면담
 예) 자신의 진로를 반대하는 부모님을 설득하기 위해

□ 상담을 위한 면담
 예) 졸업 후 대학원 진학과 취업 중 고민하는 학생이 자신에게 더 적합한 선택을 할 수 있도록 조언을 구하기 위해

자신의 면담 목적	면담 목적에 적절한 대상	선정 이유

② 면담 대상에 대해 조사하고, 적절한 질문을 만들어 보자.

<table>
<tr><td rowspan="2" colspan="2">면담 요청하기
(전화, 문자, 전자우편, SNS, 방문 등)</td><td>자신이 선택한 연락 방법</td><td>그 이유</td></tr>
<tr><td></td><td></td></tr>
<tr><td rowspan="2" colspan="2">면담 시간과 장소 정하기</td><td>면담 날짜와 시간</td><td>면담 장소</td></tr>
<tr><td></td><td></td></tr>
<tr><td colspan="2">면담 대상자에 대한 정보</td><td colspan="2">-
-</td></tr>
<tr><td rowspan="3">면담 질문지</td><td>시작</td><td colspan="2">① 인사 및 소개: 안녕하세요? (　　　　)님, 저는 (　　　　)입니다.
면담을 허락해 주셔서 감사합니다.
② 면담 목적 안내: (　　　　면담 목적　　　　)을
위해 면담을 하려고 하니 진솔한 답변 부탁드립니다.
③ 질문 내용 안내: (질문 목록) 등의 질문을 준비했습니다.
④ 사전 양해 구하기: 제가 면담을 통해 새로 알게 된 내용과 느낀 점에 대해서 보고서를 작성하기 위해 면담 내용을 기록해야 하는데요, 녹음 또는 캡처를 해도 괜찮을까요?
<편안한 분위기를 조성할 수 있는 가벼운 질문>
1.</td></tr>
<tr><td>진행</td><td colspan="2"><면담하기 목적에 맞는 질문> (구체적인 사실, 생각이나 느낌, 앞으로의 계획이나 당부 등)
2.
3.
4.
5.</td></tr>
<tr><td>마무리</td><td colspan="2">⑤ 감사 인사: 면담에 응해 주셔서 감사합니다.</td></tr>
<tr><td colspan="2">면담 준비물</td><td colspan="2">□ 휴대전화 □ 카메라 □ 녹음기 □ 수첩 □ 필기구
□ 면담 기록지 □ (　　　　)</td></tr>
</table>

- 면담 진행하기

면담을 잘하기 위한 태도	자신의 면담에 적용했는지 체크
1. 면담 대상이 말하기 편한 분위기를 만든다.	O / X
2. 겸손한 자세로 자기소개를 먼저 하고, 면담을 하는 목적을 분명히 밝힌다.	O / X
3. 면담의 목적과 대상에 맞는 질문을 한다.	O / X
4. 밝은 표정으로 상대와 눈을 맞추면서 분명하고 구체적으로 질문한다.	O / X
5. 가벼운 질문을 먼저 하고, 상대가 주저하는 내용은 나중에 우회적으로 묻는다.	O / X
6. 예의 바른 태도로 상대의 답변에 경청하고, 적절하게 반응한다.	O / X

① 면담을 잘하기 위한 태도를 숙지하고 자신의 면담에 활용하여 실제 면담을 진행해 보자.

② 질문과 답변을 정리해 보자.

면담 목적			
면담 대상자		면담자 (본인)	
면담 일시		면담 장소	

질문	답변
1.	
2.	
3.	
질문 (　　　)번에 대한 추가 질문:	
질문 (　　　)번에 대한 추가 질문:	

세 번째 방법은 자유롭게 아이디어를 쏟아내며 창의적인 내용을 떠올리는 브레인스토밍의 방법이다. 글쓴이 혼자 자유롭게 생각하며 내용을 떠올리기도 하지만 때로는 여러 사람이 함께 하면서 더 다양한 시각을 아이디어로 담아낸다. 브레인스토밍의 기본 전제가 사고의 양이 질을 결정한다는 것이기에, 혼자 또는 다수가 축적한 아이디어를 목록별로 정리하고 발산시켜 내용을 수집하고 정리한다. 최근에는 브레인스토밍과 함께 생각 그물 만들기처럼 머릿속에 들어 있는 생각을 눈

으로 볼 수 있도록 이미지로 표현하는 마인드맵 방식도 사용한다. 이는 핵심 주제를 중심으로 연관 개념을 시각적으로 확장하는 방식인데, 글의 구조를 잡거나 복잡한 아이디어를 정리할 때 효과적이다. 그래서 마인드맵은 개인 글쓰기, 강의 구성, 프로젝트 기획 등에 활용하면 유용하다. 브레인스토밍이나 마인드맵은 특정 주제에 대한 자신의 생각을 짧게는 몇 마디 정보로, 길게는 다수의 문장으로 표현하는 데 도움을 줄 뿐 아니라 전통적인 내용 생성 전략들이 안고 있는 선조적 특성을 극복하여 비교적 형식에서 벗어나 자유로운 사고 표현을 가능하게 한다. 그래서 브레인스토밍 방법은 창작 콘텐츠, 슬로건, 기획 아이디어처럼 참신하고 창의적인 아이디어가 필요한 경우에 더욱 유용하다.

활동하기 | 제시된 예를 참고하여 마인드맵을 만들어 보자.

예

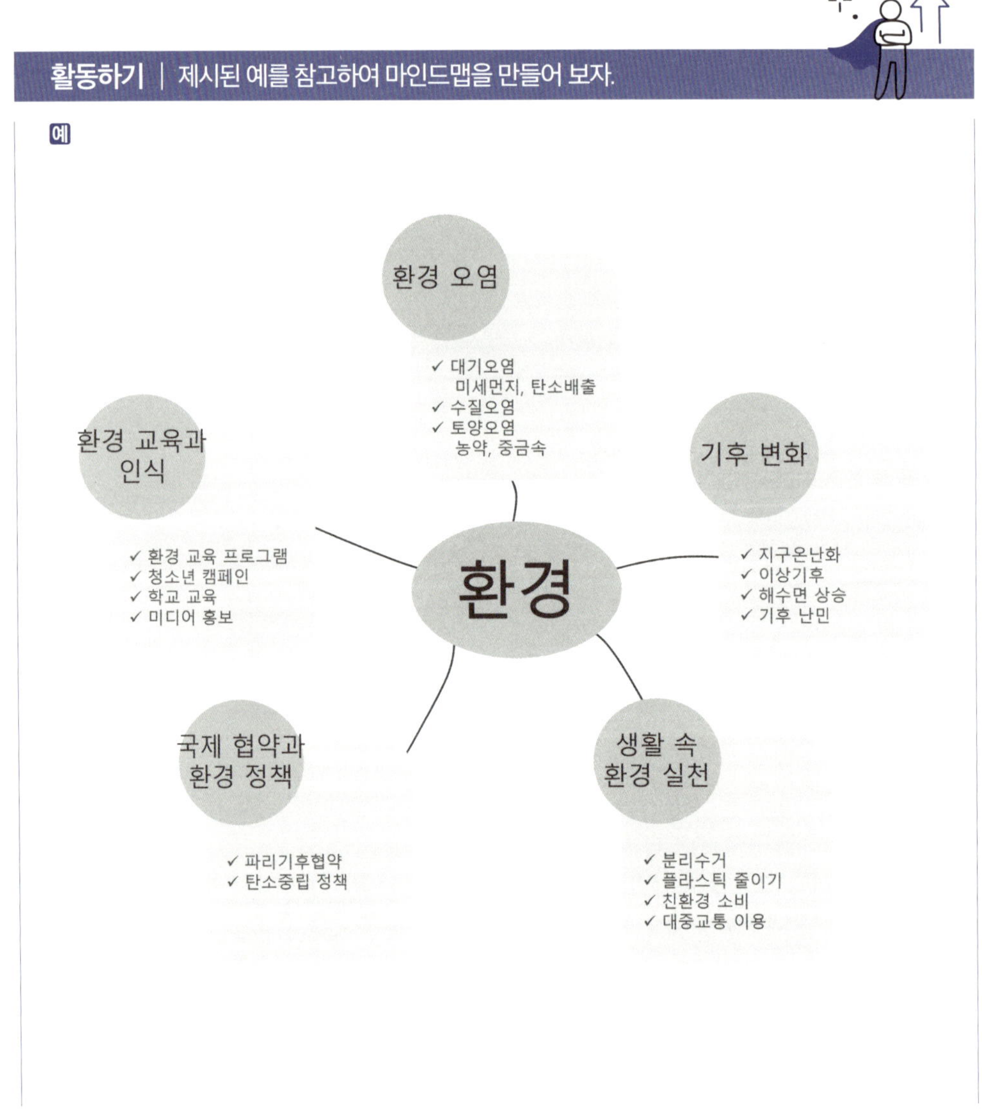

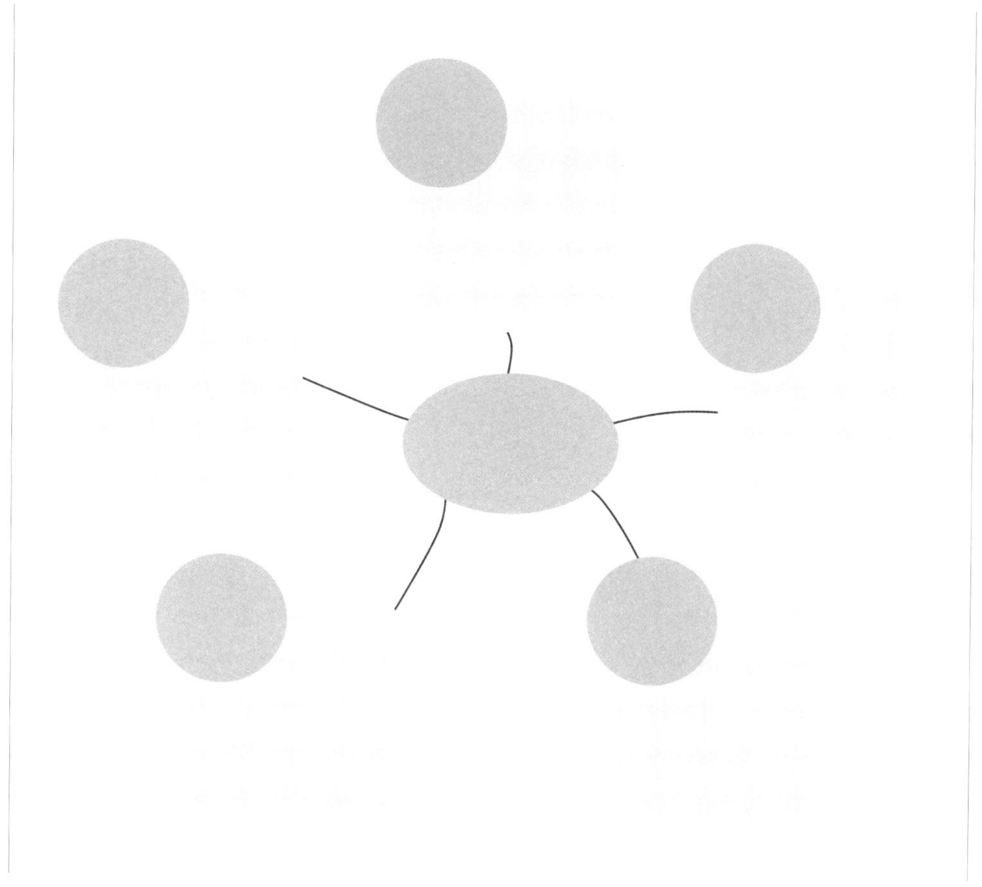

네 번째 방법으로 글쓴이가 직접 다른 사람들에게 설문하거나 설문의 결과를 통계 데이터로 분석해 내용을 구성하는 설문조사 및 데이터 수집 방법이 있다. 이는 특정 주제에 대해 수치화된 정보로 객관적이고 신뢰할 수 있는 결과를 얻을 수 있다는 장점이 있지만, 응답에 대한 심층적인 의견이나 맥락 파악이 어려울 수 있고, 질문에 사람들이 솔직하게 답하지 않음으로써 오히려 신뢰성에 문제가 생길 수도 있다는 점을 염두에 두고 활용해야 한다. 설문조사 및 데이터 수집 방법은 리포트, 인포그래픽, 논거 기반 콘텐츠에 적합하다.

마지막 다섯 번째 방법으로 자신의 경험, 관찰, 생각 등을 바탕으로 직접 창작하는 경험 기반 생성 방법이 있다. 흔히 우리가 어릴 적부터 썼던 일기 등의 수필이, 그리고 최근 블로그 등의 SNS에 자신의 삶을 공유하는 글쓰기 전략이 여기에 해당한다.

1.1.2. 개요 작성하기

1) 개요의 개념과 종류

내용을 생성하기 위해서는 전체의 논리적 구조를 확인할 수 있는 뼈대를 만드는 일이 필요하다. 집을 짓기 전에는 반드시 설계도를 작성한다. 설계도 없이 대충 지은 집은 공간 구성의 효율성이나 견고함이 떨어진다. 글도 마찬가지이다. 구성이 탄탄한 글을 쓰기 위해서는 미리 설계도를 그려 보는 것이 필요하다. 글쓰기를 위한 설계도가 바로 개요이다. 단행본으로 간행된 책이나 학술논문의 앞부분을 보면 목차가 있는데, 개요는 흔히 목차와 유사한 형식으로 작성된다. 목차가 독자를 위해서 글의 내용과 전개를 미리 알려주는 역할을 한다면, 개요는 글 쓰는 사람 자신을 위한 목차이다.

이러한 개요를 작성할 때는 보통 화제 개요와 문장 개요의 두 가지 방법을 사용한다. 다음은 '기후 변화 대응에 있어 정부의 역할이 중요하다.'는 주제문에 대한 화제 개요와 문장 개요의 예이다.

화제 개요

- **주제: 기후 변화 대응에 있어 정부의 역할이 중요하다.**

1. 기후 변화의 심각성
2. 기후 위기를 해결하는 데 있어 정부의 핵심 역할
   1) 탄소세 도입
   2) 산업 전환 정책
   3) 친환경 에너지 투자 등
3. 국내외 간단한 정책 사례 비교
   1) 한국: 2050 탄소중립
   2) 유럽: 탄소세 시행
4. 기후 대응의 중심축인 정부

문장 개요

- 주제: 기후 변화 대응에 있어 정부의 역할이 중요하다.

1. 최근 기후 변화는 이상 고온, 폭우, 산불 등으로 우리의 일상을 위협하고 있다.
2. 효과적으로 기후 변화에 대응하기 위해 정부의 실질적인 정책과 개입이 필요하다.
   1) 탄소세를 도입한다.
   2) 친환경산업으로 전환한다.
   3) 친환경 에너지에 투자한다.
3. 정부 주도의 정책이 변화를 유도할 수 있다.
   1) 우리나라는 기후 위기에 대응하기 위해 2050 탄소중립기본법을 제정하였다.
   2) 유럽은 이산화탄소 배출량의 저감을 위해 탄소세를 도입하였다.
4. 기후 변화에 대응하는 데 있어 정부가 중심축으로서 역할을 해야 하며, 국민은 이에 관심을 갖고 적극적으로 참여함으로써 변화를 이끌어야 한다.

이렇게 보면 화제 개요와 문장 개요의 차이를 단지 형식의 차이라고 생각할 수도 있으나 둘의 차이는 단지 형식적인 차이에 그치는 것은 아니다. 화제 개요는 목차처럼 어구 형식으로 간결하게 나타나기 때문에 글의 전체 내용을 한눈에 살펴볼 수 있고 글의 논리적 전제를 파악하기에 용이하다. 반면에 문장 개요는 내용을 구체화할 수 있어서 집필할 때 좀 더 편리하다.

2) 개요 작성 방법

글의 뼈대, 즉 개요를 작성할 때에는 글의 목적과 매체 형식을 고려하여 글의 구조를 결정하고 이를 요약하듯 간추린다. 글의 목적이 독자의 생각, 행동 등의 변화를 촉구하는 '설득'일 경우 전형적으로 서론-본론-결론의 구조를 지닌다. 글의 구조를 충분히 이해하고 글쓰기를 하면 생성한 내용을 조직하고 개요로 작성하는 데 큰 도움이 된다.

'설득'을 목적으로 한 글의 대표적 구조

- **서론(도입부): 문제 제기와 주장 제시**
  - 사회적 배경 또는 현실 상황 제시
  - 그로 인해 발생한 문제를 명확히 제기
  - 해결을 위한 필자의 주장 또는 관점 제시
- **본론(전개부): 서론에서 제기한 문제를 해결할 수 있는 세부 주장과 각 주장을 뒷받침하는 근거 제시**
  - 주장을 뒷받침하는 타당한 근거 제시(사례, 통계, 전문가 의견, 경험 등)
  - 구체적 해결 방안이나 실천 사례 소개
  - 반론이 있다면 그에 대한 반박 또는 설명 포함 가능
- **결론(마무리): 주장 요약과 당부 또는 전망 제시**
  - 본론의 핵심 주장 요약
  - 독자에게 실천을 촉구하거나 기대 효과 제시
  - 미래에 대한 희망적 메시지나 결단 유도

'설득'을 목적으로 한 글의 대표적 구조에 따라 작성한 개요 예시

- **주제: 기후 위기의 시대, 대학생은 소비 방식과 생활 습관 전반을 친환경적으로 전환해야 한다.**

  서론(도입부): 문제 제기와 주장 제시
  - 지구 평균기온이 계속 상승하며 폭염, 가뭄, 산불 등 기후 재난이 전 세계적으로 빈번하게 발생하고 있다. (사회적 배경 또는 현실 상황 제시)
  - 기후 위기는 더 이상 먼 미래의 이야기가 아니라, 지금 우리의 삶과 직결된 문제로 다가오고 있다. (그로 인해 발생한 문제를 명확히 제기)
  - 이러한 시대에 대학생들이 자신의 소비와 생활 습관을 친환경적으로 바꾸는 것은 더 이상 선택이 아니라 필수다. (해결을 위한 필자의 주장 또는 관점 제시)

  본론(전개부): 서론에서 제기한 문제를 해결할 수 있는 세부 주장과 각 주장을 뒷받침하는 근거 제시
  - 유엔 보고서에 따르면, 2030년까지 개인의 소비 습관 변화만으로도 온실가스 배출량을 최대 20% 줄일 수 있다고 한다. (주장을 뒷받침하는 타당한 근거 제시)
  - 예컨대, 비건 식단을 일주일에 하루만 실천하거나, 중고 거래 앱을 활용한 재사용 소비도 친환경

적 전환의 좋은 예다. (구체적 해결 방안이나 실천 사례 소개)
- 일부는 개개인의 실천이 별 효과가 없다고 생각하지만, 사회적 인식 변화는 언제나 개인의 작은 움직임에서 출발한다. (반론에 대한 반박)

결론(마무리): 주장 요약과 당부 또는 전망 제시
- 기후 위기를 극복하기 위해서는 대학생 스스로 일상 속 소비와 습관을 돌아보고, 지속 가능한 선택을 실천해야 한다. (본론의 핵심 주장 요약)
- 지금 행동한다면, 미래의 우리와 다음 세대가 숨 쉴 수 있는 지구를 지킬 수 있다. (독자에게 대한 실천 촉구와 기대 효과 제시)
- 변화는 거창한 계획이 아니라 오늘의 작은 실천에서 시작되므로, 그 시작을 본교에서 열어 가자. (독자에게 결단 유도)

읽는 사람의 정보 이해를 목적으로 하는 '정보 전달'의 글일 경우 전형적으로 처음-중간-끝의 구조를 지니지만 글쓰기 형식에 따라 글의 구성이 일부 달라질 수 있다.

'정보 전달'을 목적으로 한 글의 대표적 구조

- **처음(도입부): 설명하려는 대상 소개 및 설명의 순서 제시**
  - 설명할 개념, 대상, 주제 명확히 제시
  - 왜 이 주제를 설명하는지, 배경 또는 의의 간단히 소개
  - 전체 내용의 윤곽 제시 (예고 역할)
- **중간(전개부): 설명 대상의 특징, 구성, 원리, 과정 등을 구체적으로 설명**
  - 핵심 개념이나 특징을 조목조목 설명(분류, 비교, 순서, 예시 등 다양한 설명 방법 활용)
  - 독자의 이해를 돕기 위한 사례, 그림, 도표 등 사용 가능
  - 논리적이고 체계적인 전개가 중요
- **끝(마무리): 설명한 내용을 정리하고 추가 정보나 의미를 부여**
  - 앞서 설명한 내용을 요약하거나 정리
  - 이 주제가 갖는 중요성 또는 활용 방안 강조
  - 관련된 확장 정보나 생각할 거리 제시 가능

이 외에도 글을 전개하는 방법에 원인과 결과, 문제와 해결, 시간의 흐름 방식 등이 있다는 점을 염두에 두고, 글의 주제가 잘 드러날 수 있도록 글을 조직해야 한다. 그러나 이러한 전통적인 정보 조직 방법을 개요로 작성하면 대개는 좌에서 우로, 위에서 아래로 정보가 조직되기 때문에 자유로운 사고의 흐름을 방해한다는 단점을 지닌다. 또한 개요를 작성하는 단계는 아직 글이 완성된 단계가 아님에도 글 전체 구성이 개요에 모두 포함되어야 하기에, 글을 쓰는 입장에서는 글의 뼈대만 제시한다고 해도 전체 내용의 골격 구조에 맞추어 아이디어를 정리해야 한다는 부담을 느낀다. 이에 대한 대안으로 이미지로 구조화된 다양한 조직 방법을 활용할 수 있는데, 이러한 조직 방법은 글의 주제에 따라 여러 가지 방향으로 아이디어를 기록할 수 있으므로 형식을 중시하는 개요짜기에 비하여 보다 빠른 속도로 아이디어를 기록할 수 있고, 사고의 방향에 구애받지 않는다. 또한 일정한 형식에 맞출 필요가 없이 다양하게 변형이 가능하므로, 글의 장르나 형식, 목적에 따라 유연하게 사고를 정리할 수 있다.

다양한 조직 방법의 예

ㄱ. 비교·대조에 유용한 조직 방법

대상	대상 1	대상 2
공통점		
차이점		

ㄴ. 분류·분석에 유용한 조직 방법

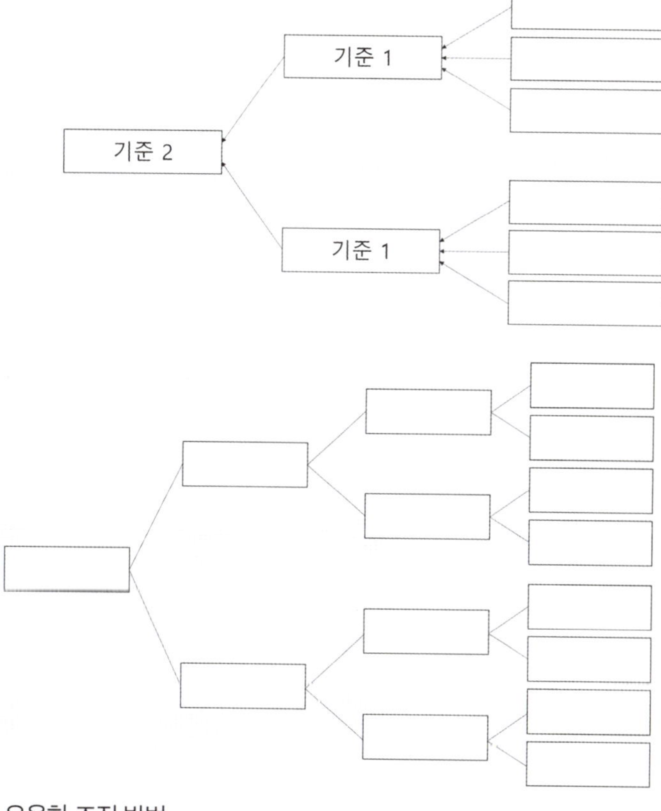

ㄷ. 원인·결과에 유용한 조직 방법

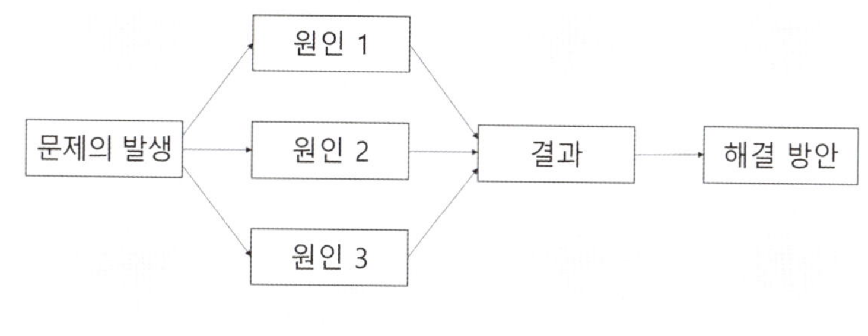

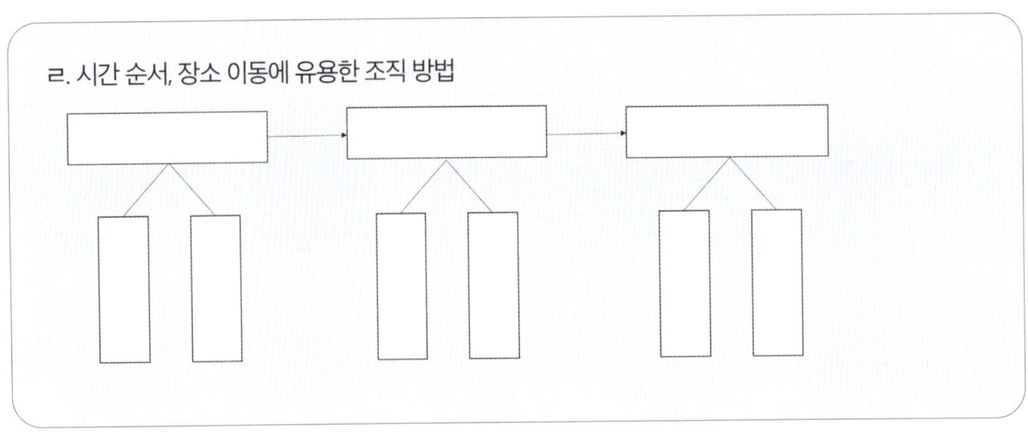

활동하기 | 이미지로 구조화된 조직 방법을 활용하여 제시된 글감의 세부 내용을 조직해 보자.

1. 나의 고민(원인·결과에 유용한 조직 방법)

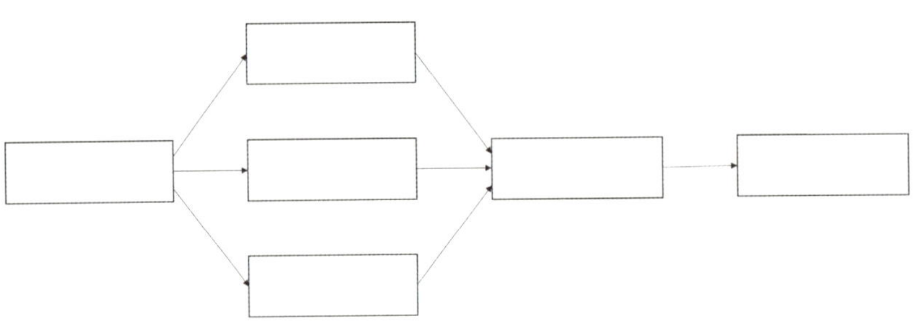

2. 학교 행사(시간 순서, 장소 이동에 유용한 조직 방법)

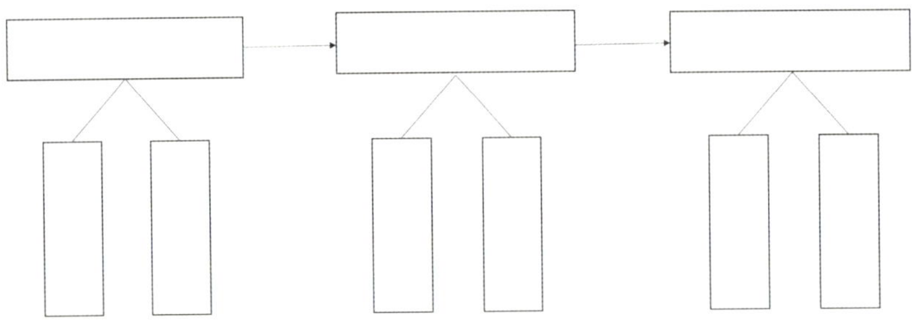

3. 자동차의 구성(분류에 유용한 조직 방법)

• 연습문제 • '좋은 주제의 요건'에 맞게 수정한 주제문에 대한 개요를 작성해 보자.

올바른 띄어쓰기를 위한 준비

<한글 맞춤법> 규정에 의하면 띄어쓰기의 대원칙은 간단하다. '문장의 각 단어는 띄어 씀을 원칙으로 한다.'가 그것이다. 단어 단위로 띄어 쓰게 되어 있으니 한 단어라고 판단되면 붙여 쓰고, 한 단어가 아니라고 판단되면 띄어 쓰면 되는데, 이때 띄어쓰기의 기준이 되는 '단어' 여부를 판단하는 일이 어려운 경우가 있다. 아래의 예들을 살펴보자.

(1) 이 이모티콘과 저 이모티콘은 띄어 쓰자.
(2) 성과 이름은 띄어 써야 돼.
(3) 글을 쓸 때는 띄어쓰기를 잘 하자.

(1)의 밑줄 친 '띄어 쓰자'는 말 그대로 이 이모티콘과 저 이모티콘 사이의 간격을 띄어서 적자는 의미이다. 이때의 '띄어 쓰다' 구성에는 구성 요소인 '띄다'와 '쓰다'의 의미가 그대로 반영되어 있다고 할 수 있다. 그런데 (2)와 (3)에서는 이와는 다소 다른 의미가 관찰된다. 이 두 문장에 사용된 '띄어 쓰다' 구성에서는 단순히 간격을 띄어서 적으라는 의미보다는 더 구체적인 의미, 즉 '글을 쓸 때 어문 규범에 따라 어떤 말을 앞말과 띄어 쓰는 일'의 의미가 관찰되는데, 이러한 특별한 의미를 가지는 명사 '띄어쓰기'는 『표준국어대사전』에 한 단어로 등재되어 있으므로, (3)에서와 같이 '띄어'와 '쓰기' 사이를 붙여 쓰는 것이 옳다. 반면 같은 의미를 나타내는 '띄어 쓰다'는 사전에 한 단어로 등재되어 있지 않으므로, (2)의 경우 '띄어'와 '써야' 사이를 띄어 쓰는 것이 옳다.

이를 바탕으로 거칠게 정리해 본다면 띄어쓰기의 대원칙인 '단어'의 판단 기준은 『표준국어대사전』에 한 단어로 등재되어 있는지를 통해 확인할 수 있다는 것인데, 그렇다면 올바른 띄어쓰기를 위해서는 『표준국어대사전』이 어떤 대상들을 한 단어로 등재하고 있는지 숙지하는 것이 필요해 보인다. '구름, 하늘, 꽃'처럼 한 단어가 한 형태소로 구성된 경우는 단어인지 아닌지 판단하는 데 문제가 없다. 앞서 살펴본 '띄어+쓰기'처럼 두 단어 이상이 합쳐진 단위를 한 단어로 볼 것인지 아닌지가 문제가 될 듯한데, 미리 이야기하자면 사전에서는 이 같은 구성에서 원래의 요소들이 가진 의미 이외의 의미가 관찰되는 경우 이를 별도의 단어로 인정하는 경향이 있다. 아래의 예를 통해 구체적으로 이해해 보자.

(4) 한 번은 민지가 하고 한 번은 희수가 하자.

(5) 열심히 한번 해보겠습니다.

(6) 우리 집에 한번 놀러 오세요.

위의 예들은 '한'과 '번'이 결합된 구성이 사용된 문장들을 보인 것이다. 혹시 이들 구성의 의미가 모두 동일하게 느껴지는가? (4)의 '한 번'은 숫자 '1'을 나타내는 '한'과 '차례'를 나타내는 '번'이 결합되어 말 그대로 '한 차례' 또는 '1회'라는 의미를 가진다. 그러나 이와 달리 (5)의 '한번'에서는 '1회'의 의미는 나타나지 않으며, '어떤 일을 시험 삼아 시도'한다는 또 다른 의미가 관찰된다. (6)의 '한번' 역시 우리 집에 '1회' 놀러 오라는 의미보다는 '기회 있는 어떤 때에' 놀러 오라는 별도의 의미가 나타난다. 사전에서는 '한+번'의 구성 요소 '한'과 '번'이 가진 의미 외에 새로운 의미가 추가된 (5), (6)의 '한+번'을 아예 한 단어로 인정하여 표제어로 등재하였다. 따라서 (4)와 달리 (5), (6)의 '한+번' 구성은 '한번'과 같이 붙여서 적어야 하는 것이다.

이와 더불어 본래의 단어가 가진 의미가 불분명해지거나 추상적으로 변할 때 단어의 지위가 함께 달라지는 경우도 관찰되는데, 학술적 글쓰기에서 자주 사용되는 접미사 '-상', '-하'가 이에 해당되는 예이다. '상'이 본래의 한자 '上'의 의미로 사용될 때에는 일반 명사의 지위를 가져 앞말과 띄어 쓰지만, '추상적인 공간에서의 한 위치' 또는 '그것과 관계된 입장'과 같은 추상화된 '上'의 의미로 사용될 때에는 접미사의 지위를 가지므로 앞말과 붙여 적어야 한다. 이는 '-하' 역시 동일하다. 그렇다면 '연구 과정 상의 문제로', '이와 같은 가정 하에'의 띄어쓰기는 어떻게 해야 할까? '*과정 상의', '*가정 하의'의 '상', '하'에는 물리적인 대상으로서의 '위/아래'의 의미보다는 추상화된 의미가 관찰된다. 따라서 이때의 '-상, -하'는 접미사의 쓰임을 보이므로 앞말과 붙여서 '과정상의', '가정하의'와 같이 표기하면 되는 것이다. 의미를 통해 단어성을 판단하는 일이 오히려 복잡해 보이기도 하겠지만, 학술적 글쓰기가 가능한 수준의 한국어 구사자라면 몇 번의 연습으로도 감을 잡을 수 있을 것이니 '한 단어' 여부를 판단하는 사전의 기준에 익숙해져 보도록 하자.

☑ 확인하기

1. 양국의 협약이 어렵게 성사되었으나 24시간이 채 지나지 않은 바로 ① 다음날 / ② 다음 날 다시 원점으로 돌아갔다.
2. 작품의 대립 구도 속에서 주인공이 악랄하고 ① 못된 / ② 못 된 캐릭터로 그려지고 있다.

1.2. 집필하기

학습 목표

1. 여러 가지 기술 방법을 활용하여 단락을 작성할 수 있다.
2. '도입부 쓰기-본문 쓰기-마무리하기' 절차에 따라 한 편의 글을 집필할 수 있다.
3. 글 전체 수준에서의 고쳐쓰기를 할 수 있다.

개요 작성이 끝나면 본격적으로 내용을 채우게 된다. 집필은 건축에 비유하면 설계도에 따라 실제로 집을 짓는 과정이라 할 수 있다. 그런데 개요를 바탕으로 바로 집필이 완료되기보다는 중간 단계를 거치는 것이 보통이다. 이 중간 단계를 초고 작성이라고 한다. 논문과 같이 논리성을 생명으로 삼는 글이나 긴 글을 쓸 때에는 초고를 작성하는 것이 바람직하다.

집필의 방법과 요령은 글의 규모나 글을 쓰는 의도에 따라 달라질 수도 있고, 글을 쓰는 사람의 성격이나 습관에 따라 달라질 수도 있다. 긴 글이라고 해서 반드시 어렵고, 짧은 글이라고 해서 반드시 쉬운 것은 아니다. 장편 소설도 대략적인 개요만 작성해 놓은 다음 쓰는 작가가 있는 반면, 원고지 서너 장 정도의 짧은 글도 초고를 작성하고 글을 완성하는 사람이 있다. 그러나 초고를 바탕으로 쓴 글이 초고 없이 쓴 글보다 안정감과 균형감이 있고 오류 역시 적게 발견된다.

1.2.1. 도입부 쓰기

글을 시작할 때 신경 써야 할 점은 '어떻게 사람들에게 많은 관심을 끌며 강한 인상을 줄 것인가' 하는 것이다. 일찍이 이러한 어려움을 간파했을 이태준도 『문장 강화』에서 글의 시작의 중요성을 말한 바 있다.

> 더욱이 신문에선 첫머리 몇 줄, 몇 줄이라기보다 단 첫 줄의 글, 다시 첫 줄이라기보다 첫 한 마디, 그것을 잘 놓고 못 놓는 것이 그 글이 잘 풀릴지 잘되고 못될지를 좌우하는 수가 많다.
> 너무 덤비지 말 것이다. 너무 긴장하지 말 것이다. 신기하게 하려 하지 말고 평범하려 하면 된다.
>
> \- 이태준, 『문장 강화』

글의 도입부를 쓰는 방법 몇 가지를 살펴보자. 먼저 예화로 시작하는 방법이 있다. 이는 글의 주제와 관련 있는 예화를 통해 주의를 환기하고, 사례에 담긴 의미를 글의 핵심으로 연결할 수 있어서 매우 효과적이다. 타인이나 자신의 경험담 내지는 일화를 밝혀도 좋고, 책이나 영화 등의 내용을 언급하는 것도 좋다.

> 얼마 전 어느 도시에서 13세 이하 어린이의 출입을 금지한다는 안내문을 써 붙인 카페에 대해 아이 엄마들이 육아 커뮤니티 사이트에서 불매 운동을 벌이는 일이 있었다. 그리고 이를 비판하는 사람들도 있어 양측이 온라인 공간에서 논쟁을 하기도 하였다. 그렇다면 흔히 노키즈존이라고 부르는 이러한 카페나 식당을 어떻게 볼 것인가?
>
> - 류수열 외, 『고등학교 국어』(금성출판사)

위 글은 어느 학생의 글이다. 이처럼 주제와 관련된 사례 혹은 사건 등으로 글을 시작하는 방식은 독자의 흥미를 유도하면서 동시에 앞으로 전개할 내용을 미리 보여줄 수도 있어서 흔히 사용되고 있다.

다음으로 전문가의 견해나 명언, 속담 등을 인용하며 시작하는 방법을 살펴보자. 이 방법은 주제가 다소 추상적인 경우, 글의 서두에 해당 주제와 관련이 있는 사례로 전문가의 견해나 명언, 속담 등을 활용하는 것이다.

> 『이탈리아의 르네상스 문명』으로 문화사 장르를 개척한 야코프 부르크하르트는 역사가 모든 학문 가운데 가장 비과학적이라고 주장했다. 역사를 '기념비적 역사'와 '고고학적 역사', '비판적 역사'로 구분한 니체는 랑케의 역사를 경박하고 무미건조하며 편협한 고고학적 역사로 규정했다. 니체의 관점은 크로체, 찰스 비어드, 칼 베커, 로빈 조지 콜링우드, 발터 벤야민을 거쳐 미셸 푸코로 이어지는 20세기의 성찰적 역사학으로 이어졌다.
>
> - 유시민, 『역사의 역사』

위 글에서는 논지를 보다 선명하게 드러내기 위해 야코프 부르크하르트의 견해를 인용하면서 시작하였다.

> 감정의 본질을 이해하기 위해서는 우리가 사람을 대할 때의 감정과 로봇을 대할 때의 감정을 비교해 보아야 한다. 셰리 터클의 『외로워지는 사람들』의 원서인 영문판 부제는 "왜 우리는 서로에게 덜 기대

하고 기계에게 더 많은 것을 기대하는가"이다. 기계에 더 많은 것을 기대하는 이유는 무엇일까? 일찍부터 로봇이나 기계와의 관계에 빠져드는 사람들의 태도와 심리를 연구해 온 터클은 우리가 인터넷이나 로봇을 통해 형성하는 유대감은 서로를 결속시키는 것이 아니라 정신을 팔게 만드는 연결이라고 말한다.

- 구본권, 『로봇 시대, 인간의 일』

학술논문에서는 도입부에 문제 제기를 하여 논지를 선명히 하는 방법이 자주 사용된다. 이 방법은 일반화된 견해나 다른 사람의 말과 글에 대한 문제의식을 가지고, 어떤 현상이나 사안에 대해 다시 생각해 보거나 반성해야 할 점이 있는 경우, 이를 제시하는 방법이다. 이 방법은 기존 견해나 말, 글 등이 과연 타당한 것인가라는 질문에서 시작하여, 추가적으로 고려해야 할 사안이나 더 근원적인 문제를 상기하여 다시 진정한 뜻을 주장하고자 할 때 많이 이용된다.

이 외에도 도입부를 쓰는 방법은 글의 종류와 목적에 따라 다양하다고 할 수 있다. 일반적인 학술적 글쓰기의 도입부에는 다음의 내용이 들어가야 한다.

① 연구나 조사의 목적을 분명히 밝힌다.
② 연구의 배경을 간략하게 소개한다.
③ 자신이 새롭게 제기한 문제의 필요성을 구체적으로 밝힌다.
④ 연구나 조사의 방법론을 명시한다.

• 연습문제 • 다음의 주제로 한 편의 글을 쓰고자 할 때 여러 도입부 쓰기 방식 중 하나를 선택하여 작성해 보자.

주제문: 정신적, 물질적 부와 풍요를 특정 집단이 독점함으로써 다른 집단이 소외되는 양극화 현상을 해소하기 위해서는 다각적이고 지속적인 노력이 필요하다.

도입부:

1.2.2. 본문 쓰기

1) 개요에 맞게 쓰기

개요 작성은 집필을 위한 작업이다. 개요를 작성하게 되면 집필을 하는 데 수월하다고 할 수 있다. 글을 쓸 때는 개요에 맞게 글을 써 나가되, 글을 쓰는 과정에서 개요의 문제점이 발견되면 바로 개요를 수정하도록 한다. 이때 중요한 것은 개요를 수정하는 일이 있더라도 본래의 주제를 벗어나서는 안 된다는 점이다. 수정 후에는 수정된 개요를 설계도 삼아 글을 써야만 글의 통일성과 일관성을 유지할 수 있다.

2) 단락의 개념 및 단락 구분의 필요성

형식적으로 단락은 문장과 문장들의 연속으로 이루어지기 때문에 문장 들여쓰기와 줄 바꿈을 통해 드러난다. 완성된 생각을 글로 표현한 최소 단위를 문장이라고 한다면 단락은 그런 문장들 여럿이 모여 있는 하나의 생각 덩어리이다. 그리고 그 생각 덩어리들이 여러 가지 구성을 통해 짜임새를 갖추면 하나의 완성된 글이 된다.

한 편의 완성된 글이 들여쓰기와 줄 바꿈을 통해 글의 덩어리로 구분되어 있는 것은 필자의 생각과 지식을 전달받아야 하는 독자가 시각적으로 보다 쉽게 글 전체를 독해할 수 있도록 하려는 목적에서 비롯한다.

3) 단락의 요건

단락은 하나 이상의 문장으로 이루어지는 것이 원칙이다. 단 하나의 문장으로 이루어지는 단락이 없는 것은 아니나 일반적으로 몇 개의 문장이 모여 하나의 단락을 이루는 것이 일반적이다. 단락은 문장보다는 길고 복잡한 단위로서 핵심 관념을 가지고 있어야 한다. 이때 핵심 관념은 새로운 생각이나 사태여야 하며 하나의 단락에는 하나의 핵심 관념이 있는 것이 일반적이다.

단락이 갖추어야 할 가장 기본적인 요건은 해당 단락을 이루고 있는 문장들이 긴밀하게 이어져야 한다는 점이다. 문장과 문장이 서로 긴밀하고 자연스럽게 연결되려면 적절한 접속어나 지시어를 골라 써야 한다. 이때 적절하지 못한 접속어나 지시어를 사용할 경우 오히려, 문장들 사이의 긴밀감을 떨어뜨리고 자연스러운 논리 전개를 방해하므로 주의해야 한다.

또한, 단락을 이루는 문장들이 통일성을 유지하려면 하나의 단락에 하나의 소주제만이 다루어져야 하며 이때 소주제를 뒷받침하는 문장들이 해당 소주제를 충분히 발전시키고 전개하여야 한다. 하나하나의 문장들이 소주제와 긴밀하게 연결되어 있을수록 단락의 통일성이 확고하게 된다. 이처럼 단락은 통일성, 긴밀성, 완결성 등을 갖추어야 한다.

(1) 통일성

통일성이란 단락 내의 모든 문장들이 하나의 소주제로 수렴되어야 함을 말하는 것이다. 소주제문이 명확한 내용을 담고 있고 뒷받침 문장들 역시 단락의 소주제와 부합하는 내용을 담고 있을 때 해당 단락이 통일성을 갖추었다고 할 수 있을 것이다. 따라서 단락에 통일성을 부여하기 위해서는 소주제가 선명해야 한다. 소주제가 분명하지 않을 때에는 그것을 뒷받침하는 문장들 역시 서로 모호한 관계를 맺을 수밖에 없다. 또한 뒷받침 문장들 역시 분명한 내용을 담고 있어야 하며 소주제와 직접적인 관련이 없는 내용은 담겨 있지 않아야 한다. 한 단락에 포함된 모든 문장은 소주제문과 반드시 관련성을 지녀야 하는 것이다.

(2) 긴밀성

긴밀성이란 한 단락 속의 문장들이 서로 논리적이면서 유기적인 연결 관계를 갖추고 있는 것을 말한다. 한 단락 속에서 어떤 두 문장이 앞뒤에 이어질 경우, 그 나름대로의 이유가 있어야 한다. 그리고 그렇게 이어진 문장들이 소주제문과도 유기적인 연결성을 지녀야 한다. 그렇지 않다면 독자의 입장에서는 그 단락을 제대로 이해하기 어려워진다.

단락에 긴밀성을 부여하는 방법으로는 문장과 문장 사이에 '그리고, 그러므로, 그러나, 그런데, 요컨대' 등의 접속어를 사용하여 문장들을 적절히 이어주는 방법이 있다. 물론 접속어를 지나치게 사용할 경우 오히려 독서의 흐름을 방해하게 되므로 주의가 필요하다. 또한 지시어를 사용하거나 앞 문장의 어구를 반복하여 긴밀성을 부여하는 방법도 있다. 겉으로 드러나는 이러한 장치를 사용하지 않고 애초에 논리적 질서에 의해서 문장을 배치함으로써 내용적 긴밀성을 부여해 두는 것이, 단락 작성 시 우선적으로 고려해야 할 사항이라는 것도 알아 두자.

(3) 완결성

통일성과 긴밀성을 갖춘 단락이라면 일단, 단락으로서 합격점을 부여할 만하다고 볼 수 있다. 하지만 상황에 따라 그것만으로는 부족한 경우도 있다. 뒷받침 문장들이 소주제를 뒷받침하고 있기는 하나 그것이 충분하지 못한 경우가 그 대표적인 예일 것이다. 이 경우는 독자로 하여금 그 단락이 완결되어 있지 못하다는 느낌을 갖게 하고, 전후 맥락상으로도 해당 단락이 제 역할을 충실히 수행하지 못하게 될 가능성이 높다. 이 점을 고려하여 단락이 갖추어야 할 요건의 하나로 완결성을 거론할 수 있다.

4) 단락의 종류와 기능

각각의 단락들은 놓인 위치에 따라 저마다 다른 역할을 수행한다. 예컨대 서두에 놓인 단락은 해당하는 글에서 어떤 내용이 다루어질 것인지를 미리 알려주는 역할을 하고 글의 끝에 놓인 단락은 글 전체의 내용을 정리하고 마무리하는 역할을 한다. 이러한 단락들이 각각 주어진 역할을 제대로 수행할 때 글의 완성도도 더욱 높아질 것이다. 따라서 각 단락에 제 위치에 어울리는 역할을 적절히 부여해 가며 글을 쓰는 훈련을 할 필요가 있다. 이러한 단락은 크게 기본 단락과 보조 단락으로 나눌 수 있다.

(1) 기본 단락

기본 단락에는 글이 시작되는 도입 단락과 글을 끝맺는 마무리 단락이 있다.

도입 단락은 글의 서두 혹은 서론에 해당하는 단락으로, 필자가 말하고자 하는 논점이나 글의 전개 방향이 언급되는 것이 일반적이다. 글의 첫머리에 놓이므로 너무 거창하거나 산만하면 글의 전체적인 균형을 잃어버릴 염려가 있으므로 독자의 흥미를 유발할 수 있으면서 간략하게 기술하는 것이 바람직하다. 즉, 독자는 도입 단락을 읽음으로써 글의 내용과 논의 방법을 짐작하고 그와 관련된 자신의 생각을 떠올리면서 글을 읽을 준비를 하게 된다. 도입 단락은 너무 소략하면 내용의 빈곤함으로 곤란해지고, 너무 상세하면 본론의 비중을 줄어들게 하므로 여러모로 주의를 해야 한다.

마무리 단락은 도입 단락에서 제기한 문제에 대하여 응답하는 단락이라고 할 수 있다. 따라서 글 전체의 주제를 뚜렷하게 드러내고 이제까지 기술하거나 언급한 내용에 대하여 종합하거나 요약하게 된다. 독자는 이 단락을 읽음으로써 글 전체의 내용을 명확히 인지하게 된다. 상황에 따라서는 여기서 그치지 않고 본론에서 다룬 내용과 관련하여 향후 전망이나 독자를 위한 제언 등을 덧붙이기도 한다. 다만, 본론에서 다룬 내용의 범주를 벗어나는 말이나 새로운 주장을 첨가하는 것은 좋지 않다.

(2) 보조 단락

보조 단락은 기본 단락을 도와주는 기능을 하는 것으로 그 내용이나 성격에 따라 보충 단락, 강조 단락, 요약 단락, 예시 단락, 연결 단락, 전환 단락, 인용 단락 등으로 구분할 수 있다.

보충 단락은 기본 단락에서 충분하게 기술하지 못한 내용을 좀 더 구체적으로 기술하여 보충하는 성격을 가진 단락이다. '다시 말하면, 말하자면' 등의 접속 표현을 사용하여 앞의 단락에서 부족한 내용을 보완해 줄 때 이용된다. 강조 단락은 어떤 내용이나 관점을 특별히 강조하기 위해 따로 분리하여 마련하는 단락으로, 기본 단락에서 제시한 핵심 내용을 반복하 거나 독자의 주의를 환기하는 경우가 많다. 요약 단락은 앞의 여러 단락에서 이미 기술한 내용을 요약하여 제시하는 단락으로 보조 단락 가운데 기본 단락의 성격이 강한 단락이다. 여러 단락에서 다양하게 논의하고 언급한 내용을 미리 요약해 둠으로써 나중에 마무리 단락을 편리하게 기술할 수 있게 한다.

예시 단락은 이미 주장한 내용에 대하여 구체적인 예를 들어 제시함으로써 설명을 돕거나 설득력을 높이는 단락으로 '가령, 예컨대, 예를 들면' 등과 같은 접속 표현을 많이 사용한다. 연결 단락은 화제가 갑자기 바뀔 때 단락과 단락 사이를 매끄럽게 연결해 주기 위해 마련하는 것으로 '한편, 그런데'와 같은 접속 표현이 많이 사용된다. 이에 비해 전환 단락은 계속되는 이야기의 내용을 반전시켜 화제를 바꿀 때 흔히 사용되는 것으로, '다른 한편으로는, 한편, 이와는 달리' 등과 같은 접속 표현이 많이 사용된다. 인용 단락은 다른 사람의 말이나 글, 속담, 격언 등을 인용하여 믿음을 주고 내용을 강조하고자 할 때 흔히 쓰인다. 이 외에도 비교 단락이나 비유 단락 등을 사용할 수도 있다.

• 연습문제 • 다음 소주제문을 뒷받침하는 보조 단락을 작성해 보자.

챗 GPT를 활용한 글쓰기가 잘못된 것은 아니다.

5) 단락의 배열 방법

단락의 배열은 본문의 구성을 의미한다. 그러므로 단락을 배열하는 방법은 곧 본문을 어떻게 구성하는지에 관한 방법을 의미하게 된다. 단락의 배열, 즉 본문을 구성하고 서술하는 방식은 정해진 틀이 없다. 물론 글의 종류에 따라 어느 정도 유형화할 수는 있지만 그것은 전체로 봤을 때 극히 일부일 뿐이다. 단락 배열의 방식에 사실상 수많은 경우의 수가 있다면 단락의 배열 방법을 설명하는 것이 무의미하게 느껴질 수도 있다. 하지만 구성적으로 몇 가지 전범이 되는 유형을 살펴보고 유형에 맞추어 글쓰기를 연습할 필요가 있다. 거기에서 자신이 실제로 서술할 주제에 맞는 유형을 선택하거나 변형, 창조할 수 있는 힘을 기를 수 있기 때문이다.

글을 쓸 때는 문장을 정확하게 써야 하는 것은 물론이고 무엇보다 단락과 단락의 연결에 유의해야 한다. 그런데 막상 글을 쓰면 단락과 단락을 연결하는 일이 그리 쉽지 않다는 사실을 알게 된다. 단락 간 연결을 매끄럽게 하는 일이 어렵다면 문장 개요를 먼저 작성하고 글을 쓰도록 한다. 문장 개요를 써서 내용이 긴밀히 연결되는지를 살펴본 후에 문장 개요를 하나의 소주제문 삼아 단락을 완성하면 좀 더 용이하게 글을 쓸 수 있다.

(1) 나열 유형: 내용과 내용의 연속

단락을 배열하는 가장 기본적인 방법은 나열 유형이라고 할 수 있다. 특별한 방법으로 이야기를 꾸미지 않고 필자가 전달하려고 하는 정보와 지식을 순차적으로 나열하는 방식이 이에 해당한다. 비교적 쉽게 작성할 수 있고 또 그만큼 독자에게도 쉽게 읽힌다. 단락과 단락 사이의 연관 관계가 대등하게 이어지며 서로 간섭하지 않기에, 단락 간의 복잡한 관계를 고민하지 않아도 되니 가장 먼저 연습할 수 있는 유형이기도 하다.

나열 유형은 각 단락이 특별한 관계를 형성하지 않고 대등하게 연결되다 보니 단락이 전체적으로 밋밋한 느낌을 주게 된다. 하지만 글 자체의 매력이 없는 것은 아니다. 약간의 변화를 주어 설명, 예시, 비교, 대조 등과 같은 기술 방식을 동원하면 생동감 있는 글도 가능한 것이다.

(2) 화제 제시 유형: 체험과 지식의 의미 찾기

화제 제시 유형으로 단락을 배열하는 방법도 아주 쉽고 많이 사용하는 유형이다. 자신의 체험이나 주변에서 들은 이야기 또는 독서를 통해 얻은 이야기를 가지고 와서 글로 옮긴 다음 그 체험 또는 이야기가 필자에게 특별하게 다가온 이유를 설명하는 방식이다. 물론 그 이유가 글 전체의 주제와 바로 연결되어야 한다. 화제 제시 유형의 핵심은 단순히 화제를 찾아 글을 쓰는 데 있는 것이 아니라 그 화제에서 자기가 전달하려는 주제와 직결시킬 수 있는 의미를 찾는 데 있다.

즉, 어떤 특별한 체험이나 지식 그 자체가 아니라 그 화제에 의미를 부여하는 방식이 중요하다. 초등학생에게는 일상과 다른 특별한 이벤트가 필요하지만 대학생을 비롯한 성인들은 일상의 소소한 경험이라도 특별한 의미를 부여할 수 있다. 그렇게 부여한 의미를 자신이 전달하려는 주제에 맞게 기술한다면 그것이 바로 화제 제시 유형의 글쓰기가 되는 것이다. 물론 특별한 경험과 참신한 지식이 있다면 더 좋다. 하지만 보다 중요한 것은 체험, 지식 그 자체가 아니라 그것에 자기가 이름을 붙이고 의미를 새겨 넣는 일이다.

(3) 과제 해결 유형: 문제의 원인과 해결

갖가지 문제에 대응하는 방법을 찾는 글이 바로 과제 해결 유형을 대표한다. 본문 단락만 놓고 본다면 기본적으로는 특정 과제 제시(문제의 형상 파악→문제의 원인)→해결책(비판→주장)의 단락 배열을 갖는다. 과제 해결 유형은 나열 유형이나 화제 제시 유형과는 달리 복잡한 구조를 갖지만, 정형화되어 있는 것은 아니다. 다만, 문제적 현상에 대한 이해와 더불어 그런 문제가 발생한 원인을 탐구한 뒤 해결책과 전망을 제시하는 데 주목할 필요가 있다.

이런 유형의 단락 배열에서 단락의 배치는 글을 쓰는 사람이 어느 것에 좀 더 중심을 두고 있는가에 따라 선택된다. 원인을 찾는 데 더 많은 힘을 쏟기도 하겠지만 때로는 해결책을 강구하는 데 더 많은 관심을 둘 수도 있다. 그것에 따라 분량도 달라지는 것이다. 심지어 그 순서를 바꾸거나 어느 항목을 빼더라도, 논리적 흐름에 어긋남이 없다면, 오히려 효과적으로 글을 전개할 수 있게 되기도 한다.

6) 여러 가지 기술 방법

필자의 생각을 독자에게 전달할 때는 어떤 형식으로 할 것인가를 결정해야 한다. 이때 전달하고자 하는 내용을 구체적으로 표현하여 독자에게 전달하는 방법을 기술 방법이라고 한다. 기술 방법에는 여러 가지가 있으나 여기에서는 설명과 논증의 방법을 살펴보고자 한다.

(1) 설명

'설명'은 이미 알려진 사실에 대한 지식을 아직 모르는 사람에게 전달하는 기술 방식으로 가장 널리 사용된다. 즉, 필자가 어떤 생각을 가지고 있는가? 필자의 주된 의도는 무엇인가? 문제의 성격은 어떤 것인가? 용어나 술어 등은 어떻게 정의되어야 하는가? 등에 대하여 이해하고 분석하며 지침을 주는 것이 설명이다. 설명의 방법에는 정의, 예시, 비교와 대조, 분류와 구분, 분석 등이 사용된다.

① 정의

정의는 글에 쓰는 술어에 대하여 필자가 의도하고 있는 뜻이 무엇인지를 밝히는 설명 방법이다. 정의항은 '종차'와 '유개념'으로 이루어진다. 종차는 피정의항을 그 유(類)나 범주 속의 다른 구성원을 구별시키는 특징이나 성질이고, 유개념은 피정의항이 속하는 유(類)나 범주다. 가령, '소설이란 상상력과 사실의 통일적 표현으로서 인생과 미를 산문체로 나타낸 예술이다.'라고 했을 때 '소설'이 피정의항이고, '상상력과 사실의 통일적 표현으로서 인생과 미를 산문체로 나타낸 예술이다'가 정의항이다. 이때 소설을 다른 예술과 구별시켜 주는 종차나 하위 개념이 '상상력과 사실의 통일적 표현으로서 인생과 미를 산문체로 나타낸'이고 '예술'은 '소설'이라는 종개념 또는 하위 개념이 속하는 유개념 또는 상위 개념이다.

정의할 때는 몇 가지 주의할 점이 있다. 첫째, 피정의항은 정의항과 대등해야 한다. 이 말은 정의항의 범주가 피정의항보다 커서도 안 되고 작아서도 안 된다는 뜻이다. 둘째, 피정의항은 정의항의 부분이어서는 안 된다. 이는 피정의항의 술어나 관념이 정의항에서 반복되어서는 안 된다는 것을 의미한다. 예를 들어 '교육자는 교육을 하는 사람이다'라고 정의했다면, '교육'이라는 말은 다시 정의해야 하는 피정의항으로 남기 때문이다. 이러한 것을 논리학에서는 순환 정의의 오류라고 한다. 셋째, 피정의항이 부정적이지 않은 한, 정의항도 부정적이어서는 안 된다. 부정에 대한 오해로 말미암아 부정확한 정의가 될 위험성이 있다. 예를 들어 '박쥐는 날아다니는 조류가 아니다'라고 정의했을 때 '조류가 아니다'는 잘못 해석하면 '파충류다'나 '양서류다'와 같이 해석될 수 있다. 넷째, 정의항이 의문문이어서는 안 된다. 예를 들어 '박쥐는 포유류인가?'라고 했다면 포유류인지 아닌지 확실하지 않아 의심이 갈 수 있다. 이는 아직 더 설명해야 할 부분이 남아 있다는 뜻이므로 정의가 끝난 것이 아니다. 다섯째, 정의항이 명령문이어서는 안 된다.

② 예시

예시는 이해할 수 없었던 내용을 쉽게 이해하고 추상적인 대상을 구체화할 수 있도록 독자에게도 잘 알려진 사실을 예로 들어 설명하는 기술 방법이다. 예는 풍부할수록 좋다. 동질적인 예와 이질적인 예들이 설명을 풍부하게 해 주고, 전달하려는 내용이 타당하다는 것을 다방면으로 뒷받침해 주어야 한다. 다음 글은 '나무'라는 단어를 예로 들어 언어의 소리와 의미를 설명하고 있다.

> 언어는 소리와 뜻이라는 두 가지 요소의 결합으로 만들어진다. 이것은 너무나 당연한 말처럼 보이지만 이치를 따져 보면 그렇게 간단한 것만은 아니다. 어떤 단어를 떠올리면 그 단어가 가리키는 대상이 자연스럽게 연상된다. 이를테면 '나무'라는 소리가 있다고 하자. 한국어를 아는 사람들에게 이 '나무'라는 소리는 어떤 영상이나 관념을 만들어낸다. 그럴 때, '나무'라는 발음은 단어가 지닌 소리의 측면이고 우리에게 떠오른 영상은 뜻의 측면이다. 이 둘이 결합하여 단어가 만들어진다. 이때 소리의 측면을 일컬어 기의라 한다.
>
> \- 서영채, 『인문학 개념정원』

③ 비교와 대조

비교와 대조는 둘 이상의 대상들 사이에 존재하는 공통점과 차이점을 드러내어 서로 관계를 맺게 함으로써 그 대상들의 특성을 알려주는 설명 방법이다. 비교는 둘 이상의 대상들 간에 나타나는 공통점 내지 유사점을 강조하는 데 비해, 대조는 둘 이상의 대상들 간에 나타나는 차이점을 강조한다.

비교의 설명 방법을 사용할 때는 몇 가지 지켜야 할 사항이 있다. 첫째, 비교 대상들은 서로 비교 가능한 것이어야 한다. 가령, '고양이'와 '호랑이'는 비교가 가능하지만 '우주선'과 '고양이'는 비교할 수 없다. 둘째, 비교의 기준이 필자가 의도하는 목적에 합당해야 한다. 가령 초등학교 학생들에게 가르치기 위해 '고양이'와 '호랑이'를 비교할 때 두 동물의 크기, 빛깔, 무늬, 전형적인 습성 등은 필자의 의도에 합당할 수 있지만 두 동물의 체온, 호흡, 시력 등은 부적당하다고 할 수 있다.

셋째, 비교의 기준이 시간이나 공간이나 가치의 연속성에서 배열되어야 한다. 곤충을 비교할 때 대개 머리, 가슴, 배의 순서로 배열하지만 그것이 가치가 없다면 다른 순서로 배열할 수 있다.

[비교] 생물학을 사회나 문화와 대립시키는 것은 옳지 않다. 사회성은 사회적 동물들에게 서로 어울리라고 권장하는 유전자를 통해 생물종 안에서만 생겨나기 때문에 생물학에 속한다. 문화는 사회적인 것 안에서만 생겨나므로 이것 역시 생물학에 속한다. 문화는 지역적 관습과 유행까지 포함하는 행동의 비유전적 전승이라고 할 수 있는데, 인간에게만 있는 게 아니라 지난 수십 년간 포유류와 조류의 여러 사회적 종에게서도 발견되었다.

- 브리이언 보이드, 남경태 역, 『이야기의 기원』

[대조] 좋은 이야기는 사고가 아니라 사건을 다룬다. 사고는 '사실'과 관계하는, '처리'와 '복구'의 대상이다. 그러나 사건은 '진실'과 관계하는 '대면'과 '응답'의 대상이다. 사건이 정말 사건이라면 그것은 진실을 산출한다. 진실이 정말 진실이라면 우리는 그 진실 이전으로 되돌아갈 수 없다. 그때 해야 할 일은 그 진실과 대면하고 거기에 응답하는 일이다. 그래서 좋은 이야기는 사건, 진실, 응답의 구조를 갖는다.

- 김애란 외, 『눈먼 자들의 국가』

④ 분류

분류는 여러 대상을 일정한 원리에 따라 나누어 대상들 상호 간의 관계나 각 대상이 전체에서 차지하는 위치를 나타내는 기술 방법이다. 흔히 하위 부류로 나누는 것을 '구분'이라 하고 상위 부류로 묶는 것을 '분류'라 하여 두 개념을 구별하기도 하지만 넓은 의미에서 분류라는 범주로 묶어서 다루고자 한다.

분류를 할 때에는 기준이나 결과가 대상의 내적 질서와 체계에 부합하는가에 대해 신중하게 고려해야 한다. 이때 분류 기준을 세웠다고 할지라도 그 분류 결과가 대상의 속성이나 특징에 대한 충분한 이해라는 바탕 위에서 이루어지지 못했다면 독자가 쉽게 동의하거나 납득하지 않을 것이다. 몇 가지 유의해야 할 사항을 제시하면 다음과 같다.

첫째, 분류하려는 대상의 구성 부분들이 전체를 위한 유기체인지 아니면 둘 이상의 개체로 이루어진 혼합체인지, 그것도 아니면 하나 이상의 전체에 속하는 개체인지를 먼저 결정해야 한다.

둘째, 한 번에 하나의 기준에 따라 상호 배타적인 유로 구분되어야 한다. 예를 들어 '우리반 학생들은 A 고등학교 출신, B 고등학교 출신, C 고등학교 출신으로 구분된다.'라고 할 때는 '출신 고등학교'가 구분의 기준이 되고, '우리 반 학생들은 불교 신자, 기독교 신자, 천주교 신자로 구분된다.'라고 할 때는 '종교'가 구분의 기준이 된다. 그러나 이것을 '우리 반은 불교 신자, 천주교 신자, A 고등학교 출신으로 구분된다.'라고 하면 한 번에 두 가지 이상의 기준이 적용된 것이므로 올바르지 않은 분류가 된다.

셋째, 한 개체가 속하는 유를 목록화할 때 목록화되는 유가 다른 유에 완전히 포함되지 않는 한 중복되는 유는 모두 나열될 수 있다. 예컨대, '김창호는 경주 김씨이고 충청도 출신이며 불교도이다'라고 분류하는 것은 가능하나 '그는 충청도 출신이며 한국 사람이다'라고 분류하는 것은 '충청도 출신'이라는 유가 '한국 사람'이라는 유에 완전히 포함되므로 이렇게 두 부류를 다 쓰는 것은 낭비이다.

넷째, 모든 분류는 언제나 필자의 마음속에서 완전해야 한다. 이는 전체가 그것을 구성하고 있는 모든 부분이나 그 전체의 모든 유로 구분되어야 하며, 각 개체는 그 전체의 모든 유에 포함되어야 한다는 것을 의미한다. 가령 어떤 학급의 실상을 보여주려면 '이 학급의 학생들은 A 중학교 출신 36%, B 중학교 출신 43%, H 중학교 출신 12%, K 중학교 출신 5%, 기타 4%이다.'와 같이 설명되어야 한다. 그러나 이것을 독자를 위해서 설명할 때 '이 학급의 학생들은 대체로 A 중학교 출신과 B 중학교 출신으로 구성되어 있다'와 같이 구성 부분 가운데 어떤 것을 생략하거나 단순화할 수 있다. 이런 경우 필자는 그렇게 한 이유를 알려주어야 한다. 분류의 예를 제시하면 다음과 같다.

> 품사란 단어를 문법적인 특징의 공통성에 따라 나눈 부류를 말한다. 여기서 문법적인 특징이란 형태, 기능에서의 성질을 말한다. 이 두 가지가 품사 분류의 주요 기준이다. 이 밖에 품사 분류의 보조적인 기준으로 의미를 들기도 한다.
> 형태를 기준으로 나누면 우리말의 단어는 형태가 변하는 가변어와 형태가 변하지 않는 불변어로 나눌 수 있다. 기능을 기준으로 보면 체언, 용언, 관계언, 수식언, 독립언으로 나눌 수 있고, 의미를 기준으로 분류해 보면 명사, 대명사, 수사, 동사, 형용사, 조사, 부사, 관형사, 감탄사로 나눌 수 있다.
>
> - 고영근·구본관, 『우리말 문법론』

⑤ 분석

분석은 사물의 구조를 그것을 구성하고 있는 단순한 성분에 따라 나누어 살핌으로써 그 원리를 밝히는 것이다. 예컨대, '시계'는 구조, 즉 부속품들의 유기적인 결합체라고 볼 수 있으므로 분석의 대상이 된다. 이때의 구조는 그 구성 성분들의 단순한 집합체가 아니라 그것들이 유기적으로 짜여서 정해진 기능을 발휘하는 것을 말한다. 분석은 그 구조가 어떤 것이고 그것이 어떤 원리에 따라 이루어지고 있는가를 밝히는 데 목적이 있다. 즉, 구조를 성분으로 나누되 그 부분들이 서로 어떤 연관을 가지고 기능하는가를 설명하는 것이다.

> 시계는 배터리, 기어, 바늘, 다이얼 등으로 이루어져 있다. 배터리는 시계를 움직이게 하는 에너지를 공급하고, 기어는 그 힘을 조절해 바늘이 일정한 속도로 움직이게 한다. 기어의 움직임에 따라 초침, 분침, 시침은 서로 다른 속도로 돌아가며 시간을 표시한다. 이처럼 시계의 각 부분은 서로 연결되어 작동하면서 시간을 보여주는 기능을 만들어낸다.

• 연습문제 • 설명의 몇 가지 방법을 활용하여 '우리 학교'라는 제목으로 짧은 글을 써 보자.

(2) 논증

논증은 아직 알려지지 않았거나 확실한 판단이 서지 않은 사실이나 원칙에 대하여 그 진실 여부를 증명하는 기술 방법이다. 나아가 독자로 하여금 필자가 증명한 것을 옳다고 믿게 하고 믿는 바에 따라 행동하도록 기도(企圖)하는 기술 방법이다. 쉽게 말하면 말싸움을 논리적으로 해결하는 것이 논증이다. 타당하다고 인정된 지식을 다른 사람에게 전달하고, 반대 의견을 가진 상대방으로 하여금 자기 주장의 타당성에 동의하여 자기를 따르도록 만드는 방식이라고 할 수 있다. 따라서 설명이 지식을 전달할 목적으로 단순히 '있는 그대로의 사실'을 기술하는 글쓰기 방식이라 한다면, 논증은 특정 사항에 대한 필자의 판단 결과를 논리정연하게 기록하여 독자가 그 내용을 바르게 이해하게 하고, 궁극적으로는 그 논리적 타당성을 인정하게끔 하는 글쓰기 방식이라 할 수 있다. 이러한 논증은 명제와 논거, 그리고 추론이라는 핵심 구성 요소와 그에 따른 진행 원칙을 바탕으로 이루어진다.

적절한 논증을 하기 위해서는 몇 가지 사항에 유의하면서 진행하여야 한다. 첫째, 논리를 벗어나지 않아야 한다. 우기거나 독설, 말재주, 호언장담 등으로 상대를 압도하려 하기보다는 정확한 논리를 펼쳐야 제대로 된 논증을 할 수 있다. 둘째, 쟁점을 이탈하지 말아야 한다. 쟁점은 한 번에 하나씩 해결하고, 무리한 주장이나 쟁점으로부터 이탈할 경우 이는 논증의 정도에서 벗어나는 것이기에 곧 패배를 의미한다. 셋째, 용어를 정확하게 사용해야 한다. 넷째, 부수 논증을 유형별로 적절하게 배열해야 한다. 다섯째, 타당한 논거를 제시해야 한다. 논거는 사실 논거와 의견 논거로 나눌 수 있는데, 사실 논거를 인위적으로 조작하거나 변조해서는 안 된다. 의견 논거는 타당하다고 입증된 기존의 논거의 견해로서 이것이 가지는 신뢰도는 그 의견을 가진 사람의 권위에 비례한다. 이러한 유의 사항을 바탕으로 자신의 주장이 타당하다는 것을 입증하는 추론을 하면 된다.

① 명제와 논거

명제란 어떤 문제나 대상에 대한 자신의 주장이나 의견, 혹은 판단 등을 문장 형식으로 간결하게 표현한 것을 말한다. 아직 해결되지 않았거나 가치관의 차이 때문에 새로운 판단이 요구될 때, 그러한 사항을 단일한 문장으로 표현한 것이 명제이기 때문에 논증에서는 하나의 명제를 세우는 일부터 출발하기 마련이다. 이러한 명제는 타당한 논거나 근거를 제시하여 증명해야 할 내용이므로 평서문 형식으로 이루어져야 하고 완전한 문장 형식으로 기술되어야 하며, 하나의 문장에 하나의 명제를 표현해야 한다. 명제의 성립 요건은 다음과 같다.

첫째, 단일성이다. 이는 한 문장에서는 하나의 명제만 있어야 하고, 둘 이상의 판단이나 주장이 있어서는 안 된다는 것이다.
둘째, 공정성이다. 선입견이나 편견이 없는 공정하고 객관적인 것이어야 한다.
셋째, 명료성이다. 막연하지 않고 분명해야 한다.

논거는 주장이나 의견이 타당함을 뒷받침해 주는 논리적 근거를 말한다. 그러므로 논거를 얼마나 잘 찾아서 제시하느냐에 따라 그 의견이나 주장의 설득력이 결정되므로, 제시된 명제의 타당성을 결정적으로 밑받침하는 역할을 논거가 떠맡게 되는 것이다. 그런데 논거는 논증이 끝난 것으로서 다시 증명할 필요가 없는 것이기 때문에 다음의 두 가지 요건을 갖추어야 한다.

첫째, 타당성(적합성)이다. 논거는 그것이 입증하고자 하는 주장의 본질에 비추어 밀접한 관계가 있는 것이어야 한다. 그러기 위해서는 논거가 구체적이고 명료해야 한다.
둘째, 신뢰성(진실성)이다. 그것 자체가 믿을 만한 것이어야 한다. 논거가 신뢰성을 얻기 위해서는 객관성이 있어야 하며, 대표성과 전형성이 있어야 하고, 출처가 분명해야 한다.

② 추론

일반적으로 추론이란 미리 알고 있는 하나 또는 둘 이상의 판단[전제]으로부터 새로운 판단[결론]을 이끌어 내는 논리적 사고 과정이다. 이 전제와 결론의 연관 정도가 얼마나 밀접성을 지니고 있느냐에 따라 논리적 설득 여부가 결정된다. 추론에는 세 가지 방법이 있다. 귀납법, 연역법, 유추법이 그것이다.

▶ 귀납법

귀납법이란 관측된 개개의 사례를 통해 그것들을 규정하는 일반화된 지식을 확립하는 추론 방법이다. 특수한 사실로부터 일반적인 진리를 이끌어 내는 방식으로, 일반화 방법이라고도 할 수 있다. 말하자면 전체에 속하는 몇 개의 구성 요소에 대하여 옳다고 판단하면, 그 전체 부류에 대하여도 옳다고 본다는 것이다. 이 추론은 사물에 대한 인식을 확장하는 데 매우 유용한 측면이 있지만, 인간의 한정된 경험에 의존하는 까닭에 개연적일 수밖에 없으며, 또한 예외가 있을 수 있다는 한계도 아울러 지닌다. 따라서 귀납적 추론에 의해 얻은 결론은 개연적이므로 다른 방법으로 확인할 필요가 있다.

주제: 공공장소에서의 소음 문제 해결을 위한 규제가 필요한가?

사례 1: 지하철에서 큰 소리로 통화해 다른 승객의 불쾌감 유발

사례 2: 카페에서 영상 시청 소음으로 다른 사람의 집중 방해

사례 3: 공원에서 음악 재생으로 주민의 수면 방해

결론: 공공장소의 개인 소음은 타인의 권리를 침해하므로 규제가 필요하다.

위에서 보듯이 귀납법은 실제 사례를 여러 개 제시하고 공통점을 찾아내어 일반적인 결론을 내리는 것이라고 할 수 있다.

▶ 연역법

연역법은 한 부류에 대하여 옳으면 그 부류의 모든 구성 요소에 대해서도 옳다고 가정한다. 연역법은 대전제, 소전제, 결론의 삼단 논법으로 표시되는데 이 세 단계가 모두 타당해야 한다. 즉, 대전제(일반적인 사실)와 소전제를 전제로 하여 그것들의 상호 관계를 분석하여 새로운 결론을 도출하는 추론 방식이다. 일반적 원리에서 특수한 사실을 이끌어 내는 추론 방식이므로 특수화 방법이라고 할 수 있다. 이미 알고 있는 보편적 법칙 또는 일반적 주장에 의거하여 특수적 법칙과 주장을 이끌어 내는 논증 방법이다.

주제: 청소년의 자기 전 휴대폰 사용은 제한되어야 하는가?

대전제: 충분한 수면은 청소년의 건강과 학습에 필수적이다.

소전제: 자기 전 휴대폰 사용은 수면을 방해하고 집중력을 떨어뜨린다.

결론: 따라서 청소년은 자기 전 휴대폰 사용을 제한해야 한다.

위의 구조는 전제부터 출발해 결론까지 도달하는 전형적인 연역법의 예이다. 그런데 연역법이 항상 삼단 논법에 의해 이루어지는 것만은 아니다. 소전제가 생략되거나 대전제가 생략되어도 하나의 전제에 의해 연역적 추리가 가능할 수 있다. 이런 경우 필자는 상대방의 추론을 비판하고 자기의 추론을 정당화하기 위해 생략된 전제를 찾아내야 한다. 또한 전제는 타당하지만 결론이 논리적으로 유도된 것이 아닐 때도 있다. 이런 오류를 '불합리한 추론'이라고 한다. 필자는 이러한 '불합리한 추론'을 없애고 상대방의 '불합리한 추론'을 밝혀내야 한다.

▶ 유추법

유추는 두 사물이 몇 가지 성질이나 관계를 공유하고 있는 경우에, 한쪽 사물이 어떤 성질 혹은 관계를 지니고 있으면 다른 한쪽도 그 성질이나 관계를 지닐 것이라는 점을 이용하는 추론 방법이다. 다시 말해, 어떤 특수한 사실을 바탕으로 그와 유사한 다른 특수한 사실을 가정적으로 추정하는 것을 의미한다. 즉, 두 개의 특수한 사물이 서로 몇 가지 성질을 같이할 때, 이에 근거해 한쪽에서 볼 수 있는 성질은 다른 쪽에도 존재할 것이라고 추정하는 논법이다. 이때 그 결과는 개연적이어서 별도의 방법으로 확인할 필요가 있다.

뉴턴이 발견한 중력의 법칙

사과가 나무에서 떨어지는 것을 보고 달도 반드시 떨어져야 할 것이라고 생각함.

사과를 땅으로 잡아당기는 힘이 있다면 이 힘이 하늘 위로 계속 뻗쳐나갈 것이고, 달까지 끌어당길 것이라고 유추함.

위 예는 뉴턴이 낙하하는 사과를 보고 중력의 법칙을 발견하게 된 내용이다. 유추법이 성립하려면 서로 다른 대상들 사이에 대등하거나 유사하거나 일치하는 등의 유비 관계가 있어야 한다. 이 추론은 귀납적 추론과 함께 미지의 진리를 발견하는 데 유용하다. 그러나 유추는 성급한 일반화의 오류에 빠질 수 있다는 한계를 가진다.

• 연습문제 • 다음과 같은 결론이 나오도록 연역적 추론이나 귀납적 추론 중 하나를 택하여 짧은 글을 작성해 보자.

1) 내 개는 나를 따라올 것이다.(연역적 추론)
2) 내가 다음에 가는 경기에서는 홈팀이 이길 것이다.(귀납적 추론)

1.2.3. 마무리하기

글의 시작 못지않게 글의 마무리도 잘해야 한다. 글의 시작이 글에 대한 첫인상을 결정해 준다면, 글의 마무리는 글 전체에 대한 인상을 정리해 주는 역할을 하기 때문이다. '유종의 미'라는 말이 있듯이 글의 마무리에서는 본문의 내용을 요약·정리하고, 나아가 강렬한 인상과 여운을 남길 수 있어야 한다. 글의 마무리는 글의 종류와 목적에 따라 달라질 수 있다. 가장 많이 사용되는 두 가지 방법과 학술논문에서의 마무리 방법에 대하여 살펴보기로 한다.

1) 논의한 내용을 정리하며 마무리하는 방법

이 방법은 글의 마무리 방법 중 가장 많이 사용되는 방식이다. 마무리에 내용을 정리할 때는 본론의 내용에 있는 글쓴이의 주장과 그 주장을 뒷받침하는 주요 논거를 요약해서 제시한다.

주어는 체언과 조사 '이/가'로 이루어진다. 주어가 조사 '이/가'를 동반하지 않는 경우도 있으나 주어이면서 '이/가'를 취할 수 없는 경우는 없다는 점에서 조사 '이/가'는 주격 표지로 인정할 수 있다. 한편 주어는 다양한 통사 현상에 참여한다. 주어는 주체 경어법의 대상이 되며 재귀사의 선행사가 될 수 있다. 또한 통제 구문에서 내포문의 주어를 통제한다. 부사어에 복수 표지 '-들'이 결합하는 것을 유도하기도 한다. (중략)
이러한 다양한 주어의 특성은 동작주 주어의 경우에 가장 전형적으로 나타난다. 사실상 주어의 다양한 특성은 동작주 주어를 전형적인 주어로 보았을 때 주어를 확인하는 기준으로 채택할 수 있다.

- 이홍식, 『국어 문장의 주성분 연구』

2) 전망이나 대안을 제시하며 마무리하는 방법

전망이나 대안을 통해 글을 마무리하는 방식은 주로 현실에 대해 문제를 제기하는 성격의 글이나 사회를 비판하는 글에서 자주 활용된다.

> 그럼에도 불구하고 '정치'가 아닌 '정치적인 것'의 영역에서 사회의 비가시적 영역에 남겨진 사람들과 사안들을 공적인 시각에 입각하여 가시화하고 공론화할 수 있는 재현활동을 담당할 제도적 형태라는 점에서 이 조사위원회는 앞으로 중요한 선례가 될 수 있다. 과거사의 영역이 아닌 현재 시점의 한국사회에서 보이는 것과 보이지 않는 것의 분할관계를 최소한 부분적으로라도 문제 삼는 역할을 담당해야만 한다. 이는 뭍에 남겨져서 세월호의 침몰을 고통스럽게 바라볼 수밖에 없었던 우리의 공적 무능을 역전시키기 위한 첫 번째 조치가 될 것이다.
>
> - 김애란 외, 『눈먼 자들의 국가』

3) 학술논문에서 마무리하는 방법

학술논문을 마무리할 경우에는 본론에서 논의한 결과를 요약하여 정리하되 서론에서 제기한 문제에 대하여 대답하는 형식으로 쓸 수 있다. 이때 그 논문에서 밝혀진 가장 중요한 사실이나 결과를 제시한다. 일반적으로 본론에서 이미 제시한 소결론을 종합하여 결론으로 삼는다.

이때 결론은 본론에서 논증된 사실이나 결과만을 제시해야 한다. 본론에서 검토하지 않은 내용은 결론에 들어갈 수 없으며 검토를 했더라도 증명이 이루어지지 않은 문제를 증명이 이루어진 것처럼 기술해서도 안 된다. 또한 본론에서 다룬 문제와 관련이 없는 내용, 주변적이거나 사소한 문제는 과감히 제거한다. 결론을 지나치게 과장하거나 결론에서 지나치게 겸손을 보이는 것도 바람직하지 못하다.

이 외에 학술논문의 결론에서는 명확하게 해결되지 않은 미진한 문제나 보완되어야 할 사항, 그리고 앞으로 좀 더 밝혀야 할 문제들을 제시할 수도 있다. 결론 부분에 추가되는 전망이나 제언 또는 의의와 같은 부분을 첨가하는 경우도 있는데, 이는 문제의 해결이 다른 부분에 미치는 영향이나 의의 혹은 학문의 방향에 대하여 언급하는 것이다.

> 부정적 인물 놀부는 결국 파멸하게 되는데 이때 우애 윤리의 효용 문제를 다른 방식으로 제기한 것이 결말 부분이다. 놀부 패망에서 끝나는 이본의 경우 장자로서의 책무를 다하지 못한 자에 대한 차자의

외면을 통해 역설적으로 우애 윤리를 내세웠다면, 흥부가 적극적으로 나서서 형 놀부를 포용하는 이본의 경우는 지배층의 교양과 지식을 수용하여 현실 문제 해결에 있어 전통 윤리의 효용을 여전히 인정하는 이들의 당위적 전망이 내포되었다. 애초 지배층의 일방적 교화를 통해 지배 이념이 하층에게 전파되었으나 하층이 교양을 습득하고 지위를 상승해가면서 그 접합의 지점에서는 복잡한 양상을 보이고 있었던 것이다.

판소리계 작품들에서는, 인물들의 욕망을 긍정하면서도 궁극적으로는 그로 인한 현실 갈등을 문제적 현상으로 보아 지배층의 윤리를 그 해결책으로 제시한다. 하지만 현실 갈등과 윤리의 관계는 간단치 않은 해석상 논점을 야기시킨다. 윤리란 정치 문제이기 이전에 공존을 지향하는 경제의 문제이며, 그 강도의 면에서 해결 가능성과도 긴밀한 함수 관계를 갖기 때문이다. 향후 판소리계 작품 전체를 대상으로 하여 이러한 문제들을 포괄적으로 다루어 볼 필요가 있다.

- 정충권, 「한국 고소설을 통해 본 한국역사문화의 트라우마와 치유-역사, 사회, 가족 ; <흥부전>에 나타난 분가(分家)와 우애(友愛) 문제」

1.2.4. 고쳐쓰기

초고를 작성한 후에는 반드시 다시 읽어 보면서 글을 고쳐야 한다. 고쳐쓰기는 글의 완성도를 높일 수 있는 최종적인 절차이다. 우리가 읽는 고전 작품들도 한 편의 좋은 글을 남기기 위해 얼마나 고심하고 노력했는지 여러 기록을 통해 확인할 수 있다.

당나라 소동파가 『적벽부』를 지었을 때 일이다. 친구가 찾아와 『적벽부』를 읽어 보고 소동파에게 이를 며칠 만에 지었냐고 물으니 '며칠은 무슨 며칠. 이제 방금 끄적거려 본 것인데…'라고 대답했다는 것이다. 그러나 소동파가 잠시 밖으로 나간 사이 자리 밑에 불룩 나온 곳을 들춰보니 여러 날을 두고 고치고 고친 초고가 한 아름이나 쌓여 있었다는 말이 있다. 고치면 고칠수록 좋아지는 것이 문장의 진리다. 소동파와는 반대로 구양수는 공공연하게 퇴고를 자랑하였다고 하는데, 초고는 반드시 벽에 붙여놓고 들어가고 나올 적마다 읽어 보고 고쳤다고 한다.

톨스토이는 악필가여서 그의 글씨는 부인밖에 알아보지 못했다고 한다. 그래서 톨스토이가 쓴 것을 부인이 청서(淸書)하면 톨스토이가 퇴고하고 다시 부인이 청서하고 톨스토이가 고치기를 일곱 차례나 반복한 끝에 저 유명한 『전쟁과 평화』를 완성했다고 한다. 이 역시 시간적인 여유를 가지고 글을 계속 고치고 다듬는 퇴고의 중요성을 말해주는 것이다.

글을 고쳐 쓴다고 하면 보통 문장이나 맞춤법을 살펴보는 것만 생각하지만, 무엇보다 글 전체의 논리적 연결이 자연스러운지, 논점이 명확한지를 검토해야 한다. 이 과정에서 논점을 벗어난 단락이 발견된다면 다시 써야 한다. 또 논리적 연결을 고려하여 단락의 순서를 바꾸기도 한다. 그 다음에 문장과 맞춤법 등을 살펴본다. 문장을 살펴볼 때는 문장의 문법적인 측면뿐만 아니라 문장과 문장의 연결을 살펴보아야 하고 인용이 제대로 되었는지, 출처를 밝히지 않고 인용한 부분은 없는지도 꼼꼼하게 살펴보아야 한다.

퇴고는 자기가 써 놓은 글을 다시 읽으면서 고치고 다듬는 작업이다. 써 놓은 글을 고치고 다듬을 때에는 세 가지 원칙에 입각해야 한다. 첨가의 원칙, 삭제의 원칙, 재구성의 원칙이 그것이다. 첫째, 꼭 필요한 내용인데 빠져 있거나 불충분하게 기술된 부분이 있으면 첨가하거나 보충하여야 한다. 이것을 첨가의 원칙이라 한다. 둘째, 불필요한 단어나 문장은 빼버림으로써 글 전체의 통일성과 긴밀성을 높여야 한다. 즉, 주제의 범주에서 벗어났거나 적절하지 못한 내용, 중언부언하는 내용 등을 빼는 경우이다. 이것을 삭제의 원칙이라 한다. 이 두 가지는 첨삭(添削)이라고 하여 퇴고의 가장 기본이 되는 원칙이다. 셋째, 글 전체의 주제를 좀 더 명료하게 드러내기 위해 필요하면 문장이나 단락을 재구성해야 한다. 즉, 논리적 흐름상 순서가 뒤바뀌었거나 혼용되었을 때 단락을 재배치해야 한다. 이것을 재구성의 원칙이라 한다.

퇴고의 이 세 가지 원칙은 글을 쓴 사람이 전달하려는 주제를 글의 각 요소들이 체계적으로 뒷받침하고 있는지를 확인하는 기준이 된다. 글이 곁가지로 흐르거나 엉뚱한 쪽으로 비화되는 것을 방지하고 일관되게 주제를 드러내도록 하며, 글을 이루는 하나하나의 요소들이 정확하게 표현되었는가를 점검하는 것이 퇴고이다. 전자를 거시적 관점에서의 퇴고라 하고 후자를 미시적 관점에서의 퇴고라 할 수 있다.

거시적 관점에서의 퇴고는 글 전체의 주제와 제재를 살피는 일이다. 말하자면 필자가 말하려는 주제를 향하여 글의 각 요소들이 통일돼 있는지를 점검하는 일이다. 이때 집중해서 살펴보아야 할 내용은 다음과 같다.

- 주제는 잘 부각되었는가?
- 각 단락의 화제가 뚜렷하고 충분히 전개되어 있는가?
- 단락 사이의 긴밀성이 유지되어 있는가?
- 글이 어느 한쪽으로 치우쳐 있지는 않은가?
- 글의 흐름이 논리적인가?
- 난해하거나 군더더기는 없는가?

미시적 관점에서의 퇴고는 단락, 문장, 어휘의 세 영역으로 나누어 살펴볼 수 있다. 우선 단락의 영역에서는 한 단락이 명확하게 한 가지 사실을 이야기하는지, 단락 간의 연결이 자연스러운지를 살핀다. 다음은 문장의 영역에서는 각 문장들이 문법적으로 정확한가, 주어와 서술어가 제대로 호응되는가, 전달하려는 의도가 정확하게 표현되었는가를 살핀다. 마지막으로 어휘의 영역에서는 어휘가 제대로 사용되었는가, 오자, 탈자, 맞춤법, 띄어쓰기, 문장부호 등이 제대로 사용되었는지를 살펴야 할 것이다. 이를 정리하면 다음과 같다.

- 문장들이 문법적으로 정확한가?
- 부적절한 단어가 쓰인 것은 없는가?
- 오자, 탈자, 맞춤법 등의 오류와 잘못된 문장부호는 없는가?
- 표현은 적절하게 되었는가?
- 글의 효과나 맛을 높이기 위해 좀 더 나은 문체로 바꿀 곳은 없는가?
- 단락 구분이 적절하고 연결이 자연스러운가?
- 하나의 단락 안에 한 가지 사실만 들어 있는가?

이 외에도 자신이 쓴 글을 고쳐 쓸 때에는 예상 독자를 고려한 표현을 사용하였는가, 주제를 명확하게 표현하였는가, 글의 목적이 분명하게 드러났는가, 사실이 아닌 내용을 쓰거나 과장해서 표현한 것이 있는가, 다른 사람의 저작권을 침해한 것이 있는가 등을 고려해야 한다. 위에서 설명한 바를 중심으로 문장 수준과 글 전체 수준에서 고쳐 써야 할 부분에 대해 예를 통해 살펴보자.

1) 문장 수준에서 고쳐쓰기

문장 수준에서는 호응, 접속, 조사 사용, 의미 중복, 번역 투 등을 고려해야 한다. 예문을 보면서 살펴보자.

> [연합국은 한국의 참전을 인정하지 않아 일제와 많은 전투를 벌였음에도 전승국의 지위를 얻지 못하고 38도선을 경계로 분단되었다.]
> → [연합국은 한국의 참전을 인정하지 않아 일제와 많은 전투를 벌였음에도 우리나라는 전승국의 지위를 얻지 못하고 38도선을 경계로 분단되었다.]

위 예는 앞부분과 뒷부분의 주어가 다른데도 뒷부분의 주어가 나타나 있지 않다. 따라서 수정문에서처럼 뒷부분의 주어를 보충하여야 한다.

[범인 검거에 결정적 제보를 하신 분께는 신고 보상금 지급 및 비밀을 보장하여 드리겠습니다.]
→ [범인 검거에 결정적 제보를 하신 분께는 신고 보상금을 지급하고, 비밀을 보장하여 드리겠습니다.]

위 예는 '신고 보상금 지급'이라는 명사구와 '비밀을 보장하여'라는 동사구가 접속되어 있어 두 항의 지위가 대등하지 못하다. 따라서 대등한 자격을 가지게끔 수정하여야 한다.

[인간은 원시시대부터 오늘날까지 끊임없이 발전해 온 것은 잘 알려진 사실이다.]
→ [인간이 원시시대부터 오늘날까지 끊임없이 발전해 온 것은 잘 알려진 사실이다.]

위 문장에서 '인간'은 전체 문장의 주어가 아니라 내포문의 주어이므로, '인간' 뒤에는 주제나 대조를 나타내는 '은/는'보다 주어를 표시하는 '이/가'를 쓰는 것이 자연스럽다. 따라서 '인간은'은 어색하며, 내포문의 주어임을 분명히 드러내는 '인간이'로 고쳐 쓰는 것이 적절하다.

[방화문 앞에 장애물을 설치하거나 훼손하는 행위는 소방법에서 금지하고 있음을 알려 드립니다.]
→ [방화문 앞에 장애물을 설치하거나 방화문을 훼손하는 행위는 소방법에서 금지하고 있음을 알려 드립니다.]

위 예에서 '설치하거나'의 목적어는 '장애물을'이고 '훼손하는'의 목적어는 '방화문을'이 되어야 하는데, 이 문장은 '훼손하거나'의 목적어가 '장애물을'인 것으로 해석된다. 따라서 '방화문을'이라는 목적어를 보충해 주어야 한다.

[자신의 신념을 이 책에서 분명하게 밖으로 표출하고 있다.]
→ [자신의 신념을 이 책에서 분명하게 표출하고 있다.]

위 예에서는 '표출'이라는 말에 이미 '밖으로'라는 의미가 포함되어 있다. 따라서 '밖으로'를 삭제하는 것이 자연스럽다.

[고속도로가 완공되면 서해안은 많은 변화를 가져오게 될 것이다.]
→ [고속도로가 완공되면 서해안은 많은 변화가 생길 것이다.]

한국어에서는 무생물이 어떤 행위를 하는 행동주로 나오는 것이 어색하다.

[인생을 후회 없이 살 수 있는 것은 돈이나 지위가 아니고 바로 이웃을 사랑하는 삶의 자세라고 보았다.]
→ [후회 없는 인생이란 돈이나 지위가 아니라, 바로 이웃을 사랑하는 삶의 자세에서 얻을 수 있다.]

위 문장은 글쓴이의 생각이 정리되어 있지 않아 문장의 의미 파악이 쉽지 않다.

2) 글 전체 수준에서의 고쳐쓰기

다음은 정보화 사회에 대한 글이다. 글을 읽고 어떻게 고치면 좋을지 생각해 보자.

정보화 사회에서는 여러 사회 현상들이 나타난다. 먼저 데이터 스모그 현상이 대표적인데, 대중매체를 통한 정보 과잉 현상은 필요한 정보와 참된 정보 수용을 방해한다. 스팸 메일 현상이 대표적인데 원치 않는 정보의 유통은 일의 수행을 비효율적이게 하고, 정보 판단 능력을 감퇴시킨다. 또 과잉 정보의 폐해라고 볼 수 있다. 현대인들은 이러한 상황 속에서 살아남기 위한 극단적으로 정보에 집착하는 정보 중독증을 보이기도 한다.
이와 같이 현대 사회는 한마디로 말해 '말과 문자로 뒤범벅된 사회이다' 우리 주변에서 일어나는 일들과 관조하면서 사색하지 않고 모조리 말과 텍스트의 형태로 정보화하려 하는 것이다. 인간마저도 정보의 울타리 속에 가두어 버리고 정보화시킨다. 이러한 상황 속에서 침묵을 지킴으로써 정작 중요한 순간에 진실된 말을 해야 하는 것이다. 말을 많이 하는 것은 내면의 공허함을 반증하는 것이기 때문이다.

위 예시문은 정보화 사회로 발달하면서 인간 소외, 정보 과잉 등의 이전과는 다른 형태의 문제가 발생하는 현상에 대한 진단을 내리고, 이에 대한 해법을 구하는 글의 도입 부분이다. 어휘와 서툰 표현도 문제이고, 주어와 서술어의 호응이 안 되는 것도 문제이지만, 이 글은 무엇보다도 하나의 단락이 가지고 있어야 하는 주제, 즉 중심 문장이 뚜렷하게 드러나지 않는다는 점에서 큰 문제를 가진다. 어떤 핵심어는 불필요하게 반복되고 있고, 어떤 핵심어는 빠져 있기도 하다. 게다가 개념화에 서툰 측면도 보인다. 그러기에 앞뒤 단락의 연결이 자연스럽지 않다. 논리적인 글이라면 더욱 이런 부분이 중요하다. 이러한 점들을 중심으로 수정하면 다음과 같이 수정할 수 있다.

정보화 사회는 장밋빛 희망도 주지만 회색빛 혼돈도 함께한다. '데이터 스모그'라고 부르는 정보 과잉 현상이 대표적이다. 전통적인 매체와 비교할 수 없을 정도로 양과 질에서 새로운 매체가 등장했고, 그것을 통해 정보들은 정작 필요한 정보, 진실된 정보의 수용을 방해하고 있으며, 스모그처럼 해롭기까지 하다. 심지어 새로운 정보에 집착하는 극단적 형태의 정보중독증은 정보의 습득과 소통을 방해한다.
이런 때일수록 우리가 관심을 두어야 하는 것은 침묵과 사색이다. 우리는 온통 말과 텍스트로 뒤범벅이 된 울타리에 갇혀 있다. 주변에서 발생하는 일에 우선 침묵하고 그 대상을 깊이 바라보고 진실을 생각하며 정리하는 습관이 필요하다. 중요한 순간에 진실된 말을 할 수 있는 힘은 그런 침묵과 사색에서 나올 것이다. 주변을 맴도는 정보들에 현혹되어 가벼운 말을 내뱉고 마는 일은 곧 자신의 공허함을 드러내는 일일 뿐이다.

『표준국어대사전』 활용법

'들어나다'인지 '드러나다'인지 '설겆이'인지 '설거지'인지 '결제'인지 '결재'인지 헷갈릴 때 여러분은 어떻게 하는가? 지금까지는 왠지 더 맞을 것 같은 표기를 대강 선택해서 사용하거나 검색 사이트에 접속하여 찾는 방식으로 맞춤법 고민을 해결해 왔다면, 이제는 '국립국어원'에서 제공하는『표준국어대사전』을 활용하여 문제를 해결해 보자(https://stdict.korean.go.kr/).

방법은 간단하다.『표준국어대사전』 사이트에 접속하여 검색창에 헷갈리는 표기를 입력하기만 하면 된다. 만약 검색 결과가 아무것도 제시되지 않는다면 이는 국어에 존재하지 않는 단어라는 의미이니 잘못된 표기라 판단하면 될 것이다. '설겆이'와 같이 사람들이 자주 틀리는 표기들은 이러한 표기가 잘못되었다는 설명과 함께 '→ 설거지'와 같이 화살표 뒤에 올바른 표기형을 제시해 주기도 한다. '결제, 결재'처럼 둘 다 표준 어휘이면서 의미가 다른 경우에는 사전에 제시된 뜻풀이를 보고 적절한 표기를 선택하여 사용하면 된다.

띄어쓰기가 고민될 때도『표준국어대사전』을 활용하면 정답을 찾을 수 있다. '아래의 표는 데이터 별로 분류하여 정렬하였다.'라는 문장을 작성하다가 '데이터 별'의 띄어쓰기를 어떻게 해야 하는지 고민스러워졌다면『표준국어대사전』의 검색창에 '별'을 검색해 보자. 아래의 <그림 1>의 검색 결과 중 내가 찾는 '별'의 의미는 마지막에 제시된 '-별4'와 가까워 보인다.

그림 1

그림 2

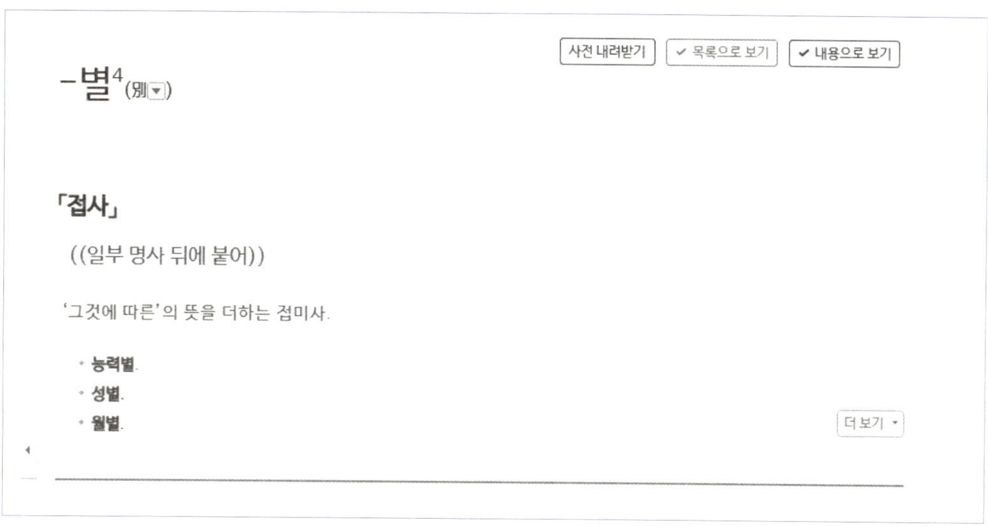

'-별4'를 클릭했을 때 나타나는 <그림 2>의 화면을 살펴보니 내가 찾는 '별'과 같은 용례가 확인된다. '데이터 별'의 '별'이 '-별4'임이 분명해진 것이다. 그런데 이 '-별4'에는 '하이픈('-')'이 포함되어 있는데, 사전 표제항의 하이픈은 해당 단위가 의존 형식임을 나타낼 때 사용된다. 그리고 이러한 의존 형식은 띄어쓰기를 할 때 반드시 앞말과 붙여 써야 하는 대상이다. 그러므로 하이픈을 가진 의존 형식인 이 '-별'은 앞말과 붙여서 '데이터별'과 같이 쓰는 것이 옳다. 설명은 다소 복잡했지만 핵심은 띄어쓰기가 고민될 때는 사전 검색 결과에 의존 형식임을 나타내는 하이픈이 있는지를 확인하라는 것! 우선은 하이픈이 없으면 앞말과 띄어 쓰고 하이픈이 있으면 앞말과 붙여 쓴다는 정도의 지식이 있다면 사전을 활용하여 띄어쓰기를 규범에 맞게 적용하는 일이 그리 어렵지 않을 것이다. 단 품사가 '조사'로 분류된 단어들은 하이픈 표시는 없으나 띄어쓰기에 있어서는 의존 형식과 동일하게 행동하므로 이 역시 앞말과 붙여 쓰도록 하자(이 책에서는 조사에도 하이픈 표시를 해두기로 한다).

☑ 확인하기

- 실험 결과는 데이터의 ① 크기순으로 / ② 크기 순으로 제시하였다.

<참고> 사전 검색 결과

-순19(順)

「참고 어휘」 순(順)

「접사」

((일부 명사 뒤에 붙어))

'차례'의 뜻을 더하는 접미사.

- 도착순.
- 선착순.
- 나이순.

1.3. 인용하기

학습 목표

1. 비윤리적 글쓰기에 해당하는 요소가 무엇인지 정확히 이해할 수 있다.
2. 인용하기의 학술적 의미를 이해하고, 직접 인용 및 간접 인용의 글쓰기 방식을 익힐 수 있다.
3. 인용 자료의 특성을 파악하고 이에 따라 주석 및 참고문헌을 올바르게 작성할 수 있다.
4. 글쓰기에 있어서 생성형 AI 활용의 비윤리적 행위가 무엇인지 이해하고, 생성형 AI의 참조 표시 방법을 익힐 수 있다.

1.3.1. 글쓰기의 윤리

글쓰기에 있어서 글의 내용과 형식만큼이나 중요한 것이 글쓰기 윤리이다. 윤리적이지 않은 글을 쓴다는 것은 나 자신을 속이는 행위일 뿐만 아니라 사회적으로도 용인될 수 없는 지탄받을 행동이다. 인생의 결정적 순간에 과거의 표절 경험이 드러나 곤란을 겪은 사람들을 떠올려 보자. 잠시만 생각해도 꽤 많은 사람들이 머리에 스칠 것이다. 데이터의 기록과 보존이 쉬운 현 사회에서 누군가의 표절 이력을 찾아내는 일은 그리 어려운 일이 아니다. 비윤리적인 글을 세상에 내보인다는 것은, 나의 비윤리적 경험이 언제라도 세상에 드러날 수 있다는 각오 없이는 해서는 안 되는 일인 것이다. 특히 글쓰기를 처음 시작하는 단계라면 비윤리적인 글쓰기에 대해 두려워하는 마음을 반드시 가져야 한다.

그런데 여기서 이야기하는 비윤리적인 글이란 정확히 어떠한 글을 의미하는 것일까? 윤리와 비윤리를 가르는 기준이 언뜻 모호해 보이지만, 충북대학교 연구윤리진실성위원회(CRI) 누리집에는 이를 판단할 수 있는 기준이 명확히 제시되어 있다. 위원회에서는 '연구부정행위'에 해당하는 행위를 '위조', '변조', '표절'로 규정하고 있는데, 이에 비추어 본다면 '위조', '변조', '표절'과 같은 부정적 방식으로 작성된 글이 곧 비윤리적인 글이라 할 수 있을 것이다. 이들 각각이 어떻게 정의되는지 구체적으로 살펴보자.

- 위조: 존재하지 않는 연구 원자료 또는 연구 자료, 연구 결과 등을 허위로 만들어 내는 행위
- 변조: 연구 재료·장비·과정 등을 인위적으로 조작하거나 연구 원자료 또는 연구 자료를 임의로 변형·삭제함으로써 연구 내용 또는 결과를 왜곡하는 행위

- 표절: 일반적 지식이 아닌 타인의 독창적인 아이디어 또는 창작물을 적절한 출처 표시 없이 활용함으로써, 제3자에게 자신의 창작물인 것처럼 인식하게 하는 행위

  - 타인의 연구 내용 전부 또는 일부를 출처를 표시하지 않고 그대로 활용하는 경우
  - 타인의 저작물의 단어·문장 구조를 변형하여 사용하면서 출처를 표시하지 않은 경우
  - 타인의 독창적인 생각 등을 활용하면서 출처를 표시하지 않은 경우
  - 타인의 저작물을 번역하여 활용하면서 출처를 표시하지 않은 경우

위의 비윤리적 행위들 중 '위조'와 '변조'는 실험에 기반한 글쓰기 상황에서 주로 나타나며, '표절'은 대학에서 이루어지는 모든 글쓰기 상황에서 관찰된다. 위의 규정 중 '표절'에 해당되는 행위들은 모두 다른 사람의 글을 내 글 안에 옮기는 과정에서 '출처 표시'를 하지 않았다는 점에서 공통점을 가진다. 출처 표시를 하지 않은 채 다른 사람의 글, 문장, 독창적인 생각 등을 가져오는 행위가 표절에 해당된다는 것은 두말할 나위 없는 일일 것이다. 그런데 혹여 이를 바탕으로 출처만 제대로 표시하면 다른 사람의 글을 소위 '짜깁기'하는 일은 표절에 해당되지 않을 것이라 생각한다면 이는 매우 큰 오해이다. 다른 사람의 글로 짜깁기된 글은 이미 나의 생각이 담긴 '나의 글'이 아니므로, 출처 표시 여부와 상관없이 이 역시 표절로 간주된다.

짜깁기와 함께 대학생들의 글쓰기에서 자주 목격되는 비윤리적 행위로는, 인터넷에서 구매한 다른 사람의 글을 제출하는 행위, 생성형 AI의 응답문을 바탕으로 글을 작성하는 행위, 매우 전문적인 지식을 기술하면서 출처를 밝히지 않는 행위 등을 들 수 있다. 요즘은 '카피킬러(copykiller)'와 같은 표절 검사 프로그램과, 'GPT킬러(GPT-killer)'와 같은 생성형 AI의 글을 탐지하는 상용 프로그램들을 통해, 학생들이 제출한 글의 표절 여부를 비교적 손쉽게 확인할 수 있게 되었다. 그러므로 어떠한 경우에도 용납될 수 없고, 반드시 들통날 수밖에 없는 비윤리적인 글쓰기 행위는 절대 행해서는 안 될 것이다.

글을 쓰는 목적은 글의 종류에 따라 다를 것이나 대학에서 작성하는 학술적 글은 대체로 지식을 공유하고 정보를 전달하는 데 목적을 둔다. 이때 내가 전하고자 하는 지식과 정보는 언제든 검증이 가능해야 한다. 내가 참고한 책과 자료를 독자들도 찾아 읽을 수 있다는 점과, 내가 했던 실험을 누군가가 재현해 볼 수도 있다는 점을 염두에 두고 글을 쓰는 습관을 들여 보자. 검증 가능성을 생각하며 글을 쓰는 습관을 가진다면, 위조, 변조, 표절과 같이 검증 과정에서 쉽게 확인될 수 있는 비윤리적인 행위는 선택할 수 없을 것이다.

1.3.2. 인용하기

학술적 글을 작성할 때에는 다른 사람의 글을 참고해야 하는 일이 심심치 않게 발생한다. 지식들은 서로 연결되어 있고, 내가 글을 통해 담아내고자 하는 지식과 생각은 이미 누군가에 의해 먼저 글로 표현되었을 가능성이 높다. 다른 글의 도움 없이 스스로 떠올린 창의적 생각이라 하더라도 이와 같은 생각을 누군가가 먼저 글로 표현한 적이 있다면, 그보다 늦게 글을 쓰는 입장에서는 반드시 해당 글에 대한 인용 표시를 하는 것이 옳다. 글을 쓸 때 관련된 주제의 선행 연구들을 찾아보는 것은 글쓰기의 초기 단계에서 필수적으로 거쳐야 하는 과정이다. 이 과정에서 내가 쓰고자 하는 글과 유사한 내용의 글을 발견했다면, 이를 잘 정리하여 내 글 안에 인용하여 보이는 것이 필요하다. 이는 인용하기가 가진 선행 연구에 대한 공헌 인정의 의미이자 반드시 지켜야 하는 글쓰기 윤리이다. 지금까지는 별도의 인용 없이 글을 써왔더라도 이제부터는 정확한 인용하기 방법을 익혀 적재적소에 사용해 보도록 하자.

인용하기는 '직접 인용'과 '간접 인용'의 두 가지 방식으로 이루어진다. 우선 직접 인용에 대해 먼저 살펴보자. 직접 인용은 말 그대로 원문의 내용을 직접 나의 글 안에 인용해 보이는 방식으로 주로 큰 따옴표(" ")를 이용하여 직접 인용한 부분을 표시한다(예문1). 인용해야 할 분량이 길어서 한 단락 안에 넣기 어려운 경우나 인용 내용에 대해 따로 논의해야 할 부분이 많은 경우에는, 제시문 형식으로 별도의 단락을 구성하여 직접 인용을 하기도 한다(예문2). 제시문 형식으로 직접 인용을 할 때에는 인용문을 본문 단락보다 더 안쪽으로 들여쓰기하고, 글자 크기를 본문보다 작게 하거나 글자 모양을 본문과 다르게 바꾸는 등의 방식으로 인용문임을 드러낸다.

예문1: 큰따옴표를 사용한 직접 인용 방식

후성유전학이란 DNA 염기서열의 변화 없이 나타나는 유전자 기능의 변화가 유전되는 현상을 연구하는 학문으로, 유전자 발현을 조절하는 후성유전학적 변형의 총체를 에피게놈(epigenome)이라고 한다. 이진화(2017: 144)에서는 에피게놈에 대해 "외부세계의 신호는 에피게놈을 통하여 유전자발현에 작용할 수 있다. 생활습관과 환경이 신호로 작용하여 조절나사를 움직이면 후성유전학적 꼬리표가 만들어지고 이 꼬리표에 따라 유전자의 모양이 변하며 이 모양에 의한 유전자발현에 영향을 끼친다."고 기술한 바 있는데, 이에 따르면 후성유전학적 꼬리표는 생활습관이나 환경에 따라 가변적이므로 에피게놈 역시 일부 가변적인 특성을 가진다고도 볼 수 있다.

예문2: 별도 단락으로 구분한 직접 인용 방식

사실 이상의 문제들은 가장 포괄적인 수준에서 다음의 하나로 정리될 수 있다. "왈츠는 설명의 유용성과 이론의 단순명료성을 위해 이론과 현실 간의 일치를 중시하지 않겠다고 했지만, 여전히 그 '일치의 덫'에서 벗어나지 못하고 있다."는 것이다. 이러한 문제가 발생한 것은 애초에 그가 '일반국제정치이론'을 만들기 위해 구조라는 층위에 천착한 목적이, 전쟁과 평화라는 실제적인 문제에 대한 고민에서 나온 것이기 때문이다. 1절에서 인용된 MSW에서 왈츠의 표현을 다시 떠올려 보자.

> 결과를 완화시키려면 무엇보다도 그 결과를 발생시킨 원인에 대한 분석이 선행되어야 한다. 평화를 이룩할 수 있는 방법을 발견하기 위해서는, 무엇보다 전쟁의 원인에 대한 이해가 전제되어야 한다.
>
> — Waltz, K. N.(1959). Man, the State and War, Columbia University Press.

위의 인용문에서 왈츠 자신도 밝히고 있듯이 '전쟁의 원인'에 대한 연구의 결과는 '평화의 이룩'이다. 다시 말하면 그가 제시한 '이론'의 문제는 사실 전쟁의 원인에서 평화로 가는 중간 지점에 불과하다고 볼 수 있다.

직접 인용을 할 때 주의해야 할 점은 따옴표나 기타 방식들을 통해 원문의 내용을 직접 옮기고 있다는 점을 표시한 이상, 원문의 내용을 수정하거나 변형하지 않고 그대로 인용해 보여야 한다는 것이다. 설령 원문에 오탈자가 있거나 내용상의 오류가 있다고 해도, 이를 옮기는 이가 수정해서는 안 되며, 특정 부분에 밑줄을 긋거나 글자를 진하게 바꾸어 표시하는 일도 해서는 안 된다. 원문에 영어나 기타 외국어 혹은 한자로 적힌 부분이 있다면 이 역시 그대로 인용해야 하는 것이 직접 인용하기의 기본 원칙이다. 다만 글의 전개상 원문에 대한 변형이 필요한 경우가 있다면 그 사실을 본문이나 주석을 통해 밝혀두고 변형하는 일은 가능하다. 이러한 경우 "원문에는 ○○로 표기되어 있으나 □□의 오기인 듯하다.", "밑줄은 인용자에 의한 것이다."와 같은 표현이 주로 사용된다.

다음으로 간접 인용에 대해 알아보자. 간접 인용은 다른 글의 논지를 요약하여 내 글에 가져오거나(예문3), 내가 이해한 방식으로 다른 글의 내용을 기술하고자 할 때 주로 사용하는 방식이다(예문4). 간접 인용은 원문의 내용을 그대로 가져와 보이는 방식이 아니므로 원문의 변형이 가능하기는 하나, 이 과정에서 내용을 왜곡하거나 원문에 대한 오해를 불러일으키게 해서는 안 된다.

예문3: 요약하기를 사용한 간접 인용 방식

한지연 외(2020)은 Mesocosm 실험을 통해 수위와 식생이 습지 퇴적물의 질산염 역학과 미생물 활성에 미치는 영향을 분석하였다. 이 논의에서는 식생과 수위 조건을 달리한 3개의 개별 메조코즘으로 실험을 진행하였으며, 각 메조코즘은 아래층에 자갈(3cm)과 모래(2cm)를, 위층에 습지 퇴적물(25cm)을 채워 층상 구조를 형성하였다. 실험 결과 높은 수위(5cm)와 식물 존재 조건에서는 용존 유기 탄소(DOC) 농도가 증가하는 모습이 관찰되었으며, 식물이 수위 조건과 함께 질산염 동력학에 중요한 영향을 미친다는 점이 드러났다. 한지연 외(2020)의 위와 같은 결과는 수위와 식생 관리가 질소 순환과 탄소 순환에 중요한 역할을 할 수 있음을 제시한 것으로 판단된다.

예문4: 재진술하기를 사용한 간접 인용 방식

중성 'ㅡ'는 초성 자음이 양순음이거나 치조 마찰음·파찰음일 때 평균 이하의 인식률을 보인다. 전자는 양순음 뒤 'ㅡ'의 음성 특성이 'ㅜ'와 가까운 데서 기인한 오류로 보이며, 후자는 마찰음과 파찰음에 후행하는 'ㅡ'의 F2 상승과 관련된 오류로 파악된다. 'ㅡ'는 김현(2021)에서 언급된 바와 같은, 조음 영역이 한 자리에 고정되어 있지 않고 연구개를 중심으로 하여 다소 앞쪽과 뒤쪽에 걸쳐 발음되는 모음으로, 선·후행 자음에 따라 조음 위치가 이동하기도 하고, 정일진(1997), 장혜진·신지영·남호성(2015)의 논의와 같이 50·60대에 비해 20대의 발화에서 비교적 더 전설화되기도 하는 특성을 가진다.

인용하기는 그 방식이 직접적이든 간접적이든 나의 글을 풀어나가기 위한 하나의 도구임을 잊지 말아야 한다. 글쓰기에서 중요한 것은 나의 목소리이다. 내 목소리로 나의 이야기를 하는 과정에서 선행 연구에서 이미 언급된 사실을 제시하거나 선행 연구들을 통해 내 의견을 뒷받침하고 싶을 때 선택하는 방법이 인용인 것이다. 따라서 인용 전에는 인용문이 제시될 만한 맥락을 미리 설명해 두고, 인용 후에는 인용문에 대한 부연을 통해 내 글과 인용 내용이 잘 어우러질 수 있게 해야 한다. 인용만으로 나의 글을 채울 수는 없다. 인용으로만 글을 채우는 것은 표절 행위임을 기억하자.

1.3.3. 주석과 참고문헌

앞서 살핀 직접 인용과 간접 인용이 다른 글의 '내용'을 내 글 안에 담아 보이는 방법이었다면, 이번에 살필 주석과 참고문헌 목록은 주로 다른 글의 '서지 정보'를 독자에게 제공하는 데 목적을 두고 있다. 학술적 글에 담긴 지식과 정보는 언제든 검증이 가능해야 한다. 따라서 내가 글쓰기 과정에서 인용하거나 참고한 책과 자료가 있다면 독자들이 이를 그대로 찾아 읽을 수 있도록 정보를 제공해 주어야 하는데, 학술적 글에서 이러한 역할을 담당하는 것이 주석과 참고문헌이다. 이 중 주석은 주로 본문과 가까운 위치에 작성하고, 참고문헌 목록은 글의 가장 마지막 부분에서 제시하는 것이 일반적이다.

주석은 작성하는 위치에 따라 '내각주'와 '외각주'로 나뉜다. 내각주는 참고 자료의 서지 정보를 글의 본문 안에서 제공하는 방식이고(예문5), 외각주는 이를 본문 바깥에서 제공하는 방식이다(예문6). 책이나 논문을 읽다가 본문 아래편에 본문보다 작은 글자로 적힌 글들을 본 적이 있을 법한데 이것이 본문 바깥에 작성된 외각주이다.

예문5: 내각주 방식

각 모형의 정확도는 ROC(Receiver operating characteristic)의 AUC(Area under cover)값으로 설명하였다. AUC는 민감도와 특이도를 기반으로 ROC 곡선 아래 면적을 계산하여 분류 성능을 측정하는 통계량이다. AUC값이 1.0에 가까울수록 모형의 판별력이 우수하며, 0.7 이하일 경우 판별력이 낮은 모형으로 간주한다. Joseph(2005)에 따르면, AUC값이 0.812 이상일 때 우수한 모형으로 평가된다.

예문6: 외각주 방식

보증부 월세와 전세의 거래 가격을 함께 살펴보는 데 있어 가격 기준을 맞추는 과정이 선행되어야 하는데, 이때 필요한 것이 '전월세전환율'이다. 전월세전환율은 전세금을 월세로 또는 월세를 전세로 전환할 때 적용되는 비율로, 연간 임대료를 전세금과 월세보증금의 차액으로 나눈 비율을 말한다. 전월세전환율이 높으면 전세 계약 시의 임대비용에 비해 보증부 월세 계약 시의 임대비용 부담 비율이 높다는 것을 뜻한다.[1)] 반대로 전월세전환율이 낮으면 전세의 임대비용 부담 비율이 높다고 해석할 수 있다.

1) 김혜미·박진홍·최진무, 서울시 아파트 전월세전환율에 대한 지역변수 영향력 분석, 『대한지리학회지』 54(2), 2019, 165면.

각주를 통해 제공되는 서지 정보는 저자명, 자료명, 출판연도, 출판사 등으로 구성된다. 내각주 방식은 이 중 저자명과 출판연도를 기본적으로 제시하고 필요한 경우 인용한 내용이 게재된 페이지 정보를 함께 표시한다. 위의 '예문5'에는 저자명과 출판연도만 작성되어 있으나, 더욱 정확한 정보 제공을 위해서는 해당 내용이 작성된 인용 면까지 표시하는 것이 좋다. 인용 면은 'Joseph(2005: 123)'과 같이 출판연도 뒤에 '쌍점(:)'을 붙여 적은 뒤 작성하면 된다. 외각주 방식에서는 저자명, 자료명, 출판연도, 출판사 정보, 인용한 내용이 작성된 페이지 정보를 표시한다. 외각주 방식에서 한 페이지 내의 내용을 인용했을 때는 인용한 페이지를 '12면' 또는 'p. 12'와 같이 표기하고, 여러 페이지에 걸친 내용을 인용했을 때는 '12-14면' 또는 'pp. 12-14'와 같이 표기한다.

학술적 글을 작성할 때에는 내각주와 외각주 중 어떤 방식을 통해 주석을 표기할 것인지 미리 결정하는 것이 좋다. 각자 선호하는 방식을 선택해도 무방하지만 주석의 표기 방식은 학문 분야에 따라 차이를 보이므로 가급적이면 자신이 전공하고 있는 학문 분야에서 사용하고 있는 표기 방식을 선택하기를 추천한다. 학과 교수의 논문이나 전공 분야의 최근 학위 논문을 찾아 어떤 방식으로 주석 표기를 하고 있는지 확인해 보는 것도 좋은 방법이다.

한편 주석은 주석에 담기는 내용에 따라 '참조주'와 '내용주'로도 나누어 볼 수 있다. 위의 '예문6'과 같이 인용하는 자료의 서지 사항을 담은 주석이 참조주이고, 아래의 '예문7'과 같이 본문에 대해 부연하는 내용을 담은 주석이 내용주이다. 내용주는 본문의 흐름과는 다소 무관하지만 독자들에게 알려주고 싶은, 혹은 독자들이 궁금해할 만한 개념 정의나 추가 정보 등을 적어두고자 할 때 사용한다. 내각주 방식을 선택하여 글을 작성하는 경우에도 내용주를 외각주 형식으로 적는 것은 가능하다. 다만 내각주 글에서 참조주를 외각주 형식으로 적거나, 외각주 글에서 내각주도 사용하는 식의 혼용은 허용되지 않는다.

예문7: 내각주 글의 내용주 작성 방식

나노입자 바이오센서란 나노입자가 크기, 모양, 조성에 따라 다른 빛깔을 보이는 특성을 이용하여 DNA 혼성화(hybridization)를 검출하는 센서를 말한다. 금이나 은과 같은 금속 나노입자는 입자의 크기, 재질, 모양, 주변 환경에 따라 색깔이 달라지는데, 이에 따라 나노입자의 표면 플라즈몬 밴드(surface plasmon band)가[1] 변화하는 것을 센서 제작에 활용할 수 있다.

1) 표면 플라즈몬은 나노 금속박막 표면에서 일어나는 전자들의 집단적 진동을 의미한다.

외각주 방식으로 글을 작성하다 보면 동일한 자료를 연달아 인용하는 경우가 생긴다. 이때 매번 같은 자료의 서지 정보를 적어 보이는 것은 글을 쓰는 사람과 읽는 사람 모두에게 번거로운 일이므로 이 경우 아래와 같은 약호를 통해 인용 내역을 표시하기도 한다.

- *ibid.* ibidem의 약자. 위에서 언급한 자료를 재차 인용할 때
- *op. cit.* opere citato의 약자. 앞에서 언급한 자료를 재차 인용할 때
- *loc. cit.* loco citato의 약자. 위에서 언급한 자료의 동일 면을 인용할 때

위의 약호 중 ibid.와 op. cit.의 쓰임은 '위'에서 언급한 자료인지 '앞'에서 언급한 자료인지에 따라 달라지는데, 본문과 같은 면의 위에 있는 단락에서 언급했던 자료를 다시 인용하는 경우라면 ibid.를 사용하고, 본문보다 앞선 면에서 언급했던 자료를 다시 인용하는 경우라면 op. cit.을 사용하면 된다. ibid. 대신 '위의 책, 위의 글' 또는 '상게서, 상게 논문'과 같은 표현을 사용하기도 한다. op. cit.은 '앞의 책, 앞의 글' 또는 '전게서, 전게 논문'으로 표현된다.

저자가 여러 명인 경우에는 저자명 사이를 '쉼표(,)'보다는 '가운뎃점(·)'으로 연결하는 것이 적절하다. 다만 저자 이름이 알파벳으로 표기된 경우라면 '&'(Ampersand) 기호가 사용되기도 한다. 해외 학술 자료를 인용하는 경우에는 저자의 성과 이름 중 성만 제시하는 것이 일반적이다. 동일 저자가 동일 연도에 작성한 논문이 두 편 이상일 경우에는 이를 구분하기 위해 '김충북(2025가)', '김충북(2025나)'와 같이 연도 뒤에 별도의 순서 표시를 해준다. 이때 순서 표시를 위한 부호로 '가, 나, 다……' 외에 'ㄱ, ㄴ, ㄷ……'이나 'a, b, c……' 등을 사용하는 것도 물론 가능하다.

학술적 글쓰기 과정에서는 간혹 다른 자료에서 인용한 내용을 내 글 안에 재인용하게 되는 일이 발생하기도 한다. 그러나 처음 인용된 원자료가 오래되어 구할 수 없는 경우이거나 원자료의 언어가 해석이 어려운 외국어로 작성된 경우와 같은 특수한 상황이 아닌 이상, 다른 글에 인용된 내용을 그대로 재인용을 하기보다는 원자료의 내용을 내가 직접 확인한 뒤에 인용하는 것이 적절하다. 부득이하게 재인용을 해야 하는 상황이라면 원자료의 출처와 이것이 인용된 자료의 출처를 모두 적어 주고 재인용 사실을 밝혀주어야 한다. 내각주 방식과 외각주 방식에서의 재인용 표시 방법은 아래의 '예문8', '예문9'에서 확인할 수 있다.

예문8: 내각주에서의 재인용 표시 방식

Umeda(1957)와 Matin(1951, Schmidt 1996: 3202에서 재인용)은 한국어의 탈비음화에 대해 비강포먼트(nasal murmur)의 마지막 부분, 즉 모음 쪽에 가까워질수록 비음이 약해지는 성격을 따서 [m^b], [n^d]와 같이 표기했다.

예문9: 외각주에서의 재인용 표시 방식

영국 대법원은 난민협약의 해석과 관련하여 위와 같은 입장을 아래와 같이 명확하게 밝힌 바 있다. "어느 문서를 이해하려고 할 때 물론 단어의 문자적인 의미가 시작점이 되는 것이 사실이다. 그러나 단어는 문맥 속에서 이해되어야 하고, 난민협약과 같은 문서의 경우에는 인도적인 목적과 부합하는 목적론적 이해가 이루어져야 한다."[1)]

1) R v. Asfaw, 1 AC 1061, United Kingdom, House of Lords, 2008, Hathaway and Foster, supra note 4, p. 8에서 재인용.

각주를 통해 인용한 자료들의 서지 정보를 표시하는 방법을 익혔다면, 이번에는 인용한 자료들을 포함하여 글을 작성하며 참고했던 자료들을 모두 아울러 제시하는 참고문헌 작성법에 대해 알아보자. 참고문헌 목록은 주로 글의 마지막에 제시되는데 참고한 자료의 종류에 따라 표시 방법이 다르기에 주의를 요한다.

참고문헌을 작성할 때는 먼저 참고 자료들을 '국내 자료'와 '해외 자료'로, 그리고 '단행본'과 '논문 자료'로 크게 분류해 두는 것이 편리하다. 학문 분야에 따라 차이는 있으나 국내 자료와 해외 자료 중에서는 국내 자료를 먼저 제시한 뒤 뒤이어 해외 자료를 제시하는 경향이 있다. 단행본의 사전적 의미는 '한 번의 발행으로 출판이 완료된 책'으로, 잡지나 학술지와 같이 정기적으로 간행되는 것이 아닌 자료들을 가리킨다. 우리가 서점에서 구매하는 책들이 일반적으로 단행본의 형식을 띤다. 논문은 석사나 박사 학위 취득을 위해 작성하는 '학위 논문'과 정기적으로 간행되는 학술지 에 수록된 '학술지 논문'(혹은 '소논문')으로 나누어지는데, 이들 각각의 참고문헌 작성 방법은 아래의 예와 같다.

단행본의 경우

내각주	형식	저자명(출판연도), 『책 제목』, 출판사명.
	예시	심국보(2024), 『목조건축 개론』, 충북대학교 출판부.
외각주	형식	저자명, 『책 제목』, 출판사명, 출판연도.
	예시	심국보, 『목조건축 개론』, 충북대학교 출판부, 2024.

학위 논문의 경우

내각주	형식	저자명(출판연도), 「논문 제목」, ○○대학교 ○○대학원 ○○학위 논문.
	예시	김원기(2009), 「교차출력과 진폭다항식을 이용한 AVO 이상 분석」, 충북대학교 지구환경과학과 대학원 석사학위 논문.
외각주	형식	저자명, 「논문 제목」, ○○대학교 ○○대학원 ○○학위 논문, 출판연도.
	예시	김원기, 「교차출력과 진폭다항식을 이용한 AVO 이상 분석」, 충북대학교 지구환경과학과 대학원 석사학위 논문, 2009.

국내 학술지 논문의 경우

내각주	형식	저자명(출판연도), 「논문 제목」, 『간행물명』 권·호, 간행기관, 게재면.
	예시	윤희성·고창섭(2012), 「전기강판의 벡터 자기특성을 고려한 전기기기의 손실특성 해석」, 『전기학회논문지』 61-12, 대한전기학회, 1813-1819면.
외각주	형식	저자명, 「논문 제목」, 『간행물명』 권·호, 간행기관, 출판연도, 게재면.
	예시	윤희성·고창섭, 「전기강판의 벡터 자기특성을 고려한 전기기기의 손실특성 해석」, 『전기학회논문지』 61-12, 대한전기학회, 2012, 1813-1819면.

해외 학술지 논문의 경우

내각주	형식	저자명(출판연도), 논문 제목, *간행물명* 권·호, 간행기관, 게재면.
	예시	Putnam, Robert D.(1995), Bowling Alone: America's Declining Social Capital, *Journal of Democracy* 6(1), Johns Hopkins University Press, pp. 65-78.
외각주	형식	저자명, 논문 제목, *간행물명* 권·호, 간행기관, 출판연도, 게재면.
	예시	Putnam, Robert D., Bowling Alone: America's Declining Social Capital, *Journal of Democracy* 6(1), Johns Hopkins University Press, 1995, pp. 65-78.

해외 학술지 논문은 국내 학술지 논문과 달리 논문 제목에 아무 표시를 하지 않거나, 표시를 하더라도 괄호 대신 큰따옴표를 사용한다. 단행본이나 학술지 제목에도 괄호는 대개 사용하지 않으며 그 대신 기울임꼴로 표시한다는 점을 참고해 두자.

참고문헌 작성 방법은 학문 분야나 학술지 종류에 따라 차이가 있으나 위와 같은 방식으로 참고문헌 목록을 작성한다면 내가 참고한 자료를 독자들이 찾아 읽는 데에 어려움은 없을 것이다. 단행본이나 학술지 같은 간행물은 위에 제시된 겹화살괄호(『 』) 외에도 겹낫표 (『 』)나 큰따옴표(“ ”)로 표시할 수도 있다. 위의 예에서는 학위 논문이나 학술지 논문 제목을 홑화살괄호(< >)로 표시하였으나 이 역시 홑낫표(「 」)나 작은따옴표(‘ ’)를 사용하기도 하며, 최근에는 논문 제목에 아무런 부호도 적지 않는 방식도 사용되고 있다. 학술지는 저마다의 방식으로 권·호 정보를 부여한다. ‘1권 2호’와 같이 번호로 부여하는 경우도 있고 ‘여름호’, ‘가을호’와 같이 간행되는 계절을 따라 부여하는 경우도 있다. 학술지는 같은 연도에 여러 차례 간행되는 경우가 많으니 학술지가 부여한 권·호 정보를 빠짐없이 적어주어야 한다.

다음으로는 단행본 중에서도 ‘번역서’나 여러 저자들의 여러 글들을 모아 편찬한 ‘편저’를 표시하는 방법, 인터넷 자료를 표시하는 방법을 알아보자. 편저의 경우 책을 전체적으로 참고하여 내 글 안에 그 내용을 반영하였다면 일반 단행본과 동일한 방식으로 참고문헌 표시를 하지만, 책의 내용 중 특정 저자가 작성한 내용만을 참고하였다면 이를 구체적으로 밝혀 적어주는 것이 좋다. 인터넷 자료는 자료의 작성자명과 자료 제목, 자료가 게시된 사이트명(인터넷 기사의 경우 신문사명)을 제시하고, 자료가 온라인상에 게시된 일자와 이를 내가 확인한 일자, 그리고 이를 직접 확인할 수 있는 해당 링크를 함께 적는다.

번역서의 경우

내각주	형식	저자명, 번역자명 역(출판연도), 『책 제목』, 출판사명.
	예시	스티븐 핑커, 김한영 역(2008), 『언어 본능』, 동녘사이언스.
외각주	형식	저자명, 번역자명 역, 『책 제목』, 출판사명, 출판연도.
	예시	스티븐 핑커, 김한영 역, 『언어 본능』, 동녘사이언스, 2008.

편저의 경우

내각주	형식	저자명(출판연도), 「글 제목」 『책 제목』(편찬자명 편), 출판사명, 게재면.
	예시	조동호(2013), 「전자공학」 『공학이란 무엇인가』(성풍현 편), 살림, 212-232면.
외각주	형식	저자명, 「글 제목」 『책 제목』(편찬자명 편), 출판사명, 출판연도, 게재면
	예시	조동호, 「전자공학」 『공학이란 무엇인가』(성풍현 편), 살림, 2013, 212-232면.

인터넷 기사의 경우

형식	기자명, 「기사명」 『신문명』 입력 날짜, 기사 링크, 확인한 날짜.
예시	김상욱, 「과학자의 질문, '인간은 왜 결혼하나'」 『시사IN』 2025.03.02, https://www.sisain.co.kr/news/articleView.html?idxno=55021, 2025.09.27.

각각의 형식에 맞게 작성한 참고문헌 목록을 정렬할 때는 저자명을 가나다순에 맞춰 배열한다. 학문 분야에 따라 국내 자료와 해외 자료를 나누어 제시하거나, 단행본·학위논문·학술지 논문·기타 보고서류를 분류하여 제시하는 경우도 있는데, 이때에도 각 분야별 목록을 가나다순 혹은 알파벳순으로 배열하면 된다. 지금까지 살펴본 예시 자료들을 참고문헌 목록으로 정렬하면 아래와 같은 형식이 된다. 아래의 참고문헌 작성자는 논문명이나 글 제목에 별도의 기호를 사용하지 않았고, 인터넷 자료를 여타의 자료와 분류하여 하단에 따로 제시하는 방식을 선택하였다.

김원기(2009), 교차출력과 진폭다항식을 이용한 AVO 이상 분석, 충북대학교 지구환경과학과 대학원 석사학위 논문.

스티븐 핑커, 김한영 역(2008), 『언어 본능』 동녘사이언스.

심국보(2024), 『목조건축 개론』 충북대학교 출판부.

윤희성·고창섭(2012), 전기강판의 벡터 자기특성을 고려한 전기기기의 손실특성 해석, 『전기학회논문지』 61-12, 대한전기학회, 1813-1819면.

조동호(2013), 전자공학, 『공학이란 무엇인가』(성풍현 편), 살림, 212-232면.

김상욱, 과학자의 질문, '인간은 왜 결혼하나', 『시사IN』 2025.03.02.,https://www.sisain.co.kr/news/articleView.html?idxno=55021, 2025.09.27.

1.3.4. 생성형 AI의 참조 표시

생성형 AI를 활용한 글의 표절 여부에 대해서는 아직 논쟁의 여지가 있다. 하지만 분명한 것은 담당 교수자가 해당 과목의 특성상 생성형 AI를 활용하여 글을 작성하면 안 된다는 지침을 제시한 경우라면, 이때의 생성형 AI의 활용은 비윤리적인 행위로 간주된다는 것이다. 생성형 AI의 활용을 금지하지 않은 경우라 하더라도 생성형 AI의 응답문을 거의 그대로 옮겨 적었거나, 생성형 AI 사용 내역에 대한 참조 표시가 누락된 경우라면 이 역시 비윤리적인 글쓰기 행위에 해당된다.

현재는 생성형 AI를 글의 '저자'로서 인정하지는 않기에, AI가 생성해 낸 응답문은 '인용'의 대상이 아닌 '참조'의 대상으로 바라보는 것이 적절하다. 인용의 대상은 아니라 하여도 생성형 AI의 응답문을 활용하여 글을 작성하였다면 그 참조 내역은 정확히 제시해야 한다. 아직은 통일된 생성형 AI의 참조 형식이 사용되고 있지는 않으나, 생성형 AI 도구 이름, 버전 정보, 해당 버전의 공개 날짜, 개발사, 생성형 AI의 사용 일자, 개별 URL, 프롬프트 문장과 생성된 응답문 정보는 제시될 필요가 있을 것이다. 또한 생성형 AI의 특성상 같은 프롬프트로 질문을 하더라도 이에 대한 응답 내용이 서로 차이가 날 수 있으므로, 독자가 나의 참조 내용을 확인할 수 있도록 생성형 AI와의 대화 기록을 스크린샷 형식으로 저장하여 첨부하는 것을 권한다.

생성형 AI 참조 표시

내각주	형식	생성형 AI 도구 이름, 사용 일자.
	예시	(ChatGPT, 2025.5.7.)
외각주	형식	프롬프트 문장, 생성형 AI 도구 이름(버전 정보), 개발사, 사용 일자, 개별 URL.
	예시	"글쓰기 윤리란 무엇인가"에 대한 응답, ChatGPT(2024.12.13.버전), OpenAI, 2025.5.7., https://chat.openai.com/chat.

학술적 글쓰기를 처음 시도하는 경우라면 지금까지 살펴본 주석과 참고문헌 작성법이 사뭇 복잡하고 어렵게 보일 것이다. 하지만 이러한 약속들은 글 안에 담긴 나의 목소리와 다른 사람의 이야기를 명확히 구분하게 해주고, 나의 글에 대한 타인의 검증을 돕는 기능을 담당한다는 점에서 매우 중요하다. 내가 직접 작성하지 않은 문장을 내 글 안에 적어 넣었다면 이를 '문장 단위'로 인용 표시를 한다는 원칙을 중심으로 올바른 주석과 참고문헌 작성법을 통해 윤리적인 글을 쓰도록 하자.

• 연습문제 • 아래의 내용을 바탕으로 외각주 방식의 주석과 참고문헌을 각각 적어 보자.

- '김동준', '조장환'이 함께 쓴 '산림경제학' 책의 32면부터 35면의 내용을 인용하였다. 출판사는 '향문사'이며, 출판 연도는 2023년이다.
- '이동훈', '이규승', '정선옥'이 함께 쓴 학술 논문의 435면의 내용을 인용하였다. 논문 제목은 '원추 관입형 임피던스 수분센서 개발을 위한 기초 연구'이며, '바이오시스템공학'이라는 학술지 34권 6호의 434면부터 438면에 걸쳐 실려 있다. 학술지 간행 연도는 2009년이고, 간행 기관은 '한국농업기계학회'이다.
- '하이노 팔케'와 '외르크 뢰머'가 함께 쓴 외국 도서를 '김용기', '정경숙'이 공동 번역한 '이것이 최초의 블랙홀 사진입니다'라는 책의 236면의 내용을 인용하였다. 출판사는 '에코리브르'이며, 출판 연도는 2023년이다. '천문학의 역사와 블랙홀 관측 여정'이라는 부제목이 있다.
- '이상명'이 2000년에 쓴 석사학위 논문의 52면부터 57면의 내용을 인용하였다. 논문 제목은 '랫드에서 azoxymethane에 의해 유도된 대장전암병변과 장내세균효소활성에 미치는 유산균의 억제효과'이며, 학위 수여 기관은 충북대학교 수의학과 대학원이다.
- '충북대학교 수의학교재편찬위원회'에서 집필한 '미리 가보는 수의학 교실' 책의 73면부터 77면까지의 내용을 인용하였다. 이 책은 2020년에 나온 개정판이며 출판사는 '충북대학교 출판부'이다.
- '김금란' 기자가 작성한 '충북대, 베트남 두이탄 대학에 CBNU 글로벌 센터 1호 개소'라는 제목의 기사를 인용하였다. 기사가 온라인 사이트에 게시된 일자는 2025년 4월 22일이고, 내가 이 기사를 확인한 일자는 2025년 10월 22일이다. 신문사는 '충청타임즈'이며, 해당 기사의 URL은 'https://www.cctimes.kr/news/articleView.html?idxno=842545'이다.

* 부제목이 있을 때는 제목 뒤에 '쌍점(:)'을 쓰고 그 뒤에 부제목을 함께 적어 준다.
  예 고봉만·안상원·김경화(2025),『키워드 컬러: 컬러를 통해 세상을 읽다』, 충북대학교 출판부.

* 저자명, 책 및 논문 제목, 출판사명 등이 혹여 어문 규정에 맞지 않게 표기되어 있다고 해도, 인용하는 사람이 이를 마음대로 수정해서는 안 된다.

* 단행본의 경우 책을 여러 차례 출간하는 과정에서 본문의 내용이 수정·증보·개정되는 경우가 있다. 이러한 경우 이를 책 제목 앞에 '수정판', '증보판', '개정판'과 같은 표현으로 표시해 주는데, 주석이나 참고문헌을 작성할 때 이 또한 함께 적어 주어야 한다.

1) 외각주

2) 참고문헌

자주 틀리는 의존 형식들

【어문 규범 이야기③】에서 다루었던 의존 형식 이야기를 기억해 보자. 띄어쓰기에 있어서 해당 단위가 의존 형식인지 아닌지를 확인하는 일은 매우 중요하다. 의존 형식이라면 반드시 앞말과 붙여 써야 하기 때문이다. 그런데 우리가 글을 쓸 때 매번 의존 형식 여부를 생각하며 띄어쓰기를 하지는 않을 것이다. 한국어가 모국어인 사람 또는 한국어로 학술적 글쓰기가 가능한 수준의 한국어 학습자라면, 한국어에 대한 나름의 직관을 통해 띄어쓰기에 대한 어느 정도의 자동적인 판단이 가능하기 때문이다. '동생 이 저녁 에 집 으로 왔 다.'의 '-이, -에, -으로, -다'가 의존 형식이라는 것을 분명히 알지는 못하더라도, 이들을 앞말과 붙여 써야 한다는 직관은 대부분의 한국어 화자들에게 내재되어 있다.

의존 형식은 대체로 어휘적 의미가 덜 분명하고 주로 문법적 기능을 담당한다는 점에서 공통점을 가진다. 국어에서는 '조사, 어미, 접사(접두사/접미사)'가 의존 형식으로 분류되는데, 이들에 대한 세부적인 지식이 없더라도 학술 문장에서 자주 사용하는 의존 형식들이 무엇이 있는지 정도만 숙지한다면 올바른 띄어쓰기를 하는 데 큰 문제는 없을 것이다.

-보다, -부터, -조차, -같이, -라고, -상, -하다, -되다, -당하다, -시키다

예 기존의 논의들보다 다소 높은 수치의 결과가 도출되었다.
이번 연구에서부터는 위와 같은 방법론을 도입하기로 하였다.
추가 실험에서조차 확인되지 않았다.
이같이 일종의 돌연변이로 판단되는 유형들은 기타 부류로 설정하기로 한다.
그는 자신의 저서에서 "우리의 작품이다."라고 말했다.
기술의 편의상 이후의 장에서 다룬다.
이를 데이터베이스화하여
이와 같이 시뮬레이션된 결과에서는
오히려 숙주에게 이용당한 후에
환경을 오염시키는 주범

위의 예 중 '-같이'는 형용사 '같다'의 활용형에서 기원하였으나 『표준국어대사전』에 조사로 따로 등재되어 있는 의존 형식이므로 앞말과 붙여 써야 한다. 직접 인용을 나타내는 조사 '-라고'는 흔히 큰따옴표와 어울려 사용되는데 그래서인지 '"우리의 작품이다." 라고'와 같이 앞말과 띄어서 적는 오류가 빈번하게 관찰된다. 큰따옴표 뒤에 '-라고'가 올 때는 꼭 앞말과 붙여 적도록 하자.

이들과 달리 '-하다, -되다, -당하다, -시키다'는 앞말과 붙여 써야 하는 경우도 있고 띄어 써야 하는 경우도 있어서 약간의 주의를 요한다. 거칠게 일반화하자면 이들은 '공부를 하다, 가결이 되다, 거절을 당하다, 오염을 시키다'와 같이 앞에 다른 문장 성분이 올 때는 앞말과 띄어 쓰지만, '공부하다, 가결되다, 거절당하다, 오염시키다'와 같이 주로 명사 종류가 올 때는 앞말과 붙여 적는다고 이해해 볼 수 있다. 추가로 학술 문장에서 자주 사용하는 표현은 아니지만, 아래의 '-끼리'와 '-뻘'도 의존 형식이므로 앞말과 붙여 쓰도록 하자.

예 같은 특성을 띠는 전자끼리는
서로 먼 친척뻘인 관계라 할 수 있다.

2. 글쓰기의 실제

우리는 일상을 살아가면서 매일매일 다양한 글을 쓴다. 지인의 안부를 묻기 위해 문자 메시지를 보내거나 학과의 공지사항을 확인한 후 댓글을 달기도 한다. 또한 대학 과제로 쪽글, 비평문, 보고서를 제출하는 등 우리의 삶은 글쓰기와 밀접한 관련을 맺고 있다. 하지만 다수의 학생들이 글쓰기를 번거롭고 복잡한 작업이라고 생각한다. 깊이 생각하지 않고 즉각적인 반응을 글로 쓰는 경우도 종종 있지만, 대학 안에서의 글쓰기는 학업 능력을 평가하는 주요 요소이기 때문에 주제를 선정하고, 개요를 작성하고, 본문을 집필하고, 문맥에 맞게 표현을 수정해야 한다. 이 과정들을 효과적으로 수행하기 위해서는 깊이 있는 사고가 동반되어야 하기 때문에 글쓰기는 부담으로 느껴질 수밖에 없다.

하지만 다양한 글쓰기의 형식을 이해하고 기본적인 작성 방법을 익힌다면 보다 수월하게 글을 완성할 수 있다. 우리 생활과 밀접한 관련을 맺고 있는 글들은 크게 두 종류로 나눌 수 있다. 첫 번째 유형인 '실용적 글쓰기'는 진학이나 취업, 프로젝트 선정과 같은 실제적 필요를 목적으로 하는 자기소개서와 제안서 등을 포함한다. 두 번째 유형인 '학술적 글쓰기'는 대학이라는 학술 공동체 안에서 산출되는 문화 비평문, 시사 칼럼, 실험 보고서, 학술 논문 등을 일컫는다.

완성도 높은 글을 쓰는 방법이 하나로 정해져 있는 것은 아니지만, 상황에 맞는 글을 제대로 쓰기 위해서는 글의 종류에 따른 작성 방법을 개괄적으로라도 알고 있어야 한다. 앞 단원들에서 배운 주제 정하기, 개요 작성하기, 집필하기, 퇴고하기 등의 글쓰기 단계들과 더불어 각 글에서 필수적으로 요구되는 항목들을 숙지하고 있으면 글이 나아갈 방향과 목표 지점을 설정하는 데에 도움이 될 것이다.

2.1. 실용적 글쓰기

학습 목표

1. 자기소개서를 제출해야 하는 기관의 특성을 이해하고, 그 기관에서 원하는 인재상을 고려하여 자기소개서를 작성할 수 있다.
2. 요구되는 조건에 맞춰 구체적인 제안서를 완성할 수 있다.

2.1.1. 자기소개서 쓰기

'자기소개서'는 상급학교 진학, 회사 취업, 단체 가입 등을 위해 상대에게 본인을 상세히 소개하는 글이다. 이 글에는 현재의 내가 만들어지기까지의 역동적인 삶의 이력이 담기는데, 이 과정에서 상대가 찾고 있는 인재상이 바로 자신이라는 것을 잘 설득해야 한다. 이를 효과적으로 수행하기 위해서는 글을 쓰기 전에 이루어지는 자기 '탐색의 과정'과 실제로 글을 쓰는 '집필의 과정', 그리고 자기소개서를 제출하는 맥락과 실제 서술의 연관성을 살피는 '검토의 과정'이 필요하다. 이 과정들을 거치면서 자기의 삶을 주의 깊게 들여다보고 삶의 구심점을 찾아 자신의 긍정적인 성품과 인성을 드러내야 한다.

실용문으로 분류되는 대부분의 '자기소개서'는 자기소개서를 받는 상대가 요구하는 성장 환경, 성격의 장단점, 학력과 경력, 지원 동기, 입학/입사/가입 후의 계획 등의 항목들을 채우는 방식으로 작성해야 한다. 하지만 자기소개서를 잘 쓰기 위해서는 진학이나 취업이라는 목적에 갇히지 말고 자신의 삶을 되돌아보면서 의미를 찾는 성찰의 시간을 갖는 것이 중요하다. 그리고 자신만의 강점을 부각시키고 독자의 흥미를 이끌어내기 위해서는 다채로운 전략을 사용하는 것이 가능하다. 내 이야기의 도입부를 장식하는 태몽이나 이름을 상대가 원하는 인재상과 결부시켜 해석하거나, 오감 묘사를 사용해 인상적인 경험을 구체적으로 서술하거나, 자신의 특징을 직관적으로 보여줄 수 있는 사물을 설정하여 자신을 드러낼 수도 있다. 자기소개서는 요구되는 항목이 유사한 만큼 각 항목을 어떻게 차별화된 방식으로 채울 것인지를 고민하면서 서술해 나가야 한다.

1) 내 인생의 연표 만들기

자기소개서를 제대로 작성하기 위해서는 자신의 삶에 대한 '통시적 탐색'이 필요하다. 학생들이 자기소개서 쓰기를 부담스럽게 느끼는 이유는 어떤 내용을 써야 하는지 잘 판단이 안 서기 때문이다. 이러한 문제를 해결하기 위해서 우선 내 인생의 굵직굵직한 사건들을 모두 정리해 보는 시간을 갖는 것도 좋은 방법이다. 지원하는 곳에서 원하는 인재상이 드러나도록 일명 '나의 일대기'를 연도별로 정리해 보자. 일차적으로는 자신의 기억을 바탕으로 연보를 구성해 보고 필요하다면 부모님이나 친구들의 도움을 받아 빈 부분을 채울 수도 있을 것이다. 그러고 나서 연보에 있는 다양한 사건들 중 나의 성장을 추동한 의미가 있는 경험을 추려서 자기소개서의 맥락에 맞게 재구성해 보자. 이때 자기소개서에 넣을 경험들은 사회적으로 가치가 있다고 여겨지며, 대부분의 사람들이 공감할 수 있는 것이어야 한다.

역사문화재단 지원용 연표 만들기

- 2006년 대한민국 출생
- 2012년 부모님과 함께 박물관 및 유적지 방문 시작
- 2015년 초등학생용 역사 도서 읽기 시작
- 2019년 중학교 입학 후 역사 동아리 활동 참여, 역사 신문 제작
- 2020년 전국 청소년 역사 탐구 대회 참가, 3위 입상
- 2021년 역사 관련 블로그 개설 및 글쓰기 시작
- 2022년 한국사능력검정시험 2급 취득
- 2023년 청소년 역사 논문 경진대회 참가, 장려상 수상
- 2024년 충북대학교 인문대학 사학과 입학
- 2025년 역사·유적 답사 프로그램 다수 참여

2) 나에 대해 객관적으로 분석하기

연표 만들기를 통해 자신의 삶에 대한 시기별 검토가 이루어졌다면 그다음으로 나에 대한 '객관적 분석'을 해봐야 한다. 나의 일대기를 살펴보다 보면 문제적 상황에서 시작된 일이 잘 해결되어 긍정적 결과를 가져오기도 하고, 타인들과 관계를 맺을 때 나만의 특성이 발현되기도 한다. 이러한 모습들을 타인이 나를 관찰할 때의 시선으로 혹은 내가 타인을 관찰할 때의 시선으로 평가해 보는 것이다. 그러면 유사하게 반복되는 사건들 속에서 내 행동과 성격의 장점과 단점을 보다 객관적으로 인식할 수 있다. 또한 장점과 단점이 명확하게 구분되는 것이 아니라 상황에 따라 장점이 단점으로, 단점이 장점으로 전환될 수 있다는 것도 깨닫게 될 것이다. 이처럼 자신에 대한 객관적 분석을 진행한 후 평가자의 시선을 고려하면서 자기소개서에 넣은 경험들의 배치 순서와 비중, 그리고 서술 시각을 결정해야 한다.

아래의 글은 역사문화재단에 지원하기 위한 내 인생의 연표를 정리한 후 그 내용을 가공하여 지원서의 한 부분을 작성한 것이다. 자신의 성격에 대한 객관적인 분석을 진행한 후에 장점과 단점이 서로 연결되어 있음을 인정하고, 이를 보완하기 위한 노력을 지속할 것임을 밝히고 있다.

학생 글 예시

저는 끈기와 몰입력을 바탕으로 목표를 끝까지 완수하는 성격을 가지고 있습니다. 역사에 지속적으로 관심을 가져왔으며, 고등학교 때부터 운영해 온 역사 관련 블로그를 통해 꾸준히 글을 써 왔습니다. 또한 인문학도로서 체력적인 한계를 극복하기 위해 마라톤을 연습하여 풀코스를 완주할 수 있을 정도의 신체적·정신적 지구력을 길러왔습니다. 이러한 성향은 역사문화재단에서 장기적인 프로젝트를 수행하거나 연구와 실무를 병행해야 하는 상황에서 강점으로 작용할 것입니다.
하지만 관심 있는 분야에 깊이 몰입하는 만큼, 상대적으로 흥미가 적은 분야에는 익숙해지는 데 시간이 걸리는 단점이 있습니다. 그러나 저는 새로운 환경에서도 적응력을 키우기 위해 다양한 경험을 쌓고 있으며, 역사 문화 분야와 관련된 실무 역량을 보완하기 위해 꾸준히 학습하고 있습니다. 역사문화재단에서 요구하는 다양한 업무를 수행하며 제 강점을 살리고 단점을 보완해 나가겠습니다.

3) 중요 사건들을 과정 중심으로 정리하기

통시적 점검과 객관적 분석 이후에 필요한 것은 삶 속 경험들을 결과 중심이 아니라 '과정 중심'으로 정리하는 것이다. 학력과 경력 등 필자의 주요 정보들은 자기소개서와 더불어 이미 제공된 것이기에, 이를 둘러싼 맥락을 점진적으로 변화하면서 발전하는 모습과 함께 서술하여 자신의 긍정성을 부각할 수 있다. 여기서 요구되는 것은 사건을 펼쳐서 순차적으로 서술하는 것이 아니라 삶을 창조적으로 종합하고 구성하려는 태도이다. 이것이 효과적으로 구현된다면 평가자에게 사회적 상호작용의 맥락 안에서 자신의 문제 해결능력이 발휘된 상황을 보여줄 수 있다.

4) 발전 방향을 인과 관계에 맞춰 설명하기

자기소개서에서는 자신이 평가자가 원하는 인재상에 부합하는 인물임을 '인과 관계'에 맞춰 논리적으로 설명해야 한다. 과거의 궤적을 설명하는 '성장 환경'이나 '학력/경력' 항목들과 달리 '지원 동기'와 '앞으로의 계획'은 인과성에 기반을 두고 과거와 현재와 미래의 연결고리를 만들어 자신의 역량을 증명해야 하는 부분들이다. 여기서는 도전 의식과 목표 지향성, 그리고 이를 현실로 만들 수 있는 주도적인 면모가 제시되어야 한다. 타당하다는 인상을 주기 위해 상대가 원하는 결과를 가져올 수 있는 신체적 · 정신적 · 정서적 강점 등을 시련을 극복했거나 구성원들의 협력을 이끌어냈던 구체적인 사례 등과 함께 소개할 수 있다.

5) 진정성 있게 표현하기

자기소개서의 내용들이 긍정적으로 평가받기 위해서는 글이 '진정성 있는 표현'으로 채워져야 한다. 자기소개서의 독자는 글을 읽으며 필자의 모습을 구체적으로 상상하고 그의 수용 가능성을 검토한다. 그렇기 때문에 필자는 타인과 변별되는 자신의 개성과 고유성을 성찰하고 그 속에 담긴 의미를 자신만의 언어로 진솔하게 서술해야 한다. 학생들은 자기소개서에서 자신의 장점을 설명할 때 '밝고 긍정적이다', '성실하고 책임감이 강하다', '다정하고 배려심이 많다', '나를 사랑하고 자존감이 높다' 등의 표현을 자주 사용한다. 이러한 표현이 평가자의 마음을 움직이기 위해서는 이를 뒷받침할 만한 흥미롭고 구체적인 경험이 제공되어야 한다. 이때 자기소개서의 세부 항목에 독창적인 소제목을 달거나 적절한 비유를 사용하여 독자의 이목을 집중시킬 수도 있다.

학생 글 예시

어릴 적부터 저는 세상의 원리를 궁금해하며 사물을 유심히 관찰했습니다. 장난감 자동차가 어떻게 움직이는지 궁금해 그것을 분해해 보고 다시 조립하며 원리를 익히는 과정이 놀이처럼 즐거웠습니다. 부모님께서는 이런 저의 호기심을 따뜻하게 지켜봐 주셨고, 실패해도 다시 도전할 수 있도록 격려해 주셨습니다. 유쾌한 누나는 종종 저와 함께 실험에 참가해 창의적인 아이디어를 보태 주었습니다. 덕분에 저는 관찰하고 생각한 것을 직접 구현해 보는 과정에서 큰 즐거움을 느꼈습니다.

이러한 경험은 결국 제 관심을 정밀한 설계와 제작이 중요한 반도체 산업으로 이끌었습니다. 작은 변화도 놓치지 않는 꼼꼼한 관찰력과 문제 해결을 위해 반복적으로 시도하는 저의 끈기는 반도체 공정에서 필수적인 역량이라 생각합니다. 앞으로 세밀한 기술이 집약된 반도체 분야에서 저의 강점을 살려 창의적인 해결책을 제시하는 엔지니어가 되고자 합니다.

• 연습문제 • 다음은 'SK하이닉스(주) 신입사원 전체 모집분야 공통' 질문들을 정리한 것이다. 이 질문들은 이 기업뿐 아니라 다른 기업들의 자기소개서 항목에도 포함되어 있다. 아래의 질문들을 참조하고 자신이 지원하고자 하는 기업의 특성과 그 기업이 원하는 인재상을 고려하여 자기소개서를 작성해 보자.

Q1. 지원하신 직무 분야의 전문성을 키우기 위해 꾸준히 노력한 경험에 대해 서술해 주세요.
Q2. 팀워크를 발휘해 사람들을 연결하고 공동 목표 달성에 기여한 경험에 대해 서술해 주세요.
Q3. 도전적인 목표를 세우고 성취하기 위해 끈질기게 노력한 경험에 대해 서술해 주세요.
Q4. 지원자님은 어떤 사람인가요? 지원자님을 가장 잘 나타낼 수 있는 해시태그(#)를 포함하여, 남들과는 다른 특별한 가치관, 개성, 강점 등을 자유롭게 표현해 주세요.
Q5. 지원 분야 및 직무 역량과 관련된 프로젝트/공모전/논문/연구/학습/활동/경험 등을 작성해 주세요.

2.1.2. 제안서 쓰기

제안서는 특정한 문제를 해결하거나 새로운 기회를 창출하기 위한 아이디어와 실행 계획을 체계적으로 전달하는 글이다. 주로 기업, 공공기관, 정부 등에서 정책 수립, 사업 추진, 프로젝트 기획 등을 목적으로 활용되며, 제안을 받는 이로 하여금 해당 아이디어나 계획을 수용하고 실행하도록 설득하는 것이 핵심 목표다. 따라서 제안서는 단순한 정보 전달이 아닌 논리적 구성과 명확한 근거를 통해 설득력을 갖추는 글이어야 하며, 제안의 필요성과 실행 가능성을 효과적으로 보여주어야 한다.

제안서의 기본 구성 요소에는 제목, 제안 배경, 목표 설정, 실행 계획, 운영 방안, 기대 효과 등이 포함된다. 특히 제안 배경에서는 현재 상황의 시급성과 문제의 핵심을 명확히 진단하고, 왜 이 제안이 필요한지를 설명해야 한다. 실행 계획은 구체적이고 현실적이어야 하며, 실행에 필요한 자원과 예산은 투명하게 제시되어야 한다. 또한 설득력을 높이기 위해 구체적인 데이터, 사례, 비교 분석 등을 활용하고, 제안을 받는 사람의 입장에서 필요성과 효과를 고려한 표현 전략을 사용하는 것이 중요하다. 이러한 요소들이 잘 결합되었을 때 제안서는 실제적인 문제 해결과 새로운 기회 창출의 기반이 될 수 있다.

제목	충북대학교 환경 보호 동아리 'OO OO' 제안서
배경	기후변화와 환경오염의 심각성 충북대학교 내 환경 보호 동아리의 부재
목표	교내 환경 보호 활동 활성화, 지역 사회 연계 활동, 타 대학과의 협력, 지속 가능한 실천 문화 조성
실행 계획	• 교내 활동: 플로깅 캠페인, 제로웨이스트 프로젝트, 환경 세미나 및 특강 개최, 업사이클링 워크숍 진행 • 지역사회 연계 활동: 청주시 환경 보호 단체와 협력, 초중고 환경 교육봉사 • 타 대학과의 연합 활동: 충청권 대학 환경 네트워크 구축, 전국 대학 환경 연합 프로젝트 참여
운영 방안	회원 모집 및 운영, 예산 계획, 활동 홍보
기대 효과	교내 친환경 문화 조성, 지역 사회 기여, 전국적인 환경 네트워크 구축
참고 문헌	환경 보호 활동 관련 도서, 학생 자치 활동 관련 도서

• 연습문제 • 충북대학교 교양교육본부에 '문학으로 배우는 심리학'과 'SF영화와 물리학'처럼 융복합적 성격을 지닌 교양과목 개발을 제안하려고 한다. 개설을 원하는 과목을 정한 후 개설 학과, 바라는 교수상, 수업방식, 학습목표, 기대효과, 전반적인 강의의 흐름 등을 적어 제안서를 완성해 보자.

2.2. 학술적 글쓰기

학습 목표

1. 문화 콘텐츠의 사회·역사적 맥락을 이해하고 텍스트 분석을 통해 새로운 시각을 제시할 수 있다.
2. 시의성 있는 칼럼의 주제를 찾아 논리적으로 분석하고 독자의 공감을 이끌 수 있는 해결 방안을 모색할 수 있다.
3. 데이터를 분석한 후 실험 결과를 정리하여 실험 보고서를 완성할 수 있다.
4. 학술 논문을 작성하면서 논제 선정 방법, 논증 방법, 논문의 기본적인 형식 등을 배울 수 있다.

2.2.1. 문화 비평문 쓰기

'문화 비평문'은 문학 · 예술 · 대중문화 · 사회 현상 등을 특정 관점과 논리에 따라 해석하는 글이다. 감정 중심의 감상문과 달리, 문화 비평문은 사회적 맥락과 분석적 근거를 바탕으로 대상의 의미와 영향을 체계적으로 탐구한다. 이 글은 문화 현상의 사회적 맥락을 탐구하며, 독자에게 새로운 시각을 제공하고 문화적 담론 형성에 기여하는 데 목적이 있다. 이를 위해 글을 쓰기 전 비평의 관점을 명확히 설정하고, 대상의 배경과 의미, 사회적 영향력을 충분히 탐색하는 과정이 중요하다.

문화 비평문은 논리적 구성을 갖추되, 독자의 흥미를 끌기 위해 다양한 표현 전략을 사용할 수 있다. 문화 비평문을 작성할 때는 대상의 특징을 설명하고, 자신의 주장에 대한 근거를 바탕으로 설득력 있게 전개하며, 유사한 사례와의 비교, 시대적 배경 소개, 개인적 경험 활용 등을 통해 글의 깊이와 공감도를 높일 수 있다. 핵심은 비평 대상에 대한 깊은 이해를 바탕으로 균형 잡힌 분석을 수행하여 독자에게 비판적이고 창의적인 시각을 제시하는 것이다.

1) 분석 대상을 정하고 관점을 설정하기

문화 비평의 첫걸음은 '어떤 대상'을 '어떤 관점'으로 바라볼 것인가를 정하는 일이다. 드라마, 영화, 소설, 전시, 유튜브 콘텐츠, 소셜 미디어 문화, 패션 트렌드 등 일상의 다양한 요소들이 문화적 대상이 될 수 있으며, 이를 해석하는 관점 또한 다양하다. 생태 비평, 정신분석, 젠더 이론, 미디어 이론, 포스트식민주의, 신자유주의 비판 등 비평의 관점은 글의 문제의식을 형성하는 핵심이다. 이때 관점은 단순히 선택하는 것이 아니라, 대상을 세심히 관찰하고 사회적 의미를 추출하는 탐색 속에서 형성되어야 한다.

2) 대상의 맥락과 문화적 코드 읽기

선정한 대상을 분석하기 위해서는 그 대상을 둘러싼 시대적 · 사회적 · 매체적 맥락을 이해하는 것이 중요하다. 분석 대상은 '언제, 어디서, 어떤 조건에서 만들어졌는가?', '누구를 대상으로 했는가?', '어떤 형식과 표현 방식이 사용되었는가?', '대상 속에 등장하는 상징과 코드들은 무엇이며, 그것이 사회적으로 어떤 의미를 가지는가?' 이러한 질문들을 통해 문화적 대상의 의미 지형도를 그릴 수 있다. 이때 단지 설명에 머물지 않고, 문화적 코드가 어떻게 이념적 메시지를 전달하는지를 비판적으로 분석해야 한다.

3) 문화적 문제의식 구성하기

문화 비평문은 단순한 감상문과 달리 사회적 문제의식을 핵심으로 삼아야 한다. 즉, 대상 분석을 통해 드러나는 특정한 문화적 · 정치적 · 윤리적 문제가 무엇인가를 명확히 해야 한다. 예를 들어 특정 광고에 내재된 젠더 편향, 드라마에서 재현되는 계급적 환상, 환경을 테마로 한 예술 작품 속에서 드러나는 물질성과 생태의 이중성 등 구체적이고 비판적인 질문을 제기해야 한다. 이 과정은 필자가 단지 해석자가 아니라 비판적 독자로서의 주체성을 확보하는 계기가 된다.

4) 인용과 사례를 통해 논증 구성하기

자신의 해석과 비판이 설득력을 가지기 위해서는 구체적인 사례 제시와 신뢰 가능한 이론적 근거가 필요하다. 문화 비평문에서는 텍스트나 콘텐츠의 장면이나 구절, 이미지 등을 구체적으로 인용하고, 이를 해석적으로 분석해야 한다. 또한 자신의 관점을 뒷받침하기 위해 이론가의 주장이나 기존 연구를 인용하되, 단순 인용이 아니라 자신의 논지를 심화하거나 변형하는 방식으로 활용해야 한다. 논증은 문제의식 → 분석 → 비판 → 대안의 순서로 구성되며, 각 부분이 논리적으로 긴밀하게 연결되어야 한다.

5) 문화 비평문의 형식과 글쓰기 전략

문화 비평문은 기본적으로 서론–본론–결론의 구조를 따르되, 창의적인 구성도 가능하다. 글의 서두에서 문제를 제기하거나 흥미로운 장면을 인용하며 독자의 관심을 끌 수 있고, 본론에서는 대상 분석과 사회적 맥락 탐색, 비판적 해석이 복합적으로 이루어져야 한다. 결론에서는 비평적 성찰을 요약하고, 글에서 다룬 문화적 현상이 우리 사회에 주는 의미나 향후 가능성을 제시할 수 있다. 다양한 글쓰기 전략도 동원 가능하다. 예컨대 대조적 사례 제시, 은유적 표현 혹은 질문 형식의 도입, 개념어 비틀기, 개인적 경험 녹이기 등은 문화 비평문을 논리적이면서도 감각적인 글로 만들 수 있는 도구가 된다.

아래의 글은 영화 <뷰티풀 마인드> 속 '수학자'의 형상을 비판적으로 분석한 글이다. 실존 인물 존 내쉬를 모델로 한 영화의 서사 구조를 살펴보며, '고립된 천재'라는 대중적 이미지가 어떻게 구성되고 강화되는지를 설명하고 있다. 특히 수학이라는 학문이 직관과 고통, 신비성의 영역으로 환원되는 방식에 주목하며, 실제 연구 현실과의 괴리를 지적하고 있다. 글쓴이는 영화를 단순한 감동의 서사로 소비하지 않고, 학문과 천재성의 관계에 대한 비판적 독해를 시도함으로써 대중문화에 대한 인문학적 성찰을 보여주고 있다.

학생 글 예시

왜곡된 천재의 초상: 영화 <뷰티풀 마인드> 속 '수학자'의 형상

영화 속 '수학'은 종종 초월적 지능과 연결되며, 사회와 단절된 천재의 고뇌를 강조하는 방식으로 묘사된다. <뷰티풀 마인드>는 이러한 서사의 전형적 예로 실존 인물 존 내쉬의 천재성과 사회적 고립, 심리적 고통, 극복의 서사를 결합해 보여준다. 하지만 이 영화는 '천재 수학자'라는 신화를 강화하는 동시에, 수학이라는 학문 본연의 모습과는 거리를 둔다.

영화는 내쉬를 사회 질서에 잘 적응하지 못하는 인물로 그린다. 그는 인간관계에 서툴고, 타인과의 교류보다는 수학적 사고에 몰두하는 인물로 등장한다. 이러한 묘사는 그의 업적이 협업의 결과가 아닌 개인의 고유한 천재성에서 비롯된 것처럼 보이게 하며, '천재는 고립된 존재'라는 낭만적 이미지로 이어진다. 또한 영화는 수학적 사고를 직관과 영감의 순간으로 연출한다. 내쉬가 바에서 '내쉬 균형'을 깨닫는 장면은 수학이 논리적 추론보다 신비한 영감에서 비롯되는 것처럼 보이게 만든다. 이는 수학을 신비화하며 실제 수학 연구의 협업과 검토, 시행착오의 과정을 흐리게 한다.

아울러 내쉬의 조현병은 그의 천재성과 긴밀히 연결된다. 영화는 비범한 두뇌가 '비정상적' 정신 상태와 맞닿아 있다는 서사를 강조하며, 천재성을 개인적 고통과 결합된 극적 이미지로 재현한다. 이는 수학자의 삶을 감정적으로 포장하지만, 실제 학문 연구의 공동체적 현실과는 다르다.

결론적으로 <뷰티풀 마인드>는 수학자를 사회적으로 고립된 천재로 형상화하며 직관과 고통을 강조하는 방식으로 수학을 신비화한다. 이는 대중의 수학 이해에 영향을 미치고, 학문 연구의 협력성과 현실을 간과하게 만든다. 따라서 이 영화를 볼 때는 천재성의 신화를 비판적으로 바라보는 시각이 요구된다.

• 연습문제 • 아래의 글을 읽고 '재난 유토피아'를 방법론으로 하여 조원들이 함께 문화 비평문을 쓰려고 한다. 기후/생태재난이 진행되는 가운데 일시적이나마 '유토피아'가 만들어지는 모습이 담긴 콘텐츠들을 각자 고르고, 그중 가장 분석하기 좋은 작품을 선정한 후 조원들과 상의하여 문화 비평문의 목차를 작성해 보자.

재난 유토피아(Disaster Utopia)

레베카 솔닛(Rebecca Solnit)은 『이 폐허를 응시하라(A Paradise Built in Hell)』에서 재난이 단순히 비극적이고 파괴적인 사건이 아니라, 인간의 본성과 공동체적 유대를 새롭게 드러내는 계기가 될 수 있음을 주장한다. 그녀는 역사적으로 발생한 대형 재난 속에서 사람들이 보여준 연대, 협력, 이타심을 분석하며, 이를 '재난 유토피아'(Disaster Utopia)라는 개념으로 설명한다.

재난 유토피아는 재난 발생 이후 일시적으로 형성되는 공동체적 연대와 협력의 공간을 의미한다. 이는 기존 사회의 위계와 규범이 무너지고, 사람들이 자발적으로 서로 돕고 공유하며 새로운 사회적 관계를 형성하는 순간을 포착한다. 즉, 재난이 가져온 고통과 슬픔 속에서도 사람들은 서로를 돌보고 협력하는 과정에서 기쁨과 희망을 발견하게 된다.

솔닛은 이러한 현상을 단순한 낙관론이 아니라, 인간 본성에 대한 깊은 이해를 바탕으로 설명한다. 일반적으로 재난이 발생하면 사람들이 공포와 혼란 속에서 이기적으로 변할 것이라고 생각하지만, 그녀는 오히려 재난이 공감과 연대를 강화하는 계기가 된다고 본다. 1906년 샌프란시스코 지진, 9·11 테러, 허리케인 카트리나 등 다양한 재난 사례를 분석하면서, 재난 이후 형성된 공동체적 연대가 사회 변화의 가능성을 제시한다고 주장한다.

레베카 솔닛의 '재난 유토피아' 개념은 재난 속에서 인간이 어떻게 협력하고, 연대하며, 새로운 가능성을 발견하는지를 조명한다. 이는 단순한 낙관론이 아니라, 현실 속에서 우리가 공동체로서 어떻게 살아갈 것인가에 대해 중요한 질문을 던지는 개념이다. 재난은 비극적이지만, 그 속에서도 공감과 협력, 세계에 대한 사랑을 실천할 수 있는 순간들이 존재하며, 이는 우리가 보다 나은 사회를 만들기 위한 단서가 될 수 있다.

2.2.2. 시사 칼럼 쓰기

시사 칼럼은 사회적으로 주목받는 사건이나 이슈를 중심으로 글쓴이의 관점을 논리적으로 제시하고 독자와의 공감대를 형성하는 글쓰기 방식이다. 이는 단순한 의견 나열이 아니라 현실의 문제를 비판적으로 바라보며, 정의 · 평등 · 자유와 같은 공적 가치를 기준으로 문제의 본질을 짚고 대안을 제시하는 데 초점을 둔다. 시사 칼럼은 독자에게 사회적 질문을 던지고 사고를 유도하기 때문에, 글쓴이의 명확한 입장과 설득력 있는 논리가 필수적이다. 이를 통해 독자는 단편적인 정보나 감정에 휘둘리지 않고 사회 현상을 깊이 있게 이해하고 비판적으로 사고할 수 있게 된다.

시사 칼럼을 효과적으로 작성하기 위해서는 다음의 세 가지 단계를 순차적으로 따르는 것이 바람직하다. 첫째, 현재 우리 사회에서 가장 중요한 문제를 묻고 이를 중심 주제로 삼는다. 정치적 갈등, 젠더 문제, 기후 위기, 노동 이슈 등 시의성 있는 주제를 선택하는 것이 좋다. 둘째, 주제를 둘러싼 배경과 주요 쟁점을 정리하며 문제의 맥락을 간결하게 설명한다. 이를 통해 독자는 글의 전개를 이해하고 공감할 수 있는 기반을 마련하게 된다. 셋째, 글쓴이의 문제의식을 분명히 드러내고, 구체적인 사례와 이론적 근거를 바탕으로 주장을 논증한다. 반론에 대한 대응을 포함하면 설득력이 높아지고, 결론에서는 주장한 내용을 다시 강조하며 독자에게 메시지를 남기는 것이 효과적이다.

아래의 두 글은 모두 최근 사회적으로 관심을 받고 있는 '촉법소년 문제'를 주제로 하고 있다. 첫 번째 글은 촉법소년의 범죄에 대해 처벌 강화와 법제도 개혁의 필요성을 강조하며, 강력한 대응이 사회 안전을 위해 필수적이라는 입장을 취한다. 반면 두 번째 글은 촉법소년 문제를 구조적이고 발달심리적인 관점에서 바라보며, 처벌보다는 회복적 접근과 예방 중심의 대책이 더 효과적이라는 대안을 제시하고 있다. 두 글은 동일한 문제를 다루지만, 각각 다른 해결 방향과 논거를 통해 독자가 주제를 다각도로 성찰할 수 있도록 돕는다. 이처럼 상반된 시각을 비교하며 읽는 것은 글쓰기에서 논리적 구성뿐 아니라 사회적 문제에 대한 비판적 사고력을 기르는 데도 유익하다.

학생 글 예시

촉법소년 문제, 언제까지 방치할 것인가?

최근 한국 사회에서 촉법소년(형사 미성년자, 만 14세 미만)의 범죄 증가가 심각한 문제로 떠오르고 있다. 강력범죄의 연령대가 낮아지고 있지만, 이들을 실질적으로 처벌할 수 없는 법적 한계가 존재한다. 이에 대한 사회적 공분이 커지고 있지만, 근본적인 해결책은 여전히 미비하다. 그렇다면 이 문제의 해결 방안은 무엇일까?

첫째, 촉법소년 연령 조정과 처벌 강화가 필요하다. 강력범죄를 저지른 경우에는 일정한 기준을 마련해 법적 책임을 지도록 해야 한다. 범죄 유형과 동기를 고려한 단계적 처벌 시스템을 도입하고, 재범률이 높은 촉법소년에 대해서는 보다 강력한 보호처분을 내리는 방안을 검토해야 한다.

둘째, 소년범을 위한 재활 및 교육 프로그램 강화가 필요하다. 단순한 격리가 아니라 실질적인 교화 교육을 받을 수 있도록 소년원 및 보호처분 시스템을 개혁해야 한다. 심리 상담, 직업 교육, 사회 적응 프로그램을 체계적으로 운영해 재범을 방지해야 한다.

셋째, 가정과 지역 사회의 역할 강화가 필수적이다. 학교와 지역사회가 협력해 위기 범죄에 취약한 구조 속에 놓인 아동과 청소년을 조기에 발견하고 보호하는 시스템을 마련해야 한다. 이를 위해 전문 상담 및 복지 서비스를 확대할 필요가 있다.

이 문제에서 가장 중요한 것은 사회적 공감대를 바탕으로 해결책을 마련하는 것이다. 촉법소년 문제는 단순한 형사 처벌의 문제가 아니다. 법과 제도의 개혁, 교육 및 복지 시스템 정비, 사회적 인식 변화가 함께 이루어져야 해결될 수 있는 복합적 문제다. 균형 잡힌 해결책을 모색하지 않는다면 촉법소년 범죄는 더욱 증가할 것이며, 이는 사회 전체의 안전을 위협할 것이다. 이제는 법과 사회가 함께 실질적인 변화를 이끌어야 할 때다.

촉법소년 문제, 처벌 강화보다 회복적 접근이 필요하다.

최근 촉법소년의 범죄 증가에 대한 우려가 커지면서 이들에 대한 처벌 강화와 형사책임 연령 하향을 주장하는 목소리가 높아지고 있다. 하지만 촉법소년 문제를 단순히 '처벌의 문제'로만 바라보는 접근은 자칫 더 큰 사회적 문제를 초래할 수 있다. 우리는 과연 아이들에게 법적 처벌을 우선시하는 것이 옳은 일인지, 다시 생각해 볼 필요가 있다.

첫째, 처벌 강화는 문제의 근본 원인을 해결하지 못한다. 대부분의 촉법소년은 열악한 가정환경, 학대, 빈곤, 방임 등 복합적인 사회적 요인에 노출되어 있다. 이들이 범죄에 이르게 되는 과정에는 구조적인 결핍과 사회적 무관심이 자리 잡고 있다. 법적 연령을 낮춘다고 해서 이들의 삶이 바뀌지는 않는다. 오히려 낙인과 배제로 인해 더 깊은 범죄의 고리에 빠질 가능성이 크다.

둘째, 청소년기는 가치관과 자아가 형성되는 시기다. 회복 가능성이 높은 시기임에도 불구하고 성인과 동일한 처벌을 적용하는 것은 인간 발달에 대한 이해를 무시하는 처사다. 미국과 유럽을 포함한 여러 나라에서는 회복을 추구하는 방향으로 청소년 범죄에 접근하고 있으며, 이는 피해자와 가해자 모두의 치유를 목적으로 한다. 장기적으로는 이 같은 접근이 재범률을 낮추는 데 훨씬 효과적이다.

셋째, 처벌보다 중요한 것은 예방이다. 청소년 범죄를 막기 위해서는 조기 개입과 지원 체계 구축이 우선돼야 한다. 학교, 지역사회, 복지기관이 연계해 위기 청소년을 조기에 발견하고, 상담과 돌봄을 제공해야 한다. 또한 학교폭력, 사이버 범죄 등 새로운 유형의 청소년 문제에 대응할 수 있도록 교육 현장의 역량도 강화돼야 한다.

결국 촉법소년 문제는 사회의 책임이자 미래 세대에 대한 투자와도 같다. 일시적인 분노에 기반한 처벌 강화가 아닌, 치유와 회복의 가능성을 열어두는 방향으로 나아가야 한다. 사회가 이들에게 내미는 손길이 단죄가 아닌 돌봄이 될 때, 비로소 범죄는 줄어들고 건강한 사회로 나아갈 수 있을 것이다. 지금 우리에게 필요한 것은 촉법소년에 대한 단호한 처벌이 아니라, 더 넓은 이해와 포용의 시선이다.

• 연습문제 • 맨 아래 제시된 기사를 검색해서 읽고 문제의식을 확장하여 시사 칼럼을 작성하고자 할 때 떠올릴 수 있는 주제는 '기후재난', '노동자 안전', '실업 급여', '플랫폼 노동', '국가의 역할' 등이다. 이러한 키워드들을 넣어 후속 보도가 가능한 시사 칼럼의 제목을 지어보고, 시사 칼럼도 한 편 작성해 보자.

자료 읽기

기후재난 시대의 배달노동과 '기후실업급여' 논의

눈보라와 폭우 속에서도 배달노동자들은 오토바이를 타고 도로 위를 달립니다. 생계를 위해 위험을 감수할 수밖에 없기 때문입니다. 이들은 일한 만큼 수수료를 받는 구조 속에서, 날씨가 아무리 악화되어도 작업을 중단하기 어렵습니다. 법적으로 근로자로 인정받지 못하는 경우가 많기 때문에 안전장치도 부재한 상황입니다.

배달기사들은 기상 악화 시에도 쉼 없이 일해야 하는 현실을 증언합니다. 눈 오는 날 넘어져 큰 부상을 입고도 깁스를 한 채 다시 일에 나선 사람도 있으며, 폭우 속에서 오토바이를 몰다 생명의 위협을 느낀 기사도 있습니다.

이들은 극한 기후 상황 속에서도 일을 그만두지 못하는 이유로 수익 감소와 물량 누적의 압박을 꼽습니다. 실제로 설문조사에 따르면, 이동 노동자의 96.1%가 기습적인 호우에 위협을 느끼고 있으며, 85.1%가 폭염으로 건강 이상을 겪었다고 답했습니다.

이러한 문제의 대안으로 '기후실업급여'가 제안되고 있습니다. 이는 폭우나 폭염 등 기상 악화로 인해 일을 하지 못할 때, 이를 일시적 실업 상태로 간주해 통상 수입의 70%를 지원하자는 취지입니다. 배달노동자들도 고용보험료를 납부하고 있지만, 현행 제도에서는 실질적인 혜택을 받기 어렵습니다.

라이더 유니온 등 노동 단체는 기후실업급여 제도의 도입을 촉구하고 있으나, 정부와 국회 차원의 논의는 아직 미흡한 상황입니다. 전문가들은 기후 취약 계층에 대한 제도적 보호가 필요하다고 강조하며, '안전한 노동 환경'은 사회 전체의 안정성과도 직결된다고 지적합니다. 그래서 경기도는 전국 최초로 기후 보험 도입을 준비 중이며, 이는 지방정부 차원의 새로운 시도로 주목받고 있습니다.

▶ 관련 기사 보기

홍승주, 「누가 비 올 때 배달하래? 기후실업급여 비웃는 사람들」, 『더스쿠프』, 2024.

2.2.3. 실험 보고서 쓰기

실험 보고서는 특정 가설을 검증하거나 현상을 탐구하기 위해 수행한 실험 과정을 체계적으로 정리하고, 그 결과를 분석하고 해석하여 결론을 도출하는 글이다. 단순한 결과 나열이 아니라 과학적 사고에 기반한 문제 해결 과정을 문서로 재구성하는 작업으로, 실험 수행자의 논리적 사고력과 분석 능력, 표현력을 종합적으로 보여주어야 한다. 효과적인 보고서 작성을 위해서는 실험 목적과 가설을 명확히 설정하고, 실험 설계의 타당성을 검토하는 준비 과정이 중요하며, 실험 과정 중에는 관찰과 기록을 철저히 수행해야 한다.

보고서는 일반적으로 실험 목적, 방법, 결과, 분석, 결론의 순서로 구성되며, 모든 주장과 해석은 실험 결과에 기반을 두어야 한다. 실험 보고서는 과학적 형식을 따르되, 독자가 실험의 의미와 중요성을 쉽게 이해할 수 있도록 명확하고 간결한 문장을 사용하는 것이 바람직하다. 도표, 그래프, 사진 등 시각 자료를 적절히 활용하면 정보 전달력이 향상되며, 실험 결과의 사회적 의미나 응용 가능성을 제시하는 것도 효과적인 글쓰기에 도움이 된다.

1) 실험 보고서의 형식과 글쓰기 전략

실험 보고서는 보통 서론-방법-결과-분석-결론의 형식을 따르며, 각 항목 간의 연결이 논리적이고 일관되게 구성되어야 한다. 서론에서는 실험 배경과 목적을 간결히 제시하고, 본론에서는 실험 방법과 결과를 정확하게 기술한 뒤, 분석과 해석을 통해 논리적인 결론에 도달해야 한다. 명확하고 객관적인 문장 구성이 중요하며, 모호한 표현이나 불필요한 감상은 피해야 한다. 그래프나 표를 활용하여 자료를 제시하는 경우, 각 자료에 대한 설명을 간단히 덧붙이는 것이 바람직하다. 또한 실험의 맥락과 사회적 의미를 고려하여 결론을 확장할 수 있다면, 과학적 글쓰기를 넘어서 비판적 사고력도 함께 보여줄 수 있다.

실험보고서 작성 순서

1. Subject: 실험 제목
2. Object:실험 목적
3. Introduction: 실험을 이해하기 위한 기초 배경 지식
4. Materials: 실험에 필요한 도구 및 재료
5. Methods: 실험 방법

6. Results: 실험 결과 및 사진. 실험 목적을 고려한 결과 해석

7. Discussion: 고찰할 내용. 실험에 대한 의문점과 해답, 결과 오류에 대한 분석, 실험에 관한 심화된 문헌 조사내용 등

8. Reference: 참고문헌

※ 참고문헌 표기법

1) 책: [저자명, 책제목, 출판사, 출판 연도, 페이지]

2) 학위논문: [저자명, 논문제목, 수여학교, 학과, 수여 연도, 페이지]

3) 정기간행물 속 논문: [저자명, 논문제목, 논문이 게재된 책 이름, 권(호), 출판사, 출판연도, 페이지]

4) 인터넷 자료: [사이트명, 검색어, 참고 날짜]

학생 글 예시

Ⅰ. Subject 동·식물 세포의 관찰

Ⅱ. Object 식물세포와 동물세포의 광학현미경적 관찰방법을 익히고, 동·식물간의 상호 차이점을 관찰한다.

Ⅲ. Introduction.

1. 세포의 정의와 구성

1-1 세포의 정의

- 생명체를 이루는 기능적 · 구조적 기본 단위
- 생명활동이 일어나는 가장 작은 단위이다.

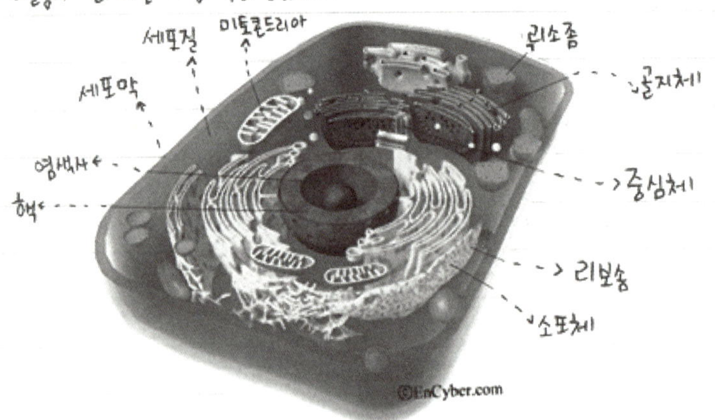

\- 세포의 구성 -

1-2 세포의 구성

1). 핵 : 세포의 활동에 있어 중심적인 역할을 한다. 일반적으로 세포에 1개의 핵이 존재 한다. DNA복제나 RNA전사같은 활동을 한다.

2). 인 : 세포핵 속에서 RNA와 단백질을 가지고 있는 것이다. 거의 모든 세포에 있다. 보통 염색체가 나타날때 사라지고, 염색체가 사라지면 나타난다.

3) 핵공 : 핵과 세포질 사이의 이동통로이다. 인지질 이중막으로 구성되는 핵막의 내막과 외막이 붙어서 생기는 작은 구멍이다. 합성활동이 활발한 핵일수록 핵공의 밀도가 높다.

4) 미토콘드리아 : 세포호흡에 관여하는 세포소기관이다. 따라서 호흡이 활발한 세포일수록 많다. 세포 소기관중에서도 몇 안되는 이중막구조이며 세포와는 별개로 독자적인 DNA와 리보솜을 가지고 있다. 이는 세포공생설의 증거이다.

* <실험보고서 작성 순서>는 충북대학교 사범대학 생물교육과에서 제공받았고, <실험보고서 학생 글 예시>는 생물교육과 2018학번 이진환 학우에게 제공받았음.

2) 실험의 주제와 목적 설정하기

실험 보고서의 첫 단계는 '무엇을 왜 실험하는가'를 명확히 정하는 것이다. 실험 주제는 과학적 호기심에서 출발하여 현실 문제와의 연관성까지 아우를 수 있어야 하며, 실험을 통해 확인하고자 하는 구체적인 가설 또는 탐구 문제를 제시해야 한다. 이때 실험의 배경이 되는 이론이나 기존 연구를 간단히 소개함으로써 실험의 타당성과 필요성을 설득력 있게 전달할 수 있다.

3) 실험 설계와 방법 서술하기

실험방법 부분에서는 실험의 전체적인 설계와 구체적인 진행 과정을 정확하게 서술해야 한다. 사용한 재료와 도구, 변인(독립변인, 종속변인, 통제변인), 절차와 순서 등을 구체적으로 기록하되, 다른 사람도 동일한 실험을 재현할 수 있을 정도로 명확하게 작성하는 것이 중요하다. 실험 중 특별히 주의해야 할 점이나 예상 가능한 변수들도 함께 언급해야 한다.

4) 관찰 결과의 기록과 정리

실험을 통해 관찰한 결과는 가능한 한 '숫자'로 기록하고, 필요한 경우 표나 그래프를 활용하여 시각적으로 정리한다. 실험 결과가 예상과 다르게 나왔거나 오차가 발생한 경우, 그 사실도 숨기지 말고 명확하게 기술해야 한다. 실험 결과는 단순한 나열이 아니라, 분석을 위한 기초 자료로써 체계적으로 정리되어야 한다.

5) 결과 분석과 해석하기

관찰된 데이터를 바탕으로 실험 결과를 가설과 비교하여 분석하고, 그 원인을 과학적으로 해석한다. 예상과 일치하거나 차이가 난 부분에 대해 구체적인 이유를 제시하고, 실험 과정에서 발생할 수 있는 오차 요인이나 변수의 영향도 함께 고려해야 한다. 이때 관련 이론이나 선행 연구를 인용하면 해석의 깊이를 더할 수 있다.

6) 결론 도출과 의의 제시하기

실험의 마지막 단계에서는 분석 내용을 바탕으로 실험의 결론을 명확히 정리한다. 결론은 가설의 채택 여부를 중심으로 하되, 실험을 통해 새롭게 알게 된 사실이나 실생활과의 연결 가능성도 함께 서술하면 좋다. 더불어 실험의 한계와 보완 방향, 후속 실험의 가능성 등에 대한 언급은 실험의 학문적 확장성을 보여주는 요소가 된다.

• 연습문제 • 실험 보고서는 형식이 정해져 있는 글이긴 하지만 처음 쓰는 학생들에게는 어렵게 느껴질 수 있다. 이럴 때는 전문가가 작성한 예시를 참고하여 연습을 하는 것도 좋은 방법이다. 본인 학과의 교수님이 최근에 작성한 실험 보고서를 찾아보고, 그 형식을 따라 현재 진행 중인 실험의 보고서를 작성해 보자.

2.2.4. 학술 논문 쓰기

학술 논문은 특정한 연구 문제를 중심으로 한 탐구 과정을 체계적으로 서술하고, 그 결과를 논리적으로 분석하여 새로운 지식이나 해석을 제시하는 글이다. 단순한 정보 전달이 아니라 비판적 사고와 이론적 이해, 자료 기반의 논증을 통해 독자와 학문적으로 소통하는 글쓰기 방식이다. 따라서 논문을 작성하기 위해서는 먼저 연구 주제와 문제의식을 명확히 설정하고, 선행연구를 충분히 검토하여 자신의 연구가 어떤 학문적 공백을 채우는지 파악하는 과정이 중요하다.

논문은 일반적으로 연구 목적과 질문, 이론적 배경, 연구 방법, 분석 및 논의, 결론의 순서로 구성되며, 모든 주장은 근거 자료와 논리적 추론에 기초해야 한다. 학술 논문은 엄격한 형식을 따르되, 독자가 내용을 쉽게 이해할 수 있도록 정확하고 간결한 문장을 사용하고 타인의 글을 체계적으로 인용해야 한다. 또한 적절한 시각 자료를 활용하는 것도 가능하다. 결론에서는 연구의 학술적 의의나 사회적 가치 등을 제시하여 글의 설득력을 높이는 것이 바람직하다.

1) 학술 논문의 형식과 글쓰기 전략

학술 논문은 일반적으로 서론-이론 검토-방법론-분석-결론의 형식을 따르며, 각 항목 간의 논리적 연결성과 일관성이 중요하다. 객관적이고 명확한 문장, 정확한 인용과 참고문헌 제시, 표나 도식의 활용, 학술적 어휘의 선택 등은 논문의 신뢰성과 가독성을 높인다. 모든 논리는 자료와 이론에 근거해야 하며, 감정적 언어나 주관적 판단은 지양해야 한다. 더불어 결론에서는 연구의 학술적 의의나 사회적 함의를 제시하여, 학문과 현실을 연결하는 통찰력을 드러낼 수 있다.

아래의 글은 정충권의 논문 「<흥부전>에 나타난 분가(分家)와 우애(友愛) 문제」를 압축적으로 제시하여, 학술 논문에서 '논문 개요'가 어떤 방식으로 구성되는지를 보여주는 사례이다. 글쓴이는 <흥부전>에 나타난 형제간 우애 문제를 단순한 윤리적 주제가 아니라, 분가와 장자 중심 사회구조 등 당대의 사회경제적 맥락 속에서 재해석하고 있다. 다음 요약은 연구 주제의 의의, 선행 연구 검토, 분석 관점의 설정, 본문의 논점 개괄, 결론의 방향까지를 간결하고 체계적으로 담고 있어, 학술적 글쓰기를 처음 접하는 학생들에게 논문 개요의 구조와 기능을 이해하는 데 도움이 된다.

✚ 정충권, 「<흥부전>에 나타난 분가(分家)와 우애(友愛) 문제」, 『고소설연구』 40, 한국고소설학회, 2015, 111-140면.

그간 <흥부전>에 대해, 소박한 차원에서는 그 표면적 주제로서의 우애 문제에 관심이 주어지기도 했으나 그보다는 농민층의 분해와 관련한 사회경제사적 해석에 더 비중이 두어져 왔다. 그러다 보니 형제관계로 인한 갈등 자체는 그리 주목이 가해지지 않았었다. 이 글에서는 경제 문제와 맞물린 형제관계가 <흥부전>의 주요 설정이라 보고 당대적 시각에서 <흥부전>의 우애 문제를 재검토해 보고자 하였다. <흥부전>의 사건은 당시 향촌사회 하층 농가의 분가가 그 배경이었다. 놀부가 동생의 생계를 전혀 고려하지 않은 채 분가를 명분으로 하여 거의 내쫓다시피 한 데서 문제적 상황이 발생한 것이다. 더구나 놀부는 장자 우대 관습을 내세워 자신의 행위에 대해 정당성을 주장하기까지 하였다. 재물 앞에서 우애의 윤리가 더 이상 절대적 가치를 지니지 못하고 있는 현실을 반영하고 있는 것이다. 이에, 차자이자 약자의 입장에서는 한편으로는 우애의 윤리를 내면화하여 자기억제 기제로 삼을 수밖에 없기도 했으나, 다른 한편으로는 오히려 그러한 윤리를 그 나름대로 전유(專有)함으로써 장자이자 기득권자에게 대항하는 근거로 삼기도 하였다. 여기에는 오륜의 대중화, 저변화 현상이 관계된다. <흥부전>의 결말에서는 몰락한 놀부와, 부자가 된 흥부라는 새로운 관계를 설정하여 다시 우애 윤리를 문제 삼고 있다. 놀부가 패망하는 데서 끝나는 이본들의 경우 장자로서의 책무를 다하지 못한 자에 대한 차자의 외면을 통해 역설적으로 우애 윤리를 내세웠다면, 흥부가 적극적으로 나서서 놀부를 포용하기까지 하는 이본들의 경우 기존 윤리에 기대어 현실 문제를 해결할 수 있다고 본 이들의 당위적 전망이 내포된다 하겠다. 현실 문제의 윤리적 해결 가능성과 그 한계에 대해, 당대에도 여러 담론의 형태로 논란을 벌이고 있었음을 알 수 있다. <흥부전>도 그중 하나였던 것이다.

2) 연구 주제와 문제의식 설정하기

학술 논문은 '무엇을 왜 연구하는가?'라는 질문에서 출발한다. 연구 주제는 개인적 흥미에 기반하면서도 학문적 공백이나 사회적 쟁점을 포착해야 하며, 그 중요성과 필요성을 문헌 검토와 함께 제시해야 한다. 이때 연구자는 구체적이고 검증 가능한 연구 질문을 도출하고, 그 질문이 기존 연구와 어떤 차별성을 가지는지 분명히 밝혀야 한다.

3) 이론적 배경과 선행연구 검토하기

본격적인 논의에 앞서, 연구 주제를 이해하기 위한 핵심 이론과 개념, 그리고 관련된 선행연구를 검토한다. 이 과정은 자신의 연구가 기존 논의와 어떤 연속성 또는 차이를 갖는지 보여주는 역할을 하며, 이후의 분석 틀을 구성하는 기반이 된다. 이론적 틀은 분석과 해석의 기준이 되므로, 그 개념적 정의와 적용 방식이 분명해야 한다.

4) 연구 방법과 자료 소개하기

논문의 방법론 부분에서는 연구자가 어떤 방식으로 자료를 수집하고 분석하였는지를 구체적으로 서술해야 한다. 이에는 자료 선정 기준, 분석 단위, 분석 방법(질적/양적/혼합), 해석 틀의 적용 방식 등이 포함된다. 다른 연구자가 동일한 연구를 반복하거나 비판적으로 검토할 수 있도록 투명하고 재현 가능한 방식으로 기술해야 한다.

5) 자료를 매개한 논증 구성하기

이제 본격적으로 연구 자료를 분석하고, 이론적 틀을 바탕으로 해석을 전개한다. 분석은 단순한 나열이 아니라 연구 문제에 대한 논리적 응답이어야 하며, 구체적인 사례와 인용, 비교와 대비를 통해 논증의 설득력을 높여야 한다. 이때 예상과 다른 결과나 새로운 발견에 대해서도 열린 태도로 접근하여 그 의미를 심화시킬 수 있다.

6) 결론 도출과 연구의 의의 정리하기

논문의 마지막에서는 분석 내용을 바탕으로 연구 질문에 대한 결론을 분명히 제시해야 한다. 결론은 연구의 요점을 정리하면서도 연구의 이론적 기여, 학문적/사회적 함의, 후속 연구 방향 등을 함께 서술함으로써 글의 확장성과 응용 가능성을 보여준다. 자신의 연구가 기존 담론을 어떻게 보완하거나 전복하는지를 강조할 수 있다.

• 연습문제 • 대학은 학술 공동체인 만큼 대학에서 배우는 글쓰기 수업은 학술 논문을 작성하는 방법을 가르치는 데에 초점이 맞춰져 있다. 주제를 선정하고, 개요를 짜고, 서술을 하고, 글을 검토하는 과정이 모두 학술 논문 작성 순서와 일치한다. 이와 함께 꼭 내가 쓰려고 하는 주제의 선행연구를 검토하는 작업이 이루어져야 한다. <흥부전>으로 글을 쓴다고 할 때 위의 글을 포함하여 검토해야 할 글들을 찾아보고, 선행연구와 다른 나의 주장은 무엇인지 정리하여 논문의 문제의식을 도출해 보자.

어문 규범 이야기⑤

의존 형식이자 자립 형식인 예들①

의존 형식인 요소는 앞말과 붙여 쓴다는 띄어쓰기의 원칙, 잘 기억하는가? 의존 형식들을 앞말과 잘 붙여 적기만 해도 띄어쓰기 정확도는 한결 높아질 것이다. 그런데 국어에는 항상 의존 형식이기만 한 요소들도 있지만, 의존 형식과 자립 형식의 형태가 같은 경우도 있어서 주의를 요한다. 이번에 다룰 예들은 구체적으로는 '의존 명사'와 '조사'의 형태가 같아 의존 명사인 경우에는 앞말과 띄어 쓰고, 조사인 경우에는 앞말과 붙여 써야 하는 경우이다(의존 명사는 의존성은 있으나 최종적으로는 명사로 분류되어 있어 자립 형식에 해당된다).

예 뿐, -뿐

① 이번 연구에서뿐만 아니라 / ② 이번 연구에서 뿐만 아니라

③ 피상적인 접근에 머물고 있을뿐이다. / ④ 피상적인 접근에 머물고 있을 뿐이다.

대로, -대로

① 결과대로 정리하자면 / ② 결과 대로 정리하자면

③ 결과가 도출되는대로 / ④ 결과가 도출되는 대로

만큼, -만큼

① 이번 실험에서만큼은 / ② 이번 실험에서 만큼은

③ 대규모 데이터로 분석한만큼 / ④ 대규모 데이터로 분석한 만큼

위의 문장들 중 띄어쓰기가 올바르게 된 예들을 찾아보자. ①과 ② 중에서는 ①이, ③과 ④ 중에서는 ④가 정답이다. ①, ②의 문장에 사용된 '-뿐, -대로, -만큼'은 의존 형식인 조사이므로 앞말과 붙여 써야 하고, ③, ④의 문장에 사용된 '뿐, 대로, 만큼'은 자립 형식인 의존 명사이므로 앞말과 띄어 써야 하기 때문이다. 이를 판단하기 위해서는 '뿐, 대로, 만큼' 앞에 오는 단어의 품사가 무엇인지 살펴보아야 한다. 이들 앞에 명사와 같은 체언 종류가 있다면 그 뒤에 있는 '뿐, 대로, 만큼'을 조사로 판단하여 앞말과 붙여 쓰면 되고, 이들 앞에 동사나 형용사와 같은 용언 종류가 있다면 의존 명사로 판단하여 앞말과 띄어 쓰면 된다. 간단히 체언 뒤에서는 붙여 쓰고, 용언 뒤에서는 띄어 쓴다고 기억해 두면 되겠다.

III.

말하기

III. 말하기

1. 발표하기

인류 역사는 '말하기'와 함께해 왔다. 인류는 오랫동안 구술을 통해 지식과 경험을 전수했으며 공동체를 유지해 왔다. 말하기는 인간의 가장 본질적인 소통 방식으로 자리 잡았고, 문명의 발전과 함께 끊임없이 그 기능이 확장되었다. 현대 사회에서도 말하기의 중요성은 더욱 강조되고 있다. 자신의 견해를 조리 있게 전달하는 구어 의사소통 능력은 그 자체가 현대 사회를 살아가는 경쟁력이라고 볼 수 있다. 우리는 일상에서 끊임없이 의견을 주고받고, 타인을 설득하며, 효과적으로 정보를 전달해야 한다. 학교에서의 발표, 직장에서의 프레젠테이션, 면접에서의 자기소개, 토론과 협상에 이르기까지 말하기 능력은 단순한 의사소통을 넘어 개인의 성장과 성공을 좌우하는 핵심 역량이라고 볼 수 있다.

현대 사회에서는 커뮤니케이션의 수단과 맥락이 다양해지고, 정보량이 폭발적으로 증가하면서 단순한 정보 전달을 넘어 상대의 공감과 신뢰를 얻으며, 나아가 행동을 유도하는 기능이 보다 중요해졌다. 효과적인 말하기는 논리적 사고력, 비언어적 표현, 청중과의 소통 방식까지를 모두 포함한다. 유튜브, TED, 팟캐스트 등 다양한 플랫폼이 활성화되면서 디지털 매체를 활용한 말하기의 중요성은 더욱 커지고 있으며, 누구나 자신의 생각을 효과적으로 전달하는 법을 익혀야 하는 시대가 되었다.

이 장에서는 말하기 담화 유형 중에서도 가장 기본이 되는 발표 담화에 대해 살펴볼 것이다. 발표는 사람들 앞에서 자신의 생각이나 의견, 사실에 대해 진술하는 핵심적인 말하기 유형이다. 이 장의 내용을 통해 발표와 프레젠테이션의 본질을 이해하고 실질적인 발표 역량을 길러보도록 하자. 특히 단순한 이론적 지식에서 벗어나 발표의 기획, 구성, 전달 방식, 시각 자료 활용, 청중과의 소통에 이르기까지 실제적인 전략과 노하우를 살펴보고 자신의 아이디어를 효과적으로 전달하는 방법을 배워보도록 하자.

1.1. 발표의 개념 및 특성

학습 목표

1. 발표 및 프레젠테이션의 개념을 이해할 수 있다.
2. 의사소통 과정으로서 발표의 특성을 이해할 수 있다.

발표란 여러 사람 앞에서 자신의 생각이나 의견 또는 사실에 대해 진술하는 말하기를 의미한다. 현대 사회에서 발표는 대개 프레젠테이션(presentation) 방식으로 이루어진다. 프레젠테이션이란 일반적으로 시청각 자료를 활용하여 상대방을 이해시키거나 설득하여 원하는 결과를 만들어내는 행위를 의미한다. 이 장에서는 발표 전반에 대해 설명하면서 내용 전개상 필요한 경우, 프레젠테이션이라는 용어를 사용할 것이다. 발표는 현대 사회에서 필수적으로 요구되는 능력이라고 할 수 있다. 수업 시간에 조사 또는 분석한 내용을 설명하거나, 학회에서 연구한 내용을 제시할 때, 기업체 등에서 아이디어를 제안하거나 성과를 보고하는 등의 다양한 상황에서 발표는 의사소통 수단으로 광범위하게 활용된다.

발표는 음성 언어를 활용한 말하기 활동에 해당한다. 따라서 발표를 할 때에는 이러한 음성 언어적 특성을 유의할 필요가 있다. 음성 언어 의사소통은 시간적 요소와 공간적 요소를 필수적으로 함의하고 있으며, 효과적인 의미 전달을 위해 비언어적 요소와 시청각 매체 자료 등 다양한 수단을 활용하는 특징이 있다. 또한 발표는 발표자가 한정된 시간과 공간 속에서 청중을 대상으로 의미를 전달하고 청중은 이에 대해 일정한 반응을 보이는 상호교섭적 의사소통 활동이라고 볼 수 있다.

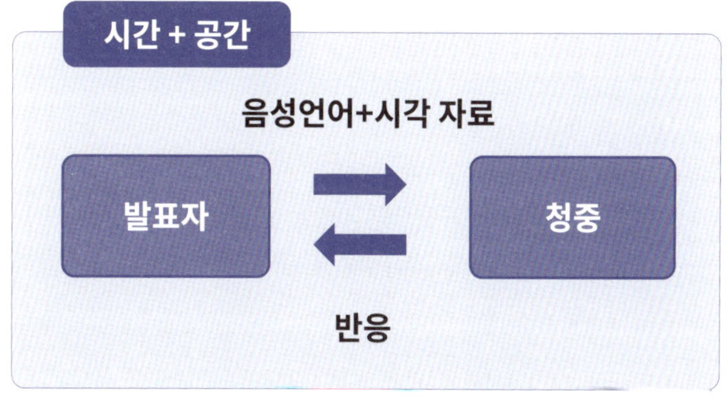

<그림 1> 프레젠테이션의 의사소통 과정

흔히 발표를 종합예술이라고 한다. 이는 발표가 단순히 음성을 통해 내용을 전달하는 행위가 아니라 표정과 몸짓, 시청각 자료 등을 통해 종합적으로 의미를 구성하고, 청중의 반응을 고려하여 자신의 말하기를 조정하는 적극적인 활동이기 때문이다. 따라서 발표를 준비할 때에는 글쓰기와 달리 청중의 반응을 예상하면서 흥미와 관심을 유발할 수 있도록 내용을 구조화할 필요가 있다. 또한 발표 과정에는 청중과 상호작용할 수 있는 다양한 장치를 마련하여 청중의 흥미와 관심을 유지해야 한다.

이와 함께 발표는 **시간과 공간의 제약**이 있다는 특징이 있다. 음성 언어 의사소통의 특성상 발표는 주어진 시간과 공간 안에서 메시지를 효과적으로 전달해야 하는 행위로서, 발표자는 이러한 제약 요소에 대해 적극적으로 고려해야 한다. 우선 발표는 시간이 제한되어 있으므로 정해진 시간 내에 청중이 이해할 수 있도록 핵심적인 정보를 간결하게 전달해야 한다. 이는 자신의 개인적 경험 등을 충분히 설명하며 이야기 방식으로 전달하는 강연이나 연설과 구별되는 점이다(이창덕 외, 2017). 따라서 발표는 내용 구성이 간결하고 체계적이어야 하며, 발표자는 시간이 부족하거나 남을 경우를 대비하여 내용의 추가, 삭제 등의 계획을 사전에 세울 필요가 있다. 진행 중 시간이 부족할 경우, 부가적인 설명을 줄이고 핵심적인 메시지 위주로 전달해야 하며, 반대로 시간이 남을 경우에는 사례를 추가하거나 질의응답 시간을 늘려 자연스럽게 마무리할 필요가 있다.

발표를 어디에서 수행하는가에 따라서도 **전달 효과**가 달라질 수 있다. 따라서 발표자는 발표를 진행하는 장소나 환경, 자리 배치 등을 사전에 확인해야 한다. 작은 공간에서는 청중과 친밀감을 형성하고 자연스러운 비언어 표현을 활용해야 하며, 큰 공간에서는 목소리를 키우고 무대를 적절히 사용하여 청중의 시선을 집중시켜야 한다. 또한 모둠별로 앉아 있는 좌석 배치는 장시간 앞을 보기 어렵기 때문에 유인물을 따로 준비할 필요가 있으며, 세로로 긴 강의실의 경우 슬라이드의 글씨가 너무 작으면 뒤쪽에 앉은 청중들은 화면 내용이 안 보일 수 있다. 이처럼 발표는 시간과 장소를 미리 고려해야 한다는 점에서 체계적이고 치밀한 계획이 필요한 의사소통 행위라고 볼 수 있다.

1.2. 발표의 수행 단계

학습 목표

1. 발표를 준비하고 수행하는 과정을 이해할 수 있다.
2. 발표의 목적과 청중, 장소를 고려하여 발표를 기획할 수 있다.
3. 발표 계획에 따라 준비 개요서와 실행 개요서를 작성할 수 있다.

발표를 준비하고 수행하는 과정은 크게 **기획, 구성, 발표**의 3단계로 이루어진다. 우선 기획 단계는 발표의 목표와 예상 청중, 발표 방식 등을 구체화하는 단계로서, 발표 전체에서 가장 중요한 과정이라고 볼 수 있다. 구성 단계에서는 기획 단계에서 결정된 내용을 어떻게 전달할 것인지에 대해 고민하여 발표 내용을 구성하는 단계이다. 프레젠테이션의 경우에는 이 과정에서 슬라이드를 제작, 디자인한다. 이 단계에서 발표자는 전체 발표를 어떻게 진행할 것인지를 고려하여 '개요서'를 작성해야 한다. 마지막으로 발표 단계에서는 기획과 구성 단계에서 준비한 발표 내용을 '개요서'에 따라 연습하고 발표를 수행한다. 이와 같은 발표 전반의 수행 단계를 구조화하면 <그림 2>와 같다.

이러한 발표 전반의 수행 과정에서 가장 공을 들여야 하는 것은 기획 단계이다. 발표자가 원하는 목적을 달성하기 위해서는 기획 단계에서 전체 발표의 방향과 실행 방안을 설계하고 이를 전략적으로 달성할 계획을 세워야 한다. 흔히 발표에 실패하는 것은 이러한 기획 단계를 무시하거나 관심을 기울이지 않았기 때문이다. 발표 기획에서 중요한 것은 발표의 목표와 장소, 청중 등을 분석하여 발표의 방향을 명확히 하는 것이다. 이 방향을 얼마나 명확히 하느냐에 따라 발표의 성패가 좌우되는데, 이러한 기획 과정에서 중요한 과업을 일반적으로 3P 분석으로 설명한다.

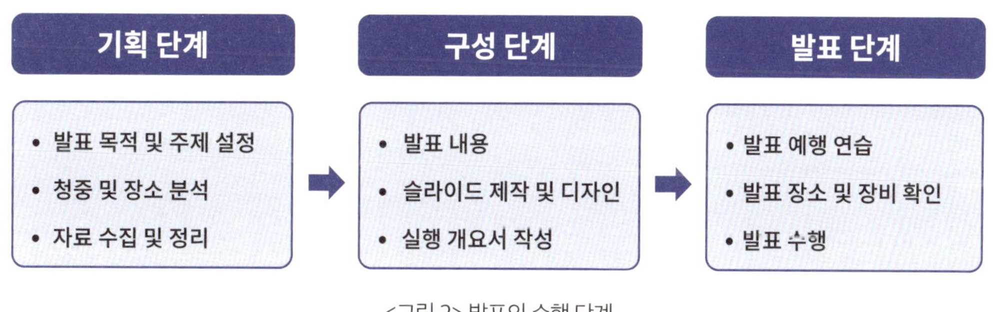

<그림 2> 발표의 수행 단계

1.2.1. 발표 기획: 3P 분석

발표는 발표자가 아닌, 청중의 시점에서 준비되고 수행되어야 그 목적을 달성할 수 있다. 즉, 발표자가 말하고 싶은 내용이 아니라 청중이 듣고 싶은 내용으로 발표의 내용이 준비되고, 구조가 계획되어야만 성공적인 발표를 수행할 수 있다는 것이다. 이처럼 발표를 기획할 때에는 3P 분석이 선행되어야 하는데, 3P 분석이란 발표의 목적(purpose), 청중(people), 장소(place)의 분석을 의미한다. 이 세 가지는 성공적인 발표를 위해 발표 기획 단계에서 반드시 거쳐야 하는 분석 과정으로 볼 수 있다.

1) 목적 설정(purpose)

일반적으로 의사소통의 목적은 '정보 전달', '설득', '친교 및 정서표현'으로 구분되는데, 발표의 경우에는 '설명형', '설득형', '제안형'으로 구분한다. 설명형은 정보를 전달하는 목적을 갖고 청중이 발표 내용을 제대로 이해하도록 하는 것이 관건이 된다. 설득형은 발표를 통해 청중의 행동이나 사고를 변화시키는 데 초점이 있다. 제안형은 설명형과 설득형의 중간 형태로, 내용의 이해를 통해 청중이 특정한 제안에 대해 호의를 갖도록 하는 데 목적이 있다고 볼 수 있다. 이러한 목적을 어떻게 설정하는가에 따라 발표의 속도나 내용 구성 등이 달라진다. 각각의 발표 목적에 따른 발표 유형의 세부 내용은 다음과 같다.

- **설명형 발표**

지식을 전달하는 것이 발표의 주요 목적이 되며 청중을 이해시키는 것이 발표 성공의 관건이 된다. 상대방의 이해를 돕기 위해 발표 속도가 빨라서는 안 되며, 청중의 이해 수준을 확인하면서 발표 속도를 조정해야 한다. 많은 지식을 전달하기보다는 적정량의 핵심 메시지를 구조화해야 한다. 특히 내용이 갑자기 어려워지거나 내용상의 단절이 없는지를 살피면서 발표의 흐름을 정교화해야 한다.

- **설득형 발표**

청중의 신뢰를 얻어 그 행동이나 사고를 변화시키는 것을 목적으로 한다. 발표에서는 청중에게 확신을 주기 위한 내용을 선정하고 청중이 이를 인정할 수 있도록 유도해야 한다. 일반적인 속도로 진행하되, 발표자가 강조하고 싶은 내용은 다소 느린 속도로 강하게 전달하는 것이 좋다. 내용의 구성 시에는 문제 상황이나 배경 등을 전달하기 위한 이성적 측면과 청중에 대한 설득에 초점을 둔 감성적 측면을 동시에 고려해야 한다. 이성적 측면에서는 논증을 바탕으로 논리적 설득 전략 중심의 내용을 구성하고 감성적 측면에서는 청중의 공감이나 발표자에 대한 신뢰를 얻을 수 있도록 내용을 구성한다.

- **제안형 발표**

내용의 이해와 더불어 청중의 심리적 설득이라는 두 가지 목표를 동시에 충족해야 한다. 청중의 이해를 얻기 위해서는 적정 속도로 발표를 진행하되, 제안하는 내용에 따라 발표 속도를 조절할 수 있다. 제안형 발표는 주로 경쟁 상황에서 진행되는 경우가 많기 때문에 시간을 잘 고려하면서 제한된 시간 내에서 발표가 완수될 수 있도록 유의해야 한다. 핵심적인 제안 사안을 중심으로 내용을 구성하되, 중간중간 청중의 심리 변화를 위한 감성적 전략도 세울 필요가 있다.

2) 청중 분석(people)

발표에서는 '말하는 사람'만 중요한 것이 아니다. 발표의 진정한 목적은 청중이 메시지를 제대로 이해하고 받아들이도록 하는 것이다. 아무리 훌륭한 내용이라도 청중에게 전달되지 않으면 의미가 없다. 따라서 발표 전에 청중을 분석하고, 그에 맞게 발표 내용을 조정하는 과정이 필수적이다. 청중 분석을 하지 않을 경우 발표의 내용을 청중들이 제대로 이해하지 못하거나 발표의 효과가 떨어지는 결과를 낳기 쉽다.

청중 분석은 발표자가 청중의 특성, 관심사, 기대, 수준 등을 파악하는 활동이다. 이를 통해 발표자는 청중에게 더 적절하고 설득력 있는 내용을 구성하고 말투, 자료, 예시 등을 전략적으로 선택할 수 있다. 청중 분석에서는 청중의 규모나 주제에 대한 이해도, 교육 수준 등을 중점적으로 살펴볼 필요가 있다.

- **청중의 규모**

소수의 청중을 대상으로 할 때는 체계적이고 구체적인 내용으로 발표를 진행해야 하며, 적재적소에 필요한 자료를 제시하여 청중의 흥미를 유발해야 한다. 또한 대화와 유사한 어조를 사용하고 자유롭게 질문을 받을 수 있는 일상적 분위기를 지향하는 것이 좋다. 반면 청중의 규모가 다수일 때에는 복잡한 자료보다는 단순하게 내용을 구성한다. 목소리와 동작을 조금 크고 천천히 하며, 발표가 끝난 후에 질의응답 시간을 갖는다.

- **주제에 대한 청중의 이해도**

청중이 발표 주제에 대해 얼마나 알고 있는지를 파악하는 것은 발표의 깊이와 전문성을 결정하는 중요한 기준이다. 예를 들어, 청중이 해당 주제에 대해 전혀 모르는 일반 대중이라면 발표자는 개념 정의와 배경 설명에 충분한 시간을 들여야 한다. 반면, 청중이 관련 분야의 전문가일 경우에는 지나치게 기초적인 설명은 오히려 집중력을 떨어뜨릴 수 있다. 청중의 이해 수준에 맞춘 발표는 과도한 정보나 결핍된 설명으로 인한 혼란을 줄이고, 핵심 내용에 집중할 수 있게 한다. 이를 위해 주제와 관련하여 사전 설문 등을 활용하는 것도 좋은 전략이다.

- **청중의 교육 수준**

교육 수준이 높은 청중의 경우에는 사안에 대해 논리적으로 설명하고 전문어를 사용하는 것이 일반적이다. 또한 통계 자료, 실험 결과, 문헌 조사 결과 등 객관적 자료를 풍부하게 준비해야 한다. 이와 함께 청중의 교육 수준이 높을 경우 발표 주제에 대해 긍정적인 측면과 부정적 측면을 모두 전달하는 양면 전략을 사용하는 것이 좋다. 이와 달리 교육 수준이 낮은 청중을 대상으로 할 때는 사안에 대해 일면만 명확히 제시하는 것이 좋고 경험이나 관련 사례 등을 활용한다. 또한 쉬운 말과 짧은 문장 등을 통해 내용을 명확히 전달하는 것이 필요하다.

3) 장소 분석(place)

발표를 진행하는 장소나 환경, 자리 배치 등에 따라 발표의 결과가 달라질 수 있다. 따라서 발표의 장소를 미리 확인하여 대비하는 것은 매우 중요하다. 장소 분석은 단순히 공간의 물리적 조건을 확인하는 것을 넘어, 발표에 영향을 미칠 수 있는 환경적 요소들을 종합적으로 검토하는 작업이다. 우선 발표 장소가 어디에 위치해 있는지는 발표자와 청중 모두에게 영향을 준다. 발표장이 너무 외진 곳이거나 접근성이 떨어질 경우 청중의 참석률이 낮아지거나 발표자가 시간에 쫓기는 상황이 발생할 수 있다. 나아가 발표자는 발표 장소 내 설비를 미리 점검할 필요가 있다. 특히 시청각 자료나 멀티미디어 자료를 활용할 경우에는 기술적 환경이 발표의 완성도를 좌우할 수 있다. 또한 학생 발표자의 경우 발표를 하는 강의실의 공간 구조와 좌석 배치에 특히 신경을 써야 한다.

- **일반 강의실 배치**

일반적인 강의실에서 발표를 진행할 때는 스크린을 바라보는 시야가 넓어지기 때문에 발표자에 대한 집중도는 떨어질 수 있다. 또한 청중의 참여도가 다소 낮을 수 있다. 강의실이 세로로 긴 형태라면 슬라이드의 글씨가 작을 경우 뒤쪽에 앉은 청자에게 잘 안 보일 수 있으므로 글자 크기를 조정해야 한다. 설명적인 내용을 전달할 때, 보다 효과적이다.

- **계단식 배치**

계단식의 원형이나 극장식 배치일 경우 스크린을 바라보는 시야가 좁아지며, 그에 따라 발표자에 대한 집중도는 높아진다. 이때는 청중과의 상호작용이 어렵다는 단점이 있으므로 상호교섭적 측면보다 발표 내용을 보다 충실히 준비하는 것이 좋다. 대규모 인원에게 내용을 전달하는 경우가 많으므로 복잡한 자료는 자제하고 목소리와 몸짓 등 비언어 표현을 보다 크게, 천천히 사용한다.

- **모둠별 토의식 배치**

토의나 협의 등을 위한 모둠별 배치의 장소인 경우, 스크린을 바라보는 시야가 넓으며 발표자에 대한 집중도는 떨어진다. 청중이 모둠별로 앉는 좌석배치는 장시간 앞을 보면 자세가 불편해져 집중도가 떨어질 수 있으므로 유인물을 함께 확인한다거나 모둠별로 진행할 수 있는 프레젠테이션을 준비하는 것이 좋다.

1.2.2. 발표 개요서 작성

기획 단계에서 발표의 목적이나 주제, 청중 분석, 장소의 분석이 모두 이루어졌다면 구성 단계에서 실제 발표 전체의 내용을 구체화해야 한다. 이때, 프레젠테이션 슬라이드를 본격적으로 제작하기에 앞서 전체 발표를 어떻게 구성할 것인지를 계획하는 '개요서'를 작성하는 것이 일반적이다. 개요서(outline)란 발표의 개요, 즉 주요 아이디어와 세부 내용의 골자만을 간결하게 적어둔 미완성 발표 대본을 의미한다(임태섭, 2011). 개요서를 활용하여 발표를 연습하면 자신의 아이디어를 다양하게 표현하는 기회를 갖게 되며 연습을 통해 보다 정확한 표현을 준비할 수 있게 된다.

또한 개요서는 발표자가 말하고자 하는 내용을 내면화할 수 있도록 도와준다. 개요서로 발표를 연습하면 발표자가 말하려는 바가 명확해지면서 내용을 보다 체계적으로 전달할 수 있다. 그뿐만 아니라 발표 전체의 내용을 이해한 상태에서 발표를 수행할 수 있으므로 발표에 대한 청중의 이해를 도울 수 있고 발표 시간의 조정도 가능하다.

개요서는 크게 **'준비 개요서'**와 **'실행 개요서'**로 구분할 수 있다. 준비 개요서는 발표를 준비하는 과정에서 작성하는 것으로, 준비 개요서가 완성되면 일단 발표의 준비가 종결된다. 이 준비 개요서에 부연이나 자세한 설명을 덧붙이면 발표 대본이 된다. 준비 개요서를 작성하면 발표의 전체 조직이나 주요 아이디어 사이의 관계, 주요 아이디어와 세부 아이디어의 구조 등을 파악하기 쉽다.

실행 개요서는 준비 개요서의 요약본이라고 할 수 있으며, 발표를 실행할 때 참고로 활용한다. 일반적으로 준비 개요서는 양이 많기 때문에 실제 발표 수행 과정에서 참고하기는 어렵다. 또한 발표 수행 시에는 실제 발표에 도움이 되는 다양한 언어적, 비언어적 표현이 적혀 있는 실행 개요서를 활용하는 것이 보다 효과적이다.

준비 개요서를 작성하는 방법은 다음과 같다.

준비 개요서 작성법

① 서두에 발표 준비의 가이드 역할을 하는 주제와 목적, 주제문을 적는다.
② 핵심적인 내용을 중심으로 발표의 본론을 먼저 작성한다. 이때, 중심 내용을 뒷받침하는 자료와 사실, 통계 등을 일관된 순서로 배열한다.
③ 도입과 정리부에서 말할 내용을 구체적으로 작성한다.
④ 도입부와 정리부의 아이디어, 주요 아이디어 등은 표현 방식을 확정하여 완전한 문장으로 작성한다. 반면 전개부의 세부 내용은 주요 키워드 중심으로 작성한다.
⑤ 도입부와 정리부에서는 청중의 주의를 끌고 인상을 남길 수 있는 내용을 작성한다.
⑥ 한 번호에는 하나의 아이디어만을 적는다. 그렇지 않고 한 번호에 여러 아이디어를 적으면 개요서가 복잡해져서 전체 발표의 체계를 파악하기 어려워지고, 발표 과정에서 참고하기가 쉽지 않다.
⑦ 논의의 전환이나 중간 요약 등은 번호를 부여하지 말고 별도의 표시를 한다. 항목의 번호는 발표를 구성하는 주요 요소에만 부여하고 논의 전환사나 중간 요약은 주요 내용들 간의 관계를 알려주는 것이므로 별도의 표시 체계로 표현하는 것이 좋다.
⑧ 발표 개요를 작성하는 과정에서도 새로운 관점이나 정보가 발견되면 여러 번이라도 계속 수정한다.
⑨ 핵심 사항별로 별도의 지면에 큰 글씨로 작성하여 발표 내용을 빠르고 쉽게 파악할 수 있도록 한다.

실행 개요서란 발표를 수행할 때 참고하기 위한 준비 개요서의 요약본이다. 발표자는 주로 준비 개요서를 앞에 두고 발표를 연습한다. 그러나 실제 발표 현장에서 준비 개요서는 너무 방대해서 참고하기 어렵기 때문에 발표 내용을 실행하는 데 도움이 되는 중요 단어나 문구를 중심으로 하여 실행 개요서를 작성할 필요가 있다. 실행 개요서를 작성하는 방법은 다음과 같다.

실행 개요서 작성법

① 준비 개요서의 번호 체계를 그대로 사용하여 발표의 뼈대를 유지한다. 실행 개요서의 작성은 준비 개요서의 체계를 유지하되, 그 내용을 간략히 조정하는 것을 의미한다.
② 발표 과정에서 참고할 수 있도록 눈에 잘 띄도록 작성한다. 이를 위해서는 번호 체계를 일관성 있게 만들고, 각 항목을 요점 위주로 정리해야 한다. 나중에 기억하지 못할까 봐 세세한 내용까지 적어두면 개요서가 복잡해져서 발표 도중에 정확한 지점을 찾기 어려워진다.

③ 내용뿐 아니라 실행 시의 참고사항을 적어둔다. 실행 개요서는 준비 개요서와 달리, 발표자 자신에게 보내는 메시지를 적어둔다. 특히 발표 실행 과정에서 유의해야 할 사항들, 자신의 동작에 대한 주의 사항이나 진행 속도, 멈춤, 강조 부분 등을 구체적으로 표시하여 준비한다. 또한 시간 관리를 위해 생략할 수 있는 부분, 중요 내용, 예상 질의응답 등을 구체적으로 작성하는 것이 좋다.

④ 주요 통계나 인용문 등은 따로 준비하라. 개요서에 의한 발표를 하더라도 자신의 주장이 아닌 다른 사람의 이야기나 인용문 등은 준비해 온 것을 그대로 읽는 것이 좋다. 이런 자료들을 외워서 발표하려면 기억도 잘 나지 않고 기억이 나더라도 약간씩 틀릴 수 있다.

<준비 개요서와 실행 개요서의 사례>

준비 개요서	실행 개요서
목적: 교내 전동 킥보드 전용도로 설치 주제문: 교내 보행자와 전동 킥보드 사용자 모두의 안전을 위해 전용도로를 설치해야 한다.	- PT 화면 제시 - 자기소개 및 인사 - 눈을 맞춘다. 천천히 시작
서론: 여러분, 이 사진이 어디를 찍은 것인지 아십니까? 네, 우리 학교 중문에 킥보드들이 무질서하게 방치된 모습입니다. 전동 킥보드는 전동으로 이동하는 킥보드형 이동 수단으로서 현재 대학 캠퍼스 등에서 가장 활발히 사용되는 이동 수단입니다. 그러나 일정한 질서 없이 달리고 주차된 전동 킥보드로 인해 안전의 문제가 제기되고 있습니다. 저는 오늘 교내 전동 킥보드 전용도로 설치가 필요하다는 주제로 발표하려고 합니다. (하략)	서론: - 약간 쉰다. - PT 전환. 전동 킥보드 사진 1) 사진의 장소 질문, 답변 2) 전동 킥보드 정의, 대학 캠퍼스 이동 수단 3) 문제점 + (강조하여) 전동 킥보드 전용도로 설치 필요성 제시 - 약간 쉰다. (하략)

• 연습문제 •

- **모둠별로 다음 발표 주제에 대해 3P 분석을 수행해 보자.**
  - 발표 주제: “스마트폰 사용 시간 줄이기의 필요성”
  - 발표 상황: 대학교 신입생 대상 세미나
- **조별로 3P 분석을 비교하여 가장 효과적인 발표 전략을 토론하고 발표해 보자.**

1.3. 발표의 내용 구성

학습 목표

1. 발표의 내용 구성 단계를 이해할 수 있다.
2. 효과적인 발표 전략을 활용하여 발표의 도입부, 전개부, 정리부를 구성할 수 있다.

발표의 내용 구성이란 기획 단계에서 정리된 목표와 내용을 중심으로 프레젠테이션 전체의 내용을 구조화하는 것이다. 체계적으로 내용을 구조화해야만 청자의 집중력을 향상하여 의미의 전달을 극대화할 수 있다. 발표의 내용 구성은 크게 도입부, 전개부, 정리부로 구분된다. 도입부에서는 발표 내용의 화제나 주제, 배경, 목적 등을 다루고, 전개부에서는 구체적 예시를 통해 핵심 내용을 전달한다. 마지막으로 정리부에서는 핵심 내용을 강조하고 제언 등을 덧붙인다.

1.3.1. 도입부

✚ 도입부의 주요 목표

☑ 청중의 관심을 유도하기

☑ 발표 목적과 핵심 메시지를 명확히 전달하기

☑ 발표의 구조를 안내하여 청중이 흐름을 예측하도록 돕기

도입부에서는 인사말과 발표의 주제, 목표, 전체 내용 등을 안내한다. 또한 이 과정에서 청자의 주의를 끌고 관심을 불러일으키는 것이 중요하다. 주의를 끄는 요소는 시사적인 이야기에서 유명한 문구의 인용, 흥미로운 질문, 짧은 이야기, 시각 자료 등 다양하다. 주의 끌기에 성공하고 나면 청중에게 인사를 하고 이 발표를 듣게 되면 청중에게 어떠한 이익이 있는지를 설명하는 방식으로 진행한다.

도입부 내용 구성에서 중요하게 고려해야 하는 점은 발표 주제에 대해 청자가 느끼는 개인적 관련성의 수준이다. 주제에 대해 개인적 관련성이 높을 경우에는 청자의 흥미 유발이나 주제 관련성을 길게 설명할 필요가 없다. 이러한 경우 청자는 대부분 그 필요성을 인식하고 발표를 듣고자 하는 동기가 있기 때문에 흥미 유발이나 형식적인 관련성 소개가 길게 이어지면 지루함을 유발할 가능성이 높다. 오히려 이 경우에는 발표의 결론을 먼저 도입부에서 제시하거나 발표 전체의 의의나 목적, 개관 등의 내용을 전달하는 것이 적절하다.

이와 달리 발표 주제에 대해 청자가 느끼는 관련성의 수준이 낮다면 이를 높이기 위한 내용 구

성이 필요하다. 발표가 시작되는 시점에서 청자는 발표에 대해 '이 내용이 나와 무슨 관계가 있지?'라는 질문을 하는데, 이러한 질문에 대한 답을 도입부에서 제시해 줄 필요가 있는 것이다. 이를 위해 발표 주제가 청자의 삶과 어떤 식으로 연결되어 있는지를 구체적으로 설명하거나, 사진, 영상 등을 활용하여 청자가 생생하게 체감할 수 있는 관련성을 제시하는 것이 좋다.

발표 전체의 내용을 안내하는 것은 도입부의 핵심으로 프레젠테이션 전반의 성패를 좌우할 정도로 중요하다. 청자는 도입부 소개를 통해 발표를 들을 가치가 있는지를 판단하기 때문이다. 발표의 주제와 목표, 핵심 내용을 압축적으로 보여줄 수 있는 슬라이드를 작성하고 이를 바탕으로 발표의 주제와 목표를 소개한다. 또한 프레젠테이션 목차 등을 활용하여 전체 발표 순서를 안내한다.

도입부의 구성 전략

- **전체 발표의 주제와 목표를 소개하고 핵심 내용을 안내한다.**
- **청중의 흥미를 유발하기 위한 다양한 전략(질문, 관련 사례, 시각 자료 등)을 준비한다.**
- **발표 주제에 대한 청중의 개인적 관련성을 높인다.**
  - 발표 주제가 청자의 삶과 어떤 관련이 있는지를 설명한다. 주제에 대한 개인적 관련성이 높다면 장황한 설명을 생략한다.

1.3.2. 전개부

전개부에서는 발표를 통해 전달하고자 하는 핵심 내용을 일관된 순서에 맞게 전달해야 한다. 서론에서 소개한 내용을 본격적으로 설명하면서 배경 정보, 근거, 예시, 시사점, 결론 등을 제시하는데, 이때는 발표의 성격에 따라 내용의 구성 방식이 달라질 수 있다.

설명형 발표의 경우는 주제의 성격에 따라 시간적·공간적 구성, 비교·대조 구성, 원인·결과 구성 등을 적절히 사용한다. 이때 정보를 단순히 나열하는 것이 아니라 내용의 흐름이 잘 드러나도록 구성해야 한다. 특히 설명 대상의 특성이 잘 드러나도록 내용을 구성한다.

설득형 발표의 경우, 보편적으로 문제·해결 구조를 사용한다. 사안의 문제점을 우선 분석하고, 그 문제의 원인을 규명한 후 그에 대한 해결 방안을 제시하는 내용 구성 방식이다. 또한 해결책의 경우에는 구체성, 실현 가능성, 효과성 등을 고려하여 두세 개를 제시하는 것이 효과적이다. 이 경우에는 각 해결책의 장단점을 분석하여 제시하면 설득력을 높이고 청자의 의사결정 과정을 도울 수 있다.

또한 정보량이 많은 발표에서는 각 핵심 내용이 끝날 때마다 본론의 핵심 내용을 요약하여 반복 제시하는 것이 좋다. 이러한 반복을 통해 청중의 집중력을 유지할 수 있으며, 프레젠테이션의 전달력과 이해력을 높일 수 있다.

전개부에서는 핵심 정보를 논리 구조에 맞게 제시하고, 이를 뒷받침할 수 있는 근거들을 제시해야 한다. 근거는 주장을 뒷받침할 수 있는 핵심 내용을 선별하고 이를 가장 효과적인 방식으로 제시할 필요가 있다. 프레젠테이션이라면 텍스트로만 근거를 제시하기보다는 다양한 시각 자료를 활용하는 것이 좋다. 수치를 비교하거나 정보의 추이를 드러낼 때는 그래프를 사용한다. 인용이나 사례, 예시 등은 사진이나 영상 등을 활용하여 생동감을 살리는 것이 보다 효과적이다. 또한 지나치게 이론만 나열하기보다는 실생활과 관련된 사례를 중간중간 들어 청중의 공감을 얻는 것도 중요하다.

전개부의 구성 전략

- 설명형 발표의 경우 정보의 성격에 따라 시간·공간적 구성, 비교·대조 구성, 원인·결과 구조 등을 다양하게 사용한다.
- 설득형 발표의 경우 주로 문제와 해결 구조를 통해 내용을 구조화한다.
- 발표의 분량이 많을 경우 중간중간 발표 내용을 요약하여 청중의 집중력을 유지한다.
- 핵심 내용을 뒷받침하는 근거를 텍스트, 그래프, 사진 및 영상 등 다양한 방식으로 제시한다.
- 실생활과 관련된 구체적 사례와 스토리텔링을 활용한다.

PREP 기법 활용(Point → Reason → Example → Point)

- ⊘ 핵심 주장 제시
- ⊘ 주장에 대한 이유 설명
- ⊘ 구체적인 사례 제공
- ⊘ 다시 한번 요점 강조

1.3.3. 정리부

정리부에서는 본론에서 다룬 내용을 간략하게 정리하고 핵심적인 사항을 강조한 후 마무리한다. 또한 향후의 전망이나 기대 효과 등을 간단히 정리하여 프레젠테이션의 발전 가능성을 보여주는 것이 좋다. 마무리 과정에서는 청중의 감성을 자극하여 여운과 감동을 전하는 것도 좋은 방법이다.

정리부에서 가장 유의해야 할 것은 최대한 단순화하여 내용을 요약, 정리해야 한다는 점이다. 간혹 정리부에서 새로운 내용을 추가하는 경우가 있는데, 이는 바람직하지 않으며 전체 내용이 적절히 배열되지 않았다는 것을 밝히는 것과 같다. 전개부의 내용을 요약하여 반복함으로써 내용의 전달력을 높이는 한편, 전망 또는 기대효과 등을 통해 발표에 대한 긍정적 이미지를 심어주는 것이 필요하다. 이 과정에서 인용문을 활용하거나 기억에 남는 한마디를 통해 강렬한 인상을 남기는 것도 좋다.

제한된 시간에 이루어지는 발표에서 예상한 발표 시간을 초과한 경우, 특별히 본론의 내용을 요약, 정리하지 않아도 된다. 이 경우에는 꼭 필요한 정보를 되새기거나, 구체적인 행동을 제시할 수 있다. 또한 의사결정이 필요한 사안에 대해 구체적으로 언급하면서 발표를 마무리할 수 있다.

프레젠테이션에서는 시간의 엄수가 중요하다. 따라서 주어진 시간 내에 발표를 마무리할 수 있도록 철저한 사전 연습이 필요하다. 그러나 발표 과정에서 보충 설명을 하거나 다양한 변수로 인해 발표 시간이 지연되는 경우도 있다. 이때는 무리하게 발표를 진행하기보다는 발표를 간략히 마무리한 후 청중과의 질의응답을 통해 내용을 보완하는 것이 좋다. 질의응답을 활용하면 발표 시간을 준수할 수 있을 뿐만 아니라 발표 전반에 대한 청중의 이해를 높일 수 있다는 장점이 있다. 이를 위해 발표자는 추가적인 설명이 필요한 부분을 따로 메모하여 정리하거나 예상되는 질문에 대한 답변을 준비하여 질의응답에 대비할 필요가 있다.

정리부의 구성 전략

- 본론의 내용을 간략히 요약, 정리하고 핵심 사항을 강조한다.
- 절대로 정리부에서 새로운 내용을 추가하지 않는다.
- 시간이 있을 경우, 발표 내용에 대한 제안과 향후 전망 등을 제시하여 프레젠테이션에 대한 긍정적 이미지를 구축한다.
- 청중과의 질의응답을 적극적으로 활용하고 예상되는 질문에 대한 답변을 따로 준비한다.

<발표의 내용 구성>

도입부	전개부	정리부
• 청중의 관심 유발 • 발표의 목적 제시 • 발표 내용의 순서 • 발표 내용의 개관 • 발표의 의의 • 주제와 관련된 경험 • 인상적인 질문 • 시각자료	• 핵심 내용과 근거의 제시 - 설명형(시간적·공간적 순서, 원인·결과, 비교·대조 구조) - 설득형(문제·해결 구조) • 핵심 내용의 요약과 반복 • 근거 제시 방식(텍스트, 그래프, 도표, 시청각 자료 등)	• 발표 전체 내용 요약 • 핵심 사안의 강조 • 발표 내용에 대한 전망, 기대효과 제시 • 구체적 행동 요구 • 인상적인 진술 • 청중과의 질의응답

• 연습문제 •

- **다음 발표 주제 중 하나를 선택하여 청중의 관심을 끌 수 있는 도입부를 작성하시오.**

선택 주제:

'AI 시대, 인간의 일자리는 안전한가?'

'청소년 SNS 사용 시간 제한이 필요하다'

'MZ 세대의 소비 특징과 마케팅 전략'

'플라스틱 사용을 줄이기 위한 캠퍼스 정책 제안'

- **도입부에는 다음 중 최소 2가지 요소를 포함할 것:**

흥미로운 질문 던지기

충격적인 통계나 사실 제시

개인적인 경험이나 이야기 활용

유명한 인용구 사용

발표 개요 및 목표 제시

- **추가 활동: 조별로 발표 도입부를 공유하고, 어떤 도입이 가장 흥미로웠는지 투표하기**

1.4. 발표의 방법 및 기술

학습 목표

1. 발표의 언어적·비언어적 표현의 특징을 이해하고 적절히 활용할 수 있다.
2. 발표에서 매체 자료의 특성을 이해하고 이를 적절히 활용하여 발표할 수 있다.

발표를 수행하는 전달 차원에서 중요한 것은 개별적인 표현 기법보다는 청자와의 원활한 의사소통이다. 일반적으로 학습자들은 발표 원고나 슬라이드에 적힌 내용을 읽는 방식으로 발표를 진행하는 경우가 많다. 그러나 발표란 청중 앞에서 발표 내용을 읽는 행위가 아니라, 준비된 자료를 활용하여 청자와 소통하는 행위라는 점을 명심할 필요가 있다. 이를 위해서는 발표 내용 전달을 위한 언어적 표현과 비언어적 표현, 매체 활용 방식 등을 잘 이해하고 활용할 필요가 있다.

1.4.1. 언어적 표현

발표에서의 언어적 표현은 단순히 내용을 전달하는 수단을 넘어 청자가 발표의 핵심을 이해하고 그에 따라 생각이나 행동을 변화시키도록 이끄는 중요한 요소이다. 특히 발표는 글과 달리 구두로 이루어지는 의사소통이기 때문에, 표현의 구체성, 문장의 길이와 구조, 청중의 수준에 대한 고려, 그리고 내용의 흐름을 안내하는 연결 표현이 중요하다. 따라서 효과적인 발표를 위해서는 발표 상황에 적합한 언어적 표현을 선택하고 조정하는 데 주의를 기울여야 한다.

첫째, 발표에서는 청자가 관심을 갖고 있는 특정 내용을 잘 전달하거나 청자의 생각이나 행동을 변화시키는 것이 중요하다. 따라서 발표의 언어적 표현은 추상적이지 않고 구체적이어야 하며, 모호한 표현을 사용해서는 안 된다. 추상적인 내용을 다루더라도 청자가 그것을 구체화할 수 있도록 도와야 한다. 이 경우, 추상적인 내용에 대한 실제 사례나 자신의 경험 등을 덧붙이는 방법을 활용할 수 있다.

둘째, 단문을 사용하여 간명하게 내용을 표현해야 한다. 구두 언어 의사소통에서는 문장이 길고 복잡해지면 그만큼 청자의 이해도가 떨어지게 된다. 주장이 분명히 담겨 있는 단문을 사용하되, 단문과 단문의 연결을 통해 전달하고자 하는 의미가 드러나도록 언어적 표현을 사용해야 한다. 또한 문장과 문장 사이에는 적절한 휴지(休止)를 두어 청자가 내용을 따라올 수 있도록 하는 것이 효과적이다.

셋째, 청중의 지식수준을 고려하여 언어적 표현을 조정해야 한다. 청중의 지식수준이 낮은 경우에는 가급적 쉬운 표현을 사용해야 한다. 어휘 자체도 쉬워야 하며 문장의 구조도 단순해야 한다. 반대로 청중의 지식수준이 높을 경우에는 좀 더 어려운 단어를 사용하고 문장 역시 다소 복잡한 구조를 사용하는 것이 가능하다. 물론 이 경우에도 너무 많은 복문을 사용하면 내용의 전달력이 떨어질 수 있으니 유의해야 한다. 다만 지식수준이 높은 청중은 전문 어휘나 관념적 표현에 익숙하므로 너무 쉽게 표현하면 오히려 역효과를 낳을 수 있다.

넷째, 문장과 문장, 단락과 단락 사이에 적절한 내용 연결 표현을 사용한다. 내용 연결 표현은 구두 의사소통의 전형적인 특징으로 청자에게 발표가 현재 어떻게 진행되고 있는지, 다음에 나올 내용은 무엇인지 등을 알려주는 표현을 의미한다(이창덕 외, 2017). 글에서는 들여쓰기나 접속어 등을 활용하여 내용의 전환을 시각적으로 드러내지만 발표와 같은 구어에서는 이러한 시각적 장치를 대신하여 내용 연결 표현을 활용한다. 내용 연결 표현은 '둘째로', '마지막으로' 등과 같은 간단한 담화 표지부터 "우리는 지금까지 현장 평가의 기준을 살펴보았습니다. 자 그럼, 이제부터는 구체적인 평가 방법을 살펴보겠습니다."와 같은 한 문장 이상의 표현까지를 포함한다. 이러한 내용 연결 표현은 프레젠테이션에서 슬라이드 이동 시 활용하면 특히 유용하다. 내용 연결 표현을 사용하면 현재의 슬라이드에서 다음의 슬라이드로 이동할 때, 두 슬라이드 사이의 관계를 드러내어 청자가 내용의 연결 관계를 보다 쉽게 파악하도록 도울 수 있다.

1.4.2. 비언어적 표현

비언어적 표현은 발표 내용의 효과적인 전달에 도움을 주며, 발표자의 첫인상을 결정하는 중요한 요소이다. 때로는 언어적 표현보다 비언어적 표현이 발표 전체의 인상을 좌우하기 때문에, 발표자는 이를 충분히 고려할 필요가 있다. 비언어적 표현에는 목소리와 발음과 같은 준언어적 표현뿐만 아니라 시선, 손동작, 자세 등과 같은 몸짓언어가 모두 포함된다.

또한, 비언어적 표현은 발표자가 느끼는 긴장을 완화하는 데에도 도움을 준다. 예를 들어, 천천히 호흡을 조절하거나 허리를 곧게 펴고 안정된 자세를 취하는 것, 자연스러운 손 제스처를 활용하는 것, 청중과 적절한 눈 맞춤을 시도하는 것은 긴장을 줄이는 데 효과적이다. 이러한 비언어적 표현은 발표자의 자신감을 높여 주며, 청중에게 신뢰감과 안정감을 줄 수 있고, 발표자가 주제에 대해 가지고 있는 진실성과 열정을 자연스럽게 전달할 수 있게 한다.

1) 목소리와 발음

발표는 소리를 통한 의사소통이므로 발표 실행의 가장 기본이 되는 것은 목소리이다. 따라서 좋은 목소리는 발표의 목적을 달성하는 데 중요하다. 여기서 좋은 목소리란 타고난 미성을 의미하는 것이 아니라 발표에 적절한 목소리를 의미한다. 발표에 적절한 목소리란 발표 주제에 대한 확신을 갖고 굳건한 느낌을 주는 목소리를 말한다. 선천적으로 약하고 가는 목소리인 경우에는 아랫배로 소리 내는 훈련을 하여 목소리를 굳건하게 만들 필요가 있다. 목소리만큼 중요한 것은 정확한 발음이다. 대화에서는 말끝을 흐리더라도 상대가 알아들을 수 있지만 발표에서는 문장을 끝까지 명확히 발음해야 한다. 또한 여유를 가지고 깊은 목소리를 내려는 노력을 해야 한다.

목소리는 속도나 강세, 길이, 휴지(休止), 강조 등의 요소를 적절히 조절해야 한다. 특히 발표에서는 말의 속도가 중요하다. 너무 빠른 속도는 청중이 내용을 따라가기 어렵게 만들고 발표자의 긴장이나 조급함으로 인식될 수 있다. 너무 느린 속도는 집중력을 떨어뜨리고 발표를 지루하게 느끼게 만들 가능성이 있다. 즉, 발표에서 적절한 속도는 청중이 내용을 제대로 이해하는 데 기초가 된다. 여기서 중요한 것은 이러한 비언어적 표현이 단조로운 것보다는 발표 내용에 따라 변화가 필요하다는 것이다. 일반적으로 내용을 강조할 때는 보다 큰 소리로 천천히, 여유를 갖고 발성하는 것이 중요하다. 말의 휴지 역시 발표의 속도를 조절하는 데 기여한다. 중요한 내용을 이야기하기 전에는 휴지를 잠깐씩 두는 것이 좋으며, 중요한 내용은 보다 강세를 주어 발성해야 한다. 다만 발표 과정에서 목소리를 과장하거나 웅변조의 발성은 역효과가 날 수 있다. 발표를 할 때도 기본적으로는 일상적 대화처럼 자연스러운 목소리를 사용하는 것이 좋은데, 청중의 크기를 고려하여 평상시보다는 다소 많은 힘을 주어 발성해야 한다.

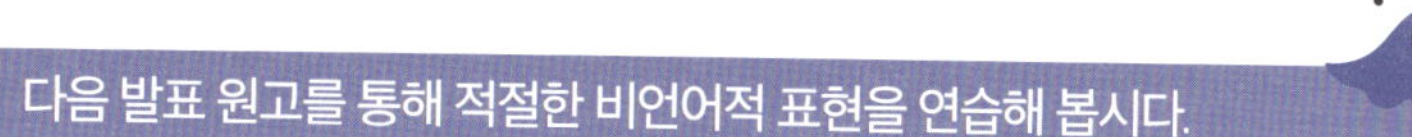

- 발표 주제: "디지털 미디어 사용, 우리에게 득일까 실일까?"

(자연스럽게)
안녕하세요. 저는 오늘 '디지털 미디어 사용의 이점과 위험'에 대해 말씀드리겠습니다.
요즘 우리는 하루의 대부분을 스마트폰, 컴퓨터, SNS 등 디지털 미디어 환경 속에서 살아갑니다.
【휴지】
(조금 빠르게)
디지털 미디어는 정보를 빠르게 검색하고, 사람들과 쉽게 소통하는 데 도움을 줍니다.
특히 학습과 업무 효율성을 높이는 데 큰 역할을 할 수 있죠.
예를 들어, 줌이나 구글 미트를 통해 비대면 회의나 수업도 가능해졌습니다.
【휴지】
(느리게)
하지만, 문제는 과도한 사용입니다.
하루 4시간 이상 스마트폰을 사용할 경우, 집중력 저하, 수면 장애, 정서 불안 등이 나타날 수 있다고 합니다. 여러분은 하루에 몇 시간이나 스마트폰을 사용하시나요?

【휴지】
(자연스럽게)
또한 SNS 중심의 소통은 실시간 반응에 민감하게 반응하게 만들고, 비교 심리를
유발하기도 합니다.
이로 인해 많은 사람들이 '디지털 번아웃'을 경험하고 있습니다.
【휴지】
(강조하며 느리게)
그래서 저는 오늘, 여러분께 디지털 미디어의 '균형 있는 사용'을 제안해 드리고자 합니다.
하루 사용 시간을 정해 놓고, 일정 시간은 디지털 디톡스, 즉 디지털 기기에서 벗어나는
연습을 하는 겁니다.
【휴지】
(자연스럽게 마무리)
기술은 우리가 잘 쓸 때 유익한 도구가 되지만, 그렇지 않으면 해가 될 수도 있습니다.
우리 모두 스마트하게 디지털 미디어를 사용하는 습관, 오늘부터 함께 실천해 보면
어떨까요?
감사합니다.
【휴지】

🕓소요 시간 안내
전체 발표 시간: 약 2분
중간 휴지와 느린 발화 구간이 포함되어 발표 리듬을 안정적으로 유지할 수 있음.

2) 시선

시선은 원고나 화면이 아니라 청자를 향해야 한다. 가장 좋지 않은 발표는 발표자는 원고를 계속 보고 청중은 화면을 계속 보는 경우이다. 이러한 발표는 발표자와 청중 간의 상호교섭 효과가 떨어져서 결국 일방적인 내용 전달이 되기 쉽다. 발표 내용을 숙지하여 별도의 원고 없이도 발표가 이루어질 수 있도록 해야 하며, 필요시에는 실행 개요서 정도를 활용하는 것이 적절하다. 발표자가 청중을 바라보며 발표를 진행하면 발표에 대한 준비도가 높다는 인상을 주어 발표자의 공신력을 높일 수 있다.

가장 바람직한 방법은 청중 개개인의 눈을 자연스럽게 바라보며 발표하는 것이다. 따뜻한 응시는 서로 간의 교감을 늘려 준다. 그러나 응시가 지나치면 청중이 부담을 느낄 수도 있고 발표가 어색해질 가능성이 있다. 따라서 시선을 옮기며 한 사람씩 차례로 응시하거나 청중의 머리 바로 윗부분을 쳐다보는 것도 좋은 방법이다. 이 경우 청중은 발표자가 자신을 정면으로 바라본다고 인식하게 된다.

3) 자세 및 손동작

발표는 말로 수행하는 것이지만 말만으로 완성되는 것은 아니다. 말과 함께 자연스러운 몸동작이 따라주어야 전달되는 내용도 빛을 발하게 된다. 이러한 몸짓언어는 전달되는 말이 어떻게 해석되어야 하는지에 대한 힌트를 제공하고 메시지의 의미를 보완하는 기능을 한다.

발표자의 자세는 그의 정신적 준비 상태와 침착성을 반영한다. 발표를 하는 기본자세는 두 발을 어깨 넓이로 벌리고 체중을 양발에 균등히 준 상태에서 허리와 어깨를 곧게 펴고 머리를 똑바로 든 자세이다. 이러한 바른 자세는 청중에게 신뢰감과 안정감을 준다. 그러나 발표 내내 동일한 자세를 유지하는 것은 쉽지 않다. 간간이 자세를 바꾸면서 단조로움에 변화를 줄 수 있으나 기본자세에서 너무 크게 벗어나는 것은 좋지 않다. 자세를 너무 빠르게 바꾸거나 반복적인 행동을 하는 것은 청중에게 불안감을 조성하므로 피해야 한다.

발표 시, 손동작은 다소 역동적인 것이 좋다. 발표자의 열정과 자신감을 드러낼 수 있기 때문이다. 그러나 과도하거나 불필요한 손동작은 청자의 집중력을 방해할 수 있으므로 삼가야 한다. 지시봉이나 원고, 마이크 등 발표자가 손에 들고 있는 것이 많으면 발표에 방해가 될 수 있으므로 되도록 한쪽 손은 비워두고 발표를 위한 손동작에 활용하는 것이 좋다. 이 경우, 프리젠터를 사용하여 손을 자유롭게 하고 앞을 보면서 자연스러운 움직임을 보여주는 것이 신뢰감을 형성하는 데 도움이 된다.

4) 발표 보조도구(레이저포인터, 프리젠터 등)의 사용

최근 프레젠테이션에서는 레이저포인터나 프리젠터 등의 보조 도구를 사용하는 경우가 많다. 그러나 이러한 도구를 적절히 사용하지 않으면 오히려 발표에 역효과가 날 수 있다. 레이저포인터의 경우는 발표에서 집중할 부분을 지시하는 데 효과적이지만 너무 역동적으로 사용하는 것을 삼가야 한다. 빨간 레이저 불빛을 빙빙 돌리는 것은 청자의 눈을 피로하게 하고 무례하게 여겨질 소지가 있다. 또한 발표자와 화면의 거리가 너무 멀거나 손이 떨릴 경우 레이저포인터의 빛이 흔들릴 가능성이 있으므로 유의해야 한다.

최근에는 슬라이드를 무선으로 넘겨주는 프리젠터를 많이 활용한다. 프리젠터가 없을 경우에는 보조자가 옆에서 키보드나 마우스를 이용하여 슬라이드를 넘겨주어야 하는데, 이 경우 서로 사인이 맞지 않으면 발표 과정에서 혼란이 야기될 수 있다. 프리젠터를 사용하면 이러한 실수를 방지할 수 있지만 프리젠터를 통해 슬라이드를 너무 빨리 넘기거나 앞뒤로 왔다 갔다를 반복하면 청중의 주의가 흐트러질 수 있으므로 적절한 수준에서 사용하는 것이 좋다.

1.4.3. 매체 자료의 활용

발표에서는 발표자의 말뿐만 아니라 다양한 매체 자료를 활용하여 발표 내용을 전달한다. 분과 블록의 연구(Boone, Block, & Kurts, 1994: 이창덕 외, 2017에서 재인용)에 따르면 조사 대상의 75%가 청각적 자극보다 시각적 자극에 더 강한 영향을 받는다고 한다. 매체 자료의 활용 유무는 발표 내용에 대한 청중의 이해 수준에 많은 영향을 미치기도 한다. 따라서 발표에서 어떤 매체 자료를 어떻게 활용할 것인지는 매우 중요하다.

발표에서 매체 자료를 활용하는 이유는 크게 두 가지이다. 첫째는 청자의 이해를 돕기 위함이다. 특히 복잡하고 낯설며 전문적인 개념을 설명할 때에는 그래프나 도표 등 시각 자료를 활용하는 것이 도움이 된다. 따라서 해당 정보의 속성을 고려하여 청자가 가장 이해하기 쉬운 형태의 매체 자료를 선정하여 제시할 필요가 있다. 둘째는 청자에게 강렬한 인상을 주기 위함이다. 이는 주로 정서적 측면과 관련이 있는데, 발표 중에 청자에게 극적 효과를 불러일으키거나, 발표 후에도 청자가 핵심 내용을 오래 기억하게 하려고 매체 자료를 사용한다.

그러나 매체 자료를 무분별하게 사용할 경우, 발표에 부정적 영향을 미칠 수도 있으므로 유의해야 한다. 매체 자료의 활용은 그 필요성을 잘 따져서 치밀한 계획하에 준비되어야 하는데, 특히 발표 준비에서 핵심 내용보다 매체 자료 제작 자체에 더 많은 시간을 쓰지 않도록 유의해야 한다. 대표적인 매체 자료의 유형은 다음과 같다.

1) 도표

도표는 자료의 구체적 수치를 전달하는 것이 중요할 경우, 가공하지 않은 데이터를 제시하여 청중이 이를 해석할 수 있게 할 경우, 조사의 철저함과 데이터의 풍부함을 보여주고자 할 경우 주로 사용한다.

도표를 활용하여 발표할 경우, 개별 정보를 나열하며 읽기보다는, 도표의 내용과 수치를 해석하여 발표 내용의 핵심 사항을 간추려 발표해야 한다. 예를 들어 <그림 3> 도표에서는 강조 표시된 2022년의 기준중위소득에 초점을 맞추어 내용을 전달할 수 있다. 이는 대학생들의 국가장학금 지원 구간 산정 시 가구원 수에 따른 소득 차이를 기준으로 정한다는 점을 보여주기 위한 자료로서 장학금 신청에 관심이 많은 대학생 청중을 고려하여 발표를 준비한 것이다.

연도별 기준중위소득

(단위: 원)

구분	1인	2인	3인	4인	5인	6인	7인
2017년	1,652,931	2,814,449	3,640,915	4,467,380	5,293,845	6,120,311	6,946,776
2021년	1,827,831	3,088,079	3,983,950	4,876,290	5,757,373	6,628,603	7,497,198
2022년	1,944,812	3,260,085	4,194,701	5,121,080	6,024,515	6,907,004	7,780,592

<그림 3> 매체 자료(도표)

2) 그래프

그래프는 발표 내용을 더 쉽게 이해하고 해석할 수 있도록 데이터를 시각화하여 보여주는 데 유용하다. 그래프의 여러 유형 중 막대그래프는 서로 다른 항목 간의 수치를 비교할 때 효과적인 그래프이다. 항목별로 막대의 길이나 높이를 비교함으로써 수치의 크고 작음을 직관적으로 보여준다. 또한 선 그래프는 시간의 흐름에 따른 변화나 추세를 보여줄 때 효과적이다. 각 시점의 수치를 점으로 표시한 후 선으로 연결하여 전체 흐름을 파악할 수 있다. 원그래프는 전체 중 각 항목이 차지하는 비율을 시각화할 때 효과적이다. 전체를 하나의 원으로 보고, 이를 각 항목의 비율에 따라 조각으로 나누어 제시한다.

이러한 그래프를 사용할 경우에는 제시하고자 하는 정보에 맞는 것을 사용해야 한다. 또한 의미 있는 정보를 선정하여 중심 내용을 압축적으로 보여주는 그래프를 선정해야 한다. 예를 들어 <그림 4>의 상단의 그래프는 '지나친 외래어나 외국어 사용을 자제하자'라는 주장의 프레젠테이션에서 사람들이 외래어/외국어를 사용하는 이유를 막대그래프로 비교한 자료이다. 해당 자료는 국립국어원에서 발표한 '2020년 국민의 언어의식 조사' 자료에서 발췌한 것인데, 주요 이유를 상위 5개 정도로 정리하고 압도적으로 많은 이유에 대해서는 강조 표시를 하여 제시하였다. 너무 많은 정보가 담긴 그래프를 제시하면 발표자가 의도하는 핵심 정보를 파악하기 어렵고 설명 역시 길어지므로 논의의 핵심이 간명하게 제시된 그래프를 활용하는 것이 좋다. 아래의 그림들은 그래프의 종류 중 막대그래프(상), 선 그래프(좌하), 원그래프(우하)의 예시이다.

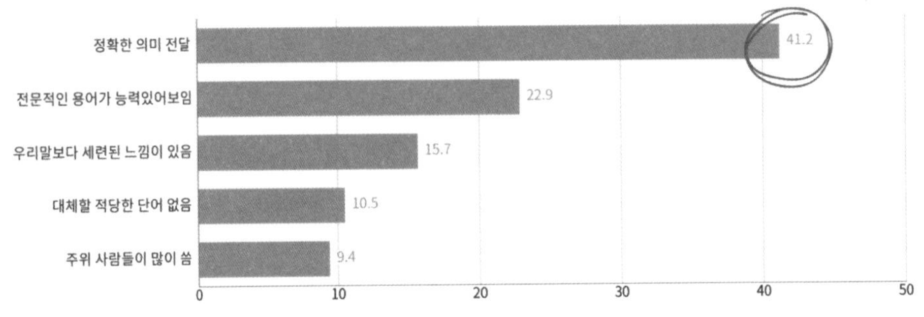

<표3> 외래어/외국어를 사용하는 가장 큰 이유

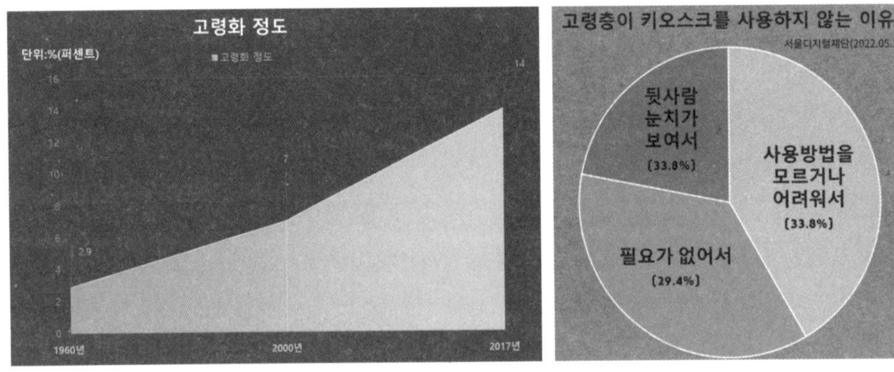

<그림 4> 매체 자료(그래프)

3) 그림과 사진

그림이나 사진은 말로 표현하기에 힘든 부분을 상세하게 전달하는 데 유용하다. 또한 말로는 잘 와닿지 않는 정보를 인상적으로 전달할 수 있다는 장점이 있다. 그림과 사진 등은 대표적인 시각 자료로서 청자의 청각 지각뿐 아니라 시각 지각을 활용하도록 함으로써 발표에 생동감을 불러일으킬 수 있다.

예를 들어 <그림 5>는 교내 전동 킥보드 전용차로 설치를 주장하는 프레젠테이션에서 활용된 사진으로, 발표자가 실제로 충북대 교내에서 촬영한 것이다. 좌측 사진은 교내에 보편적인 이동 수단이 된 킥보드 사용 실태를 보여주기 위해 교내에 주차되어 있는 킥보드를 촬영한 것이다. 우측 사진은 교내 이동 수단의 제한 속도가 20킬로라는 점을 명시적으로 보여주어 발표 주제의 필요성을 강조하는 데 사용되었다. 이러한 사진 자료를 통해 청자는 정보의 실제성을 체감할 수 있다. 특히 사진이나 시각 자료를 활용할 때 우리 주변의 모습을 담은 매체를 활용하면 현장감을 불러일으킬 수 있으며, 청중의 감정적 반응을 유발해야 하는 대목에서 효과적으로 사용할 수 있다.

<그림 5> 매체 자료(사진)

1.4.4. 슬라이드의 구성

슬라이드는 발표자에게는 발표 원고의 역할을 수행하는 동시에 청중에게는 발표자의 말을 이해시키고 오래 기억하기 위한 시각 자료의 역할을 한다. 슬라이드 작성에서 가장 중요한 것은 가독성과 가시성이다. 가독성이란 문자, 기호, 도형 등이 쉽게 읽히는 정도이며, 가시성이란 색채, 형태 등이 사람이 시선을 끄는 정도를 말한다. 즉, 슬라이드는 쉽게 읽히고 멀리서도 잘 보이게 작성해야 한다.

따라서 슬라이드는 최대한 단순하게 만들어야 하는데, 프레젠테이션의 목적, 내용, 상황 등을 고려하여 구성한다. 다음은 슬라이드를 제작할 때 유의해야 하는 사항을 정리한 것이다.

슬라이드의 구성 전략

- 슬라이드 전체가 통일성을 유지하도록 작성한다.
- 하나의 슬라이드에는 하나의 메시지만을 전달하도록 구성한다.
- 하나의 슬라이드에 사진이나 이미지는 4개 이하로 제한한다. 사진이나 이미지가 너무 많아지면 가시성이 떨어지고 산만해 보인다.
- 슬라이드 텍스트는 7×7 원칙을 준수한다. 이는 한 줄에 7단어를 넘지 않도록 하고 한 슬라이드에 7줄이 넘도록 하지 않는 것이다. 때로는 불가피하게 이를 넘어설 수도 있으나 이 원칙을 상기하며

최대한 단순하게 작성한다.

- 폰트의 종류와 색상은 너무 다양하지 않게 유의한다. 2~3가지 이상을 넘지 않도록 한다.
- 내용의 상위개념, 하위개념을 구분하여 내어쓰기, 들여쓰기를 하고, 글자 포인트 역시 위계화하여 조정하는 것이 좋다.
- 내용을 간결하게 표현하기 위해서는 명사나 명사형으로 종결하고 조사나 마침표도 가급적 생략한다.
- 핵심 내용은 글자색, 진하기 등으로 강조하도록 한다.
- 문장만 나열하지 말고 동영상이나 사진자료 등을 적극적으로 이용한다.

슬라이드의 수는 발표의 내용 수준에 따라 달라지는데, 통상적으로 2분당 1장 정도가 적당하다. 발표 시간이 1시간이라면 슬라이드 개수는 30개 정도를 준비하는 것이 적절하다고 할 수 있다. 또한 한 장에 담기는 정보도 제한되어야 한다. 꼭 필요한 내용이지만 하나의 슬라이드에 다 들어가기에는 너무 분량이 많다면 몇 장의 슬라이드로 나누어 작성하는 것이 청중의 이해를 돕는 데 도움이 된다. <그림 6>은 핵심 정보만을 강조하여 제시한 슬라이드의 사례이다. 좌측의 프레젠테이션은 '20대도 건강 검진을 주기적으로 받아야 한다'는 주제의 설득형 발표로서, 슬라이드 상부에 보면 '2. 국가건강검진을 왜 받아야하나'라는 목차를 제시하고 핵심 내용으로 '건강 상태 확인', '각종 조기 질환 발견'이라는 두 가지 이유를 강조하여 제시하고 있다. 우측 프리젠테이션은 '1일 적정 당 섭취량'이라는 핵심 정보를 전달하기 위해 다른 정보 없이 WHO의 섭취 기준만을 한 가운데 제시하고 있다. 일반적으로 한 슬라이드에는 7가지 이하의 요점만을 제시하는 것이 효과적이라고 알려져 있는데, 이 슬라이드처럼 핵심 요지가 2가지일 경우, 먼저 2가지의 핵심 사안을 강조하여 제시한 후 관련 세부 내용을 다른 슬라이드로 보완 설명하는 것이 좋다.

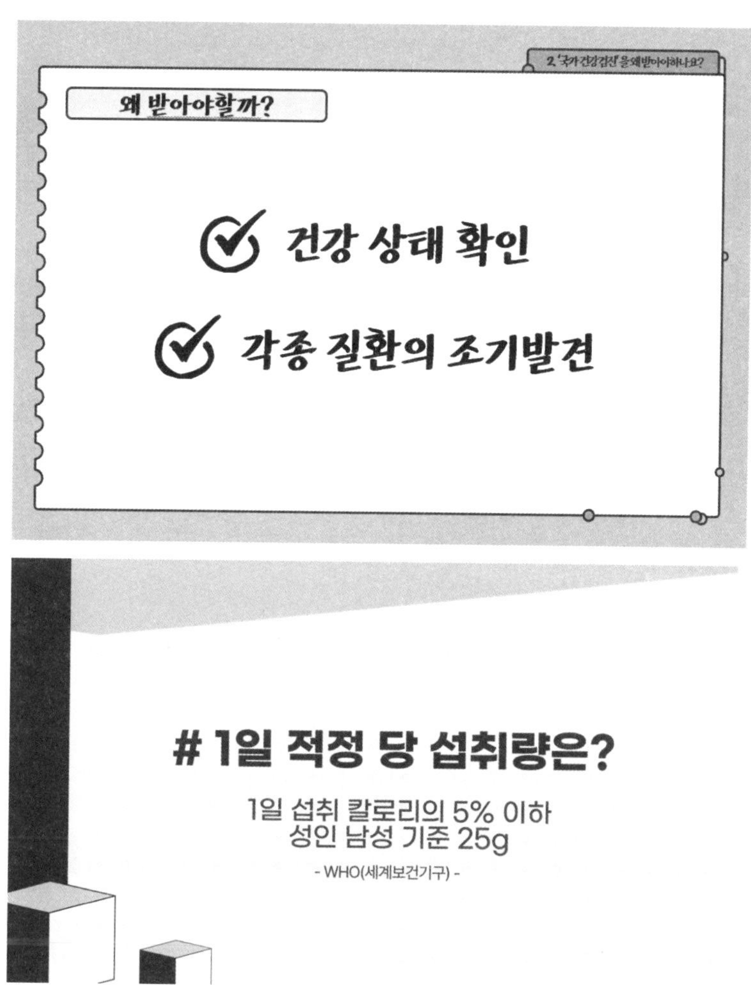

<그림 6> 핵심 정보를 제시하는 슬라이드 예

슬라이드는 흑백으로 만드는 것보다는 다양한 색채를 통해 해당 내용을 강조하는 것이 좋다. 색채를 사용하면 청자가 관련 내용을 보다 잘 기억하는 것으로 알려져 있다. 바탕색이나 글자, 도형 등에 색을 넣을 때는 단순히 멋있어 보이는 것보다는 청중의 이해를 도우면서 내용을 강조하는 효과가 있는지를 먼저 살펴야 한다. 기본적으로 한 슬라이드에 2~3가지 이내의 색을 사용하고, 모든 슬라이드에 이를 일관성 있게 사용하여 통일성을 주어야 한다. 슬라이드 디자인에서는 색채 대비를 통해 내용을 강조하는데, 일반적으로 흰색에 가까운 밝은 색을 바탕색으로 하고 검정색 계통의 진한 색 글자를 사용하는 것이 무난하다. 청중의 눈에 잘 띄게 하기 위해 글자색을 조정하는 것도 중요하지만 색을 사용할 때는 전체 내용과 어울리는지, 그리고 슬라이드를 보는 청중의 눈이 피로하지 않을지 등을 고려해야 한다.

또한 폰트의 종류나 색은 하나의 슬라이드에 3가지 이내로 사용하는 것이 좋다. 너무 많은 폰트

종류나 크기를 사용하면 글자체를 통한 강조 효과가 반감되기 때문이다. 제목과 본문에 사용할 글자체의 종류와 크기를 정했다면 이를 일관성 있게 전체 슬라이드에 적용해서 통일성을 주는 것이 좋다. 글자체는 빔 프로젝트나 모니터 화면에 투영되는 것을 감안해서 가시성이 좋은 고딕체를 사용하는 것이 적절하다. 명조 계열의 글꼴은 선의 굵기가 다양하고 삐침이 있어 글자의 일부가 희미하게 보이는 경향이 있기 때문이다. 글자의 크기는 발표 장소나 청중의 규모를 고려하여 결정한다. 일반적으로 발표 장소가 회의실이나 일반적인 강의실, 세미나실인 경우면 최소 글자 크기가 18포인트 이상이면 되나, 청중의 규모가 40명을 넘어서는 대형 장소의 경우에는 프레젠테이션의 최소 글자 크기가 25포인트는 넘어야 한다.

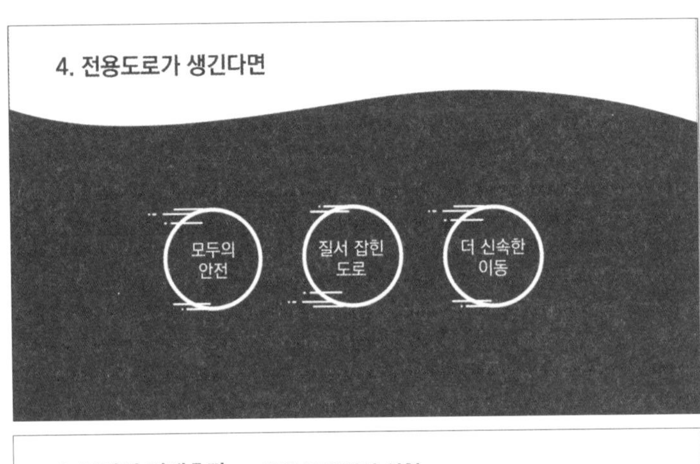

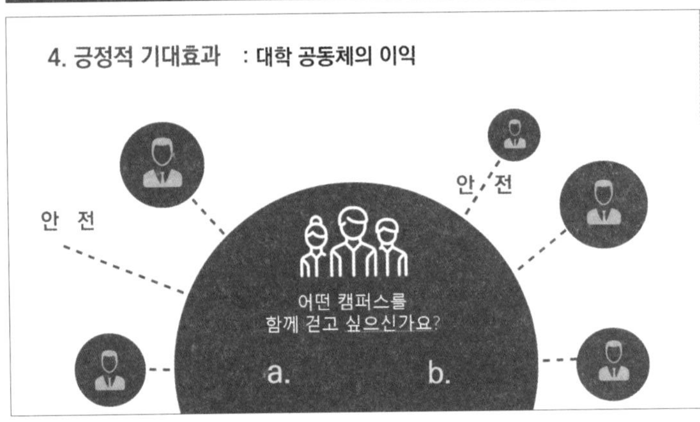

<그림 7> 폰트, 색상 디자인이 적절한 슬라이드 예

<그림 7>은 폰트, 색상 등 시각적 요소를 잘 활용한 슬라이드의 예이다. 이 슬라이드와 같이 전체적으로 흰색 바탕을 사용하고 눈을 피로하지 않게 하는 청색이나 남색 계통의 색을 통일성 있게 활용하면 시원한 느낌이 들고 가시성이 높아진다. 물론 청중의 시선을 끌기 위해 보다 강렬한 색

상을 사용할 수도 있으나 그 경우에도 너무 많은 색을 과도하게 사용하기보다 적정 수준을 유지할 필요가 있다. 글자의 크기 역시 고딕체를 기본으로 사용하고 강의실의 규모를 고려하여 적정 크기의 폰트를 활용하였다.

• 연습문제 •

- **다음 발표 주제 중 하나를 선택하여 발표 내용을 효과적으로 전달할 수 있도록 슬라이드 3장을 기획하고, 각각의 구성 요소를 설명하시오.**

- 발표 선택 주제:
'운동이 뇌 건강에 미치는 영향'
'육식을 줄여야 한다'
'효과적인 팀플 수업 방안 제안'

- 과제:

- 슬라이드 3장의 개요를 구성하고, 각 슬라이드의 핵심 메시지를 작성하시오.
- 각 슬라이드에 포함할 콘텐츠(텍스트, 그래프, 사진 등)를 기획하시오.
- 슬라이드 디자인(색상, 글꼴, 레이아웃 등)을 효과적으로 구성하는 방법을 제안하시오.

- **추가 활동: 실제 슬라이드를 제작하고 조별로 공유한 후, 가장 효과적인 구성을 선정하여 발표하기**

1.5. 프레젠테이션 실습

다음 단계에 따라 프레젠테이션을 준비하여 수행해 보자.

가. 아래 제시된 주제 중 하나를 선택하거나, 자유 주제를 선정한다.

1) 채식이 지구를 살린다.
2) 기후 위기 대응을 위한 개인 실천 전략
3) 대학생을 위한 효과적인 시간 관리 방법
4) 소셜 미디어가 인간관계에 미치는 영향
5) 생성형 AI가 인간 의사소통에 미치는 영향

나. 발표 기획 (계획서 작성) - 3P 분석 & 개요서 작성

- 발표의 목적(Purpose), 청중(People), 장소(Place) 분석
- 발표 개요서 작성 (도입부-전개부-정리부 구성)
- 발표 핵심 메시지 및 논리적 흐름 설계

다. 프레젠테이션 제작 (슬라이드 구성)

- 10장 내외의 슬라이드를 제작 (표지, 목차 포함)
- 매체 자료(도표, 그래프, 사진 등) 최소 3개 이상 활용
- 글자 수는 최소화하고 핵심 내용만 시각적으로 표현

라. 발표 실습 (실전 발표 & 녹화 평가)

- 제한 시간: 5~7분 발표
- 발표 영상 녹화 및 제출 (개별 or 팀별)
- 발표 후 자기 평가 & 동료 평가 진행

마. 피드백 및 수정 (발표 개선 연습)

- 피드백을 바탕으로 발표 내용을 보완하고 개선된 슬라이드 제출
- 발표 개선 전후 비교 분석

▶위 프레젠테이션을 아래의 평가 기준에 따라 평가해 보자.

프레젠테이션 평가표

평가 항목	평가 기준	점수					소계
발표 준비	발표 시간을 잘 준수했는가?	1	2	3	4	5	
	발표에 사용된 슬라이드, 동영상, 보조도구(마이크, 레이저포인터 등) 등의 준비 상태가 양호한가?	1	2	3	4	5	
슬라이드	슬라이드의 디자인은 발표 내용과 부합하며 조화로운가?	1	2	3	4	5	
	발표 시간을 고려할 때, 슬라이드 분량은 적절한가?	1	2	3	4	5	
	슬라이드 내용이 발표의 이해에 도움이 되었는가?	1	2	3	4	5	
발표 내용	발표 주제와 목적이 명확하며, 발표 맥락에 부합하는가?	1	2	3	4	5	
	주제와 관련된 내용만을 체계적으로 구조화하였는가?	1	2	3	4	5	
	발표의 내용이 흥미롭고 청중의 흥미와 관심사를 고려하였는가?	1	2	3	4	5	
	발표에 맞는 용어를 사용하고 설명이 충분하였는가?	1	2	3	4	5	
상호 작용	발표 내용의 강조와 변화를 통해 청중의 관심을 유도하였는가?	1	2	3	4	5	
	청중과의 의사소통이 원활하였는가?	1	2	3	4	5	
	청중의 반응이나 질문에 적절히 대응했는가?	1	2	3	4	5	
발표 태도	발표 자세와 태도가 청중에게 안정감과 신뢰감을 주었는가?	1	2	3	4	5	
	발표 내용에 맞게 적절한 비언어적 표현을 활용하였는가?	1	2	3	4	5	
	자연스러우면서도 열정적인 태도로 청중에게 깊은 인상을 남겼는가?	1	2	3	4	5	
총점(최소 15점 ~ 최대 75점)							

의존 형식이자 자립 형식인 예들②

이번에도 의존 형식과 자립 형식의 형태가 같아 띄어쓰기를 할 때 주의를 요하는 예들에 대해 살펴보기로 한다. 우선 아래의 문장들 중 띄어쓰기가 올바르게 된 예들을 찾아보자.

예 지, -지

① 어떻게 활용할지를 / ② 어떻게 활용할 지를

③ 실험을 시작한지 48시간이 지난 후 / ④ 실험을 시작한 지 48시간이 지난 후

만, -만

① 본 연구에서는 일차 분석만을 진행하였다. / ② 본 연구에서는 일차 분석 만을 진행하였다.

③ 실험을 시작한 지 48시간만에 / ④ 실험을 시작한 지 48시간 만에

밖에, -밖에

① 둘을 구별할 단서가 음향 특징밖에 없지만 / ② 둘을 구별할 단서가 음향 특징 밖에 없지만

② 건물밖에 나가면 / ④ 건물 밖에 나가면

간, -간

① 한 달간의 배양을 거쳐 / ② 한 달 간의 배양을 거쳐

③ 이들간의 유사성에 의한 것이다. / ④ 이들 간의 유사성에 의한 것이다.

①과 ② 중에서는 ①이, ③과 ④ 중에서는 ④가 정답이다. ①, ②의 문장에 사용된 '-지, -만, -밖에, -간'은 의존 형식이므로 앞말과 붙여 써야 하고, ③, ④의 문장에 사용된 '지, 만, 밖에, 간'은 자립 형식이므로 앞말과 띄어 써야 하기 때문이다. 이들의 띄어쓰기 여부를 판단할 때 중요한 것은 이들이 가진 '의미'이다. '지'와 '만'의 예를 먼저 살펴보자. ①, ②와 달리 ③, ④의 '지'와 '만'에서는 '시간의 흐름'이라는 다소 구체적인 의미가 느껴지지 않는가? 이처럼 시간의 경과를 나타내는 '지'와 '만'을 사용할 때에는 이들은 의존 명사 즉 자립 형식에 해당되므로 앞말과 띄어서 적어야 한다.

'밖에'는 '밖'과 '에'가 결합된 구성으로 이들의 의미의 합인 '바깥에' 정도의 의미가 관찰되는

경우도 있지만, 이와 달리 '그것 말고는, 그것 이외에는'과 같은 의미로 사용되는 경우도 있다. '건물 밖에 나가면'의 '밖에'는 전자의 예에 해당되어 '건물 바깥에 나가면'으로 대치하여 사용해도 무방하지만, '음향 특징밖에 없지만'은 '?음향 특징 바깥에 없지만'으로 대치하면 어색한 문장이 된다. 이때의 '밖에'가 후자의 의미로 사용된 예에 해당된다. 그리고 이와 같은 '밖에'는 사전에 조사로 등재되어 있으므로 의존 형식으로 판단하여 앞말과 붙여 써야 한다.

마지막으로 '간'은 한자 '間'의 본래의 의미인 '사이'의 의미가 분명하게 나타나는 경우에는 자립 형식으로, '사이'의 의미보다는 기간을 나타내는 '동안'의 의미가 나타나는 경우에는 의존 형식으로 판단하여 띄어쓰기를 해야 한다. 위의 예 중 '이들 간의'의 '간'은 '이들 사이의'로 대치가 가능할 만큼 '사이'의 의미가 분명하게 나타난다. 그렇다면 이때의 '간'은 자립 형식이므로 앞말과 띄어 써야 하는 것이다. 반면 '한 달간의'의 '간'은 '한 달 사이의'의 의미로 파악해도 크게 어색하지는 않지만, 이보다 정확한 의미는 '한 달 동안의'로 볼 수 있다. 이와 같이 '동안'의 의미가 나타나는 '간'은 의존 형식이므로 앞말과 붙여서 적어야 한다. 참고로 의존 형식과 자립 형식의 형태가 완전히 동일하지는 않지만 유사성이 높아 자주 헷갈리는 예를 하나 더 살펴보도록 하자.

데, -ㄴ데

① 이상이 있는 것으로 판단되는데 / ② 이상이 있는 것으로 판단되는 데

③ 결론을 도출하는데 영향을 주지는 않는다. / ④ 결론을 도출하는 데 영향을 주지는 않는다.

위의 예에서 올바른 띄어쓰기가 적용된 문장은 ①과 ④이다. ①에 사용된 '-ㄴ데'에는 문장을 연결해 준다는 문법적인 의미만이 존재하나, ④에 사용된 '데'에는 '것' 정도의 다소 구체적인 의미가 담겨 있다. '그 아이가 말한 데가 여기야?'와 같은 문장의 '데'에는 '장소'의 의미도 분명히 나타난다. 이와 같이 '장소'나 '일' 또는 '것', '경우'와 같은 의미로 사용되는 '데'는 의존 명사이므로 앞말과 띄어서 쓰는 것이 옳다.

언뜻 복잡해 보이지만 이번에 다룬 예들은, 자립 형식이 의존 형식에 비해 보다 분명한 의미를 가진다는 점에서 공통된 특징을 보인다. 글을 쓰는 과정에서 자립 형식과 의존 형식의 형태가 같은 예들의 띄어쓰기가 고민될 때, 비교적 구체적인 의미가 느껴진다면 자립 형식에 가까울 것이라 판단해 보고, 다소 모호하거나 본래의 의미와는 다른 새로운 의미가 느껴진다면 의존 형식에 가까울 것이라 판단해 보자. 헷갈리는 띄어쓰기 상황에서 나름의 판단 기준은 되어줄 수 있을 것이다.

2. 토의와 토론

학습 목표

1. 토의와 토론의 개념과 목적을 이해하고, 문제 해결 과정에서 이를 효과적으로 활용할 수 있다.
2. 토의와 토론의 절차를 이해하고 단계별 전략을 적용할 수 있다.
3. 논리적 사고력, 비판적 사고력, 의사소통 능력 등을 함양하여 사회적 쟁점이나 다양한 주제에 대해 효과적으로 의견을 나눌 수 있다.

일반적으로 토의와 토론은 혼용되기도 한다. 토의와 토론은 참가자들이 문제를 민주적이고 합리적으로 해결하기 위해 논의한다는 점에서 서로 유사하다. 둘 다 집단 사고를 통하여 최선의 결론을 얻으려고 한다는 점에서 공통점이 있으나, 각각이 지향하는 목적과 방식에서 차이가 있다.

토의는 특정한 문제에 대해 다양한 의견을 공유하고 최선의 해결책을 찾는 과정이다. 토의에서는 참가자들이 서로 협력하여 합리적인 결론을 도출하는 것이 목적이며, 반드시 찬반이 나뉘거나 승패가 결정되는 것은 아니다. 주로 학습 활동이나 직장에서의 회의, 정책 결정 과정에서 활용되며, 참가자들은 서로의 의견을 존중하면서 창의적인 해결책을 모색한다. 따라서 토론이 경쟁적인 성격을 가진다면, 토의는 협력적이고 합의 지향적인 성격을 가진다고 할 수 있다.

반면 토론은 찬성과 반대, 혹은 대립하는 입장을 가진 두 개 이상의 주장이 논리적으로 맞서며 승패가 갈릴 수 있다. 토론에서는 논리적 근거와 설득력이 중요한 요소가 되며, 감정보다는 객관적인 자료와 논리적 추론을 바탕으로 상대를 설득하는 것이 핵심이다. 토론의 참가자는 자신의 입장을 강력하게 주장하고 상대의 논리를 반박하는 전략을 사용한다.

	토의(討議, discussion)	토론(討論, debate)
개념	집단사고의 과정을 거쳐 해결안을 모색하는 의사소통 방법	대립된 의견을 가지는 사람들이 상대방을 설득하는 의사소통 방법
목적	구성원의 협의 도출	상대방을 설득
방법	문제 해결을 위한 협의	찬반으로 나뉘어 주장
형식	자유로움(비형식적)	정해진 형식과 절차에 따라 진행
태도	상호 협력적, 우호적	경쟁적, 비판적

2.1. 토의

2.1.1. 토의의 개념과 목적

1) 토의의 개념

토의란 집단 구성원 공동의 관심사가 되는 문제의 가장 바람직한 해결 방법을 찾기 위하여 여러 사람들이 의견을 주고받는 집단 의사소통의 방법이다. 토의는 공동의 이해를 기반으로 함께 협의하는 집단 사고의 민주적 과정을 거치기 때문에 어느 한 사람의 주장에 의존하지 않는다. 최선의 해결안을 모색하는 과정에서 모두에게 공정한 발언 기회가 주어지고, 소수의 의견도 존중되며 가능한 모든 안이 검토된다. 문제에 대한 합리적이고 공정한 해결 방안을 찾기 위해 다수의 의견을 따르는 것이 바람직하지만, 소수의 의견이라 해서 무조건 배척해서는 안 된다. 왜냐하면 토의에서는 해결안의 결정만이 중요한 것이 아니라, 합리적인 해결안에 이르는 과정도 중요하기 때문이다.

또한 토의는 공동의 이해를 바탕으로 문제 해결을 위해 가능한 모든 대안을 검토하는 과정을 거치기 때문에 집단 사고의 의의가 충분히 있다. 또한 문제에 대한 최상의 해결 방안을 결정해 줄 뿐만 아니라 그 방안을 성공적으로 수행할 수 있게 한다. 왜냐하면 토의 과정을 통해서 참가자들은 문제의 본질에 대해서 충분히 이해할 수 있고, 또 결정된 해결 방안을 실행하는 데 필요한 여러 가지 지식과 정보를 얻을 수 있기 때문이다.

2) 토의의 목적

토의를 성공적으로 이끌기 위해서는 집단의 구성원 모두가 문제 상황에 대한 인식을 공유하고 문제 해결을 위해 함께 노력해야 한다. 한 사람의 결정에 전적으로 의존하는 것이 아니라 여러 사람이 힘께 노력하여 최선의 방안을 결정하는 것이다. 문제의 상황이 다양하고 복잡한 만큼 그 목적도 다양할 수밖에 없다. 토의의 목적은 크게 세 가지로 구분할 수 있다.

먼저 문제와 관련한 지식이나 정보를 이해하기 위한 토의를 들 수 있다. 이러한 토의에서 참여자들은 문제와 관련한 지식과 정보를 공유한다. 참여자들은 서로의 정보와 의견을 나눔으로써 문제에 대한 이해를 높이게 된다.

둘째는 문제를 해결하기 위한 토의이다. 문제 해결을 목적으로 하는 토의에서는 문제를 해결하기 위한 여러 가지 대안을 검토하고 그중에서 가장 최선의 방안을 결정하게 된다. 그 과정에서 다양한 의견뿐만 아니라 합리적인 해결책이 도출된다.

마지막으로 집단의 다양한 이해관계나 이견을 조율하기 위한 토의이다. 집단 내 구성원이 저한 상황에 따라 이해관계가 다르다. 이러한 차이가 집단 내부의 갈등 상황으로 번지게 된다. 토의를 통하여 이러한 차이를 조율하고 집단 구성원의 화합을 도모하게 된다.

2.1.2. 토의의 종류

토의란 공동의 관심사가 되는 문제를 해결하기 위해 여러 사람이 의견을 주고받는 과정이다. 따라서 아주 일상적인 일에서부터 국가의 정책을 결정하는 일에 이르기까지 광범위하게 이루어진다. 토의 참가자들은 격식과 절차에 따라 주어진 문제에 대하여 의견이나 지식, 정보 등을 서로 나누게 된다. 이 과정에서 문제를 여러 가지 측면에서 이해하게 되고, 최선의 해결 방안을 찾을 수 있다. 토의는 집단의 규모와 토의 내용 등에 따라 다양한 유형이 있다. 대표적인 토의 종류를 살펴보면 다음과 같다.

1) 원탁토의(round table discussion)

원탁토의는 자유 토의의 대표적인 형식으로서 5~10명 정도의 참가자가 테이블 주위에 둘러앉아서 자유롭게 발언하며 의견을 나누는 토의 방식이다. 참가자 전원이 상호 대등한 관계 속에서 정해진 주제에 대해 자유롭게 서로의 의견을 교환한다. 사회자는 참가자 전원이 발언할 수 있도록 기회를 균등하게 제공하여야 하며, 토의 참가자들은 자유로운 분위기 속에서 상호 협력적인 태도로써 문제 해결을 위해 노력해야 한다.

원탁토의는 집단의 규모가 작고 비공식적인 방식이기 때문에 토의 진행이 쉽다. 참가자 모두에게 여러 차례 발언 기회가 주어지므로 자유롭고 활발한 의사 교환을 이룰 수 있다. 또한 특별한 절차나 규칙에 얽매이지 않고 자유롭게 의견을 제시하여 문제를 해결하거나 의사 결정을 내릴 수 있는 것이 장점이다. 그러나 이 방식은 대규모 집단에는 적용하기에 부적합하고, 토의 참가자들이 의견 제시를 주저하거나 몇몇 사람들이 자기의 생각을 강하게 주장할 경우 토의 진행이 어렵거나 토의 자체가 혼란에 빠질 수 있다. 또한 토의 참가자가 지식수준, 대화 능력 등에 차이가 있거나 혹은 토의 준비를 철저히 하지 않으면 발언이 특정인에게만 편중될 수 있으며, 토의가 산만하게 진행되기 쉽다. 이에 따라 시간 낭비가 될 수도 있다. 자칫 잘못하면 무책임한 태도나 의견으로 토의 결과의 질이 낮아질 수 있는 단점도 있다.

2) 패널 토의(panel discussion)

패널 토의는 '배심토의'라고도 하는데, 전문적인 지식이 필요한 주제에 대하여 전문가들이 집단의 대표성을 가지고 토의한 후 그 결과를 전체가 공유하는 토의 방식이다. 특정 문제에 대해서 대립된 견해를 가지고 있는 4~6명의 배심원들이 사회자의 진행에 따라 토의를 진행한다. 토의는 패널들이 먼저 문제와 관련된 자기의 입장이나 의견을 발표한 후, 사회자가 미리 준비한 질문에 따라 각자의 견해를 밝히는 형식으로 진행된다. 사회자는 각 패널에게 발언 기회를 고르게 주고, 필요에 따라서는 발언 내용을 요약하거나 문제를 분명히 드러내기 위하여 추가 질문을 한다. 청중은 토의에 참여하지 않고 주로 듣는 역할을 한다. 하지만 경우에 따라서는 청중에게 질문 또는 의견을 제시할 수 있는 기회가 제공되기도 한다.

패널 토의는 하나의 주제를 다양한 측면에서 깊이 있게 다룰 수 있다는 장점이 있다. 전문가와 청중 모두 각자의 지식이나 정보 등을 서로 교환하여 당면 과제에 대하여 깊이 이해하고 앞으로의 행동 방안을 찾을 수 있다는 것이 큰 장점이다. 또 다른 사람의 의견을 듣고 비판하는 능력을 기르는 데 효율적이다. 따라서 특정 분야의 전문적인 문제를 해결하는 데 서로 다른 의견을 수렴하고 조정하는 수단으로 활용하는 것이 좋다.

3) 포럼(forum)

포럼은 1~3명 정도의 발표자가 10~20분간 공개적인 발표를 한 후, 이를 중심으로 청중과 질의응답을 하는 방식으로 토의를 진행한다. 청중이 직접 토의에 참여하여 공식적으로 발표한 연설자에게 질의를 하거나 받을 수 있다는 점이 특징이다. 패널 토의에서는 배심원들의 토의가 끝난 후에 청중들이 질의응답을 하지만 포럼은 처음부터 청중이 참여한다.

포럼은 청중과 질의응답을 하는 방식으로 이루어지기 때문에 사회자의 역할이 무엇보다도 중요하다. 사회자는 발표 시간, 청중의 질의 시간, 발언 횟수 등을 적절히 조절해야 한다. 또한 활발한 토의를 위해서 참가자들이 질문을 할 수 있도록 자유로운 분위기를 조성해야 한다. 포럼은 토의 문제가 구성원들과 밀접한 관련이 있거나 전체 구성원의 의견을 수렴할 필요가 있는 경우에 활용할 수 있다.

4) 심포지엄(symposium)

심포지엄은 특정 주제에 대해서 각기 다른 의견을 가진 4~5명의 전문가들이 자기 의견을 발표한 다음, 이 의견에 대해 청중들의 질문을 받아 응답하는 토의 형식이다. 이 과정에서 논쟁의 여지가 있는 주제는 전문적인 지식을 활용하여 반박할 수 있다. 심포지엄이 다른 토의와 구별되는 점은 토의에 참여하는 발표자나 사회자 그리고 청중이 모두 토의 주제에 관한 전문가들이라는 점이다. 사회자가 토의 주제와 참가자, 진행 방법 등을 소개한 후, 사회자의 진행에 따라 해당 분야의 전문가가 차례로 자신의 견해를 발표하는데, 짧은 시간의 보충 설명 기회를 주기도 한다. 이어서 주제에 따른 전문적 지식의 이해를 목적으로 지정 토론자와 질의응답을 한 후, 전체 참가자와 전체 토의로 진행되며 최종적으로 사회자가 토의를 정리한다.

심포지엄은 짧은 시간에 특정 주제나 문제와 관련된 체계적이고 전문적인 정보와 지식을 얻을 수 있으며, 주제나 문제에 대한 다양한 관점이 제시되기 때문에 총체적인 안목을 기를 수 있다. 하지만 짧은 발표 시간으로 인해 심도 있는 논의가 어려울 수 있으며, 토의자 간 의견 교환이나 논평의 기회가 거의 없기 때문에 상호작용에 의한 의견 수렴과 판단의 여지가 별로 없이 형식적인 발표로 끝날 우려가 있다.

5) 브레인스토밍(brain-storming)

브레인스토밍은 특정 주제에 대하여 여러 사람이 아이디어를 무작위로 개진하여 그중에서 최선책을 찾아내는 방법으로, 짧은 시간에 많은 아이디어를 얻는 데 매우 효과적이다. 원활한 브레인스토밍을 진행하기 위해서는 다음의 4가지 원칙을 준수해야 한다.

① 자유로운 분위기 유지: 강압적이지 않고 자유로운 분위기에서 진행한다. 이러한 분위기는 사람들이 생각의 틀에서 벗어나 상상력을 마음껏 발휘하도록 한다. 권위를 가진 사람이 자신의 의견을 강하게 주장하거나 다른 사람의 아이디어를 무시하면 구성원이 위축되기 쉽다.
② 질보다 양: 아이디어는 많으면 많을수록 좋다. 많은 아이디어에서 좋은 아이디어가 나올 확

률이 높다. 아이디어의 좋고 나쁨의 판단을 하지 않고 무조건 아이디어를 만들어 내는 것이 좋다.

③ 비판하지 않음: 상대방이 어떤 아이디어를 내든지 비판하지 않는다. 아이디어에 대한 평가는 보류되어야만 한다. 한번 비판을 받게 되면 위축되어 아이디어를 내어놓기가 어려워진다.

④ 결합과 개선: 참가자는 자기의 아이디어를 제시하는 것뿐만 아니라 다른 사람의 아이디어를 더 좋은 아이디어로 바꾸거나 두세 개의 아이디어를 결합하여 훨씬 더 좋은 아이디어를 만들 수 있다.

브레인스토밍은 다른 사람의 아이디어에 대한 비판을 하지 않도록 하고 있기 때문에 토의라 말하기 어려운 부분이 있다. 하지만 참석자들이 새롭고 기발한 의견들을 자유롭게 제시한 뒤에 그것 중에서 평가나 토의를 통해 해결책을 모색하는 것이기 때문에 토의의 일종으로 볼 수도 있다. 특히 짧은 시간 내에 많은 아이디어를 취합해야 하는 경우나 참여자들의 개별적 의견이나 태도를 알아보고자 할 때 효과적으로 활용된다.

6) 브레인라이팅(brain-writing)

브레인라이팅(Brain-writing)은 브레인스토밍(Brain-storming) 기법이 지닌 단점을 보완하기 위해 개발된 토의 기법이다. 브레인스토밍이 자유로운 분위기 속에서 서로의 아이디어를 비판하지 않은 채 많은 아이디어를 쏟아내다 보니 자칫 목소리가 큰 사람이나 발언을 많이 하는 사람에 의해 전체의 토의가 이끌려갈 가능성이 크다. 그렇게 되면 발언이 적은 사람이나 내성적인 사람은 자기 의견을 충분히 발휘하기가 어렵게 된다. 그렇다고 이들에게 아이디어가 없는 것은 아니다. 오히려 독특한 아이디어를 많이 가지고 있는 경우가 많다.

브레인라이팅은 '침묵의 브레인스토밍'이라는 별명이 붙은 것처럼, 참가자가 구두 발화를 하지 않고 종이에 아이디어를 적는 방식이다. 가로 3칸, 세로 6칸으로 된 용지를 준비하고, 모든 참가자는 각자 3가지 아이디어를 용지의 가로 첫 번째 줄에 적는다. 작성 후, 용지를 5분마다 옆 사람에게 건넨다. 건네받은 용지의 두 번째 줄에 각자 아이디어를 쓴다. 이처럼 6명의 참가자가 3개씩의 아이디어를 5분마다 계속 생각해 낸다. 이 기법의 가장 큰 특징은 침묵을 지키면서 집단 사고를 진행한다는 것이다. 따라서 모든 사람이 평등하게 의견을 개진할 수 있고, 또 서로의 아이디어에 자극을 줄 수도 있다.

---

1) 지세한 진행 방식은 토의의 실습 부분에서 설명하고 있다.

브레인라이팅은 브레인스토밍의 장점을 모두 취하면서 주어진 시간 내에 참가자 모두 공평하게 참여할 수 있다. 또한 참가자들은 앞 사람의 아이디어가 촉매제 역할을 하여 자신의 뇌를 자극할 수 있다는 점과 남의 눈치를 보지 않고 과감하게 자신의 의견을 적어 내려갈 수 있다는 것이 장점이다.

브레인라이팅은 브레인스토밍과 마찬가지로 문제의 원인 분석, 해결안의 도출, 실행 계획의 수립 및 평가 기준 개발 등 문제 해결 전 과정에서 광범위하게 활용될 수 있다. 특히 깊이 생각해서 정선된 아이디어를 얻는 것이 중요할 경우나 팀의 문화가 지나치게 인간적으로 형성되어 사교지향적인 경우, 팀 내에 심한 갈등이 있거나, 주제의 논쟁 유발 가능성이 높은 경우 등에 유용하게 활용할 수 있다.

2.1.3. 구성원의 역할

토의는 집단적으로 이루어지기 때문에 주어진 역할을 제대로 소화하지 못하면 토의가 원만하게 진행되지 못하며, 공동체를 위한 최선의 해결안을 도출할 수 없게 된다. 그렇기에 토의에 참여하는 사람들은 각자의 역할을 명확히 인지해야 한다.

1) 사회자

토의에서 사회자는 토의를 전반적으로 진행하는 사람이다. 토의를 원활하게 수행하기 위해서는 특히 사회자의 역할이 중요하다. 사회자는 토의 진행 규칙을 준수할 뿐만 아니라 다른 참여자 못지않게 토의의 최종 목적을 분명히 인지하고 있어야 하며, 토의 주제와 관련한 여러 배경지식을 충분히 갖추고 있어야 한다. 그렇지 못한 경우 토의의 흐름이 엉뚱한 방향으로 흐를 수 있기 때문이다. 그러므로 다른 참여자 못지않게 사전 조사와 준비가 필요하다.

토의가 시작되면 사회자는 우선 토의 참여자를 소개하고, 규칙을 설명한 다음 토의 주제를 전달한다. 이미 알고 있는 주제라고 하더라도 토의 참여자들에게 토의 주제와 토의 범위를 명확하게 규정해 주어야 한다. 토의가 시작되면 사회자는 토의 참여자들로 하여금 토의 주제에 대한 다양한 의견을 이끌어 내야 한다. 참여자들이 각 토의 사항에 대하여 적극적으로 의견을 나눌 수 있도록 하며, 적절한 시점에서 논의가 어느 정도 진행되고 있는지 토의 참여자들에게 알려 주어야 한다. 또한 그동안의 논의를 적절하게 요약함으로써 참여자들의 이해를 돕고 논점이 흐트러지는 것을 막을 수 있다.

사회자는 각 참여자에게 발언 기회를 공정하고 균등하게 배분해야 한다. 그리고 만약 토의 참여자들 간에 갈등이나 의견 충돌 등이 있을 경우는 이를 슬기롭게 조정하고 해결해 주어야 한다.

논의의 진행 속도가 빠르면 충분히 의견 개진이 어렵게 되므로 문제가 되는 사안의 성격과 중요성에 따라 논의의 속도를 조절하는 것도 중요하다. 토의가 끝난 뒤에는 그 내용을 정리하여 보고하여야 한다.

2) 토의 참여자

토의 참여자는 무엇보다도 적극적인 자세로 토의에 임해야 한다. 소극적인 자세로 임하게 되면 토의가 원만하게 진행되기 어렵다. 물론 적극적으로 임한다고 해서 사회자처럼 진행을 하거나 발언 기회를 혼자 독점해서는 안 된다.

토의 참여자는 토의의 주제와 목적이 무엇인지 분명히 알고 토의에 참여해야 한다. 토의 주제에 대하여 사전에 조사와 연구를 하고 해결 방안을 모색해 보아야 한다. 토의 진행 중에 발언을 할 때는 자기가 말하고자 하는 바를 정확하고 간결하게 말해야 한다. 또한 토의에 참여하는 사람들이 모두 알아들을 수 있도록 크고 명확하게 말해야 한다. 주변 사람들만 알아들을 수 있는 목소리로 말하거나 몇몇 사람들만 알 수 있는 내용을 말하면 안 된다.

또한 토의 참여자는 다른 사람의 의견을 존중해야 한다. 자기 생각을 다른 사람에게 강요하면 안 된다. 다른 사람들이 자신의 주장에 동의하게 하려면 먼저 주장에 대해 이해하도록 해야 한다. 그러기 위해서는 적절한 근거와 구체적인 사례를 들어서 다른 사람들이 이해하기 쉽게 말해야 한다.

3) 청중

청중은 토의에 직접 참여하지는 않지만 토의 주제에 대해 이해하고 있어야 한다. 그러기 위해서는 주제와 관련한 자료 조사나 정리를 하여야 한다. 청중이 토의 내용을 잘 알고 있어야 발표자들의 견해가 논리적으로 타당한 것인지, 합리적인 근거가 있는지, 해결 방안이 타당한지 등을 판단할 수 있다. 또한 청중은 상황에 따라 논제와 관련하여 모르는 부분이나 확인하고자 하는 부분에 대해서 발표자에게 질문을 할 수도 있다. 이때 주제에 관한 어느 정도의 지식과 정보가 있어야 질문을 제대로 할 수 있다. 생각의 정리가 안 되어서 장황하게 말하거나 문제의 논점을 벗어나는 질문을 하면 토의 진행에 방해가 된다. 따라서 청중도 간접적인 참여자라는 생각으로 토의에 적극적으로 임해야 한다.

2.1.4. 토의의 절차

토의는 공동체의 관심사가 되는 문제를 해결하기 위해 해당 구성원이 의견을 주고받는 의사소통의 방법이다. 토의를 합리적으로 진행하여 다수의 동의를 얻는 결과를 끌어내기 위해서는 합리적인 절차가 필요하다. 토의의 절차는 시간 낭비를 막고 정해진 시간 안에 효과적인 문제 해결을 얻기 위해 구체적으로 과정을 계획해 놓은 것이다. 일반적으로 토의 주제 확정하기, 토의 주제 분석하기, 해결 방안 모색하기, 해결 방안 결정하기 등의 순서로 진행된다.

1) 토의 주제 확정

토의를 하기 위해서는 우선 토의의 주제를 설정해야 한다. 그러기 위해서는 가능한 한 공동의 관심사에서 문제를 발견하는 것이 수월하다. 토의의 문제는 크게 세 가지 종류, 즉 사실적 문제, 가치적 문제, 정책적 문제로 나눌 수 있다.

사실적 문제는 어떤 문제를 정확히 이해하기 위한 토의 문제이다. 이러한 문제를 토의할 때는 문제의 배경과 환경, 문제의 원인 등을 논의한다. 가치적 문제는 어떤 문제에 대한 가치 판단이나 평가를 위한 문제이다. 어떤 것이 좋은지 나쁜지, 어떤 가치가 우선하는지 등을 논의하게 된다. 정책적 문제는 어떤 문제를 해결하기 위한 토의 문제이다. 이런 문제를 토의할 때는 현재의 문제가 무엇이고 해결 가능성은 있는지, 그 해결 방안이 현실적으로 가능한지 등을 논의하게 된다.

그런 다음 토의 참여자가 현재 해결해야 하는 문제들 중에서 그것의 중요성이나 필요성 등을 따져 가장 토의할 만한 가치가 있는 주제가 무엇인지 의논한다. 토의 주제는 대부분의 참여자들이 공감하고 필요로 하는 문제로 결정한다.

2) 토의 주제 분석

토의 주제가 정해지면 토의 주제에 대한 사전 조사와 연구를 한다. 어떤 문제에 대한 해결 방안을 찾기 위해서는 일단 그 문제를 확실히 이해하여야 한다. 문제가 발생하게 된 원인은 무엇이고 현재의 상황은 어떠하며 앞으로의 전망은 어떠한지 등을 조사하고 공유해야 한다.

3) 해결 방안 모색

토의 주제 분석이 끝나면 토의 참여자들은 해결 방안을 논의해야 한다. 문제를 해결하는 데에는 여러 가지 방법이 있으며, 사람에 따라 생각이 다를 수 있다. 그러므로 가능한 한 다양한 관점에서 문제 해결 방법을 생각해 본다. 생각이 다른 사람의 의견이라 할지라도 잘 듣고 이를 바탕으로 하여 더 좋은 방법은 없는지 찾아본다. 해결 방안은 구체적이고 현실적인 것을 제시해야 한다. 이를 위해서는 뒷받침할 만한 자료와 논거가 갖추어져야 한다.

4) 해결 방안 결정

마지막으로 토의 참여자들이 내놓은 여러 가지 해결 방안 가운데 합리적이고 가장 좋은 방안을 선택해야 한다. 각 방법의 장점과 단점은 무엇인지 면밀히 분석하고, 실현 가능성이 있는지 등을 하나하나 검토한 후 가장 바람직한 문제 해결 방법을 결정한다. 결정한 후에는 구체적인 실천 방안까지 논의하는 것이 좋다.

2.1.5. 토의 실습

이 부분에서는 '2.1.2. 토의의 종류'에서 설명하였던 토의 방식 중 몇 가지를 실습하도록 한다.

1) 원탁토의

모둠별 인원은 4~6명으로 구성하고, 인원이 많은 경우 10명까지도 한 모둠으로 구성할 수 있다. 강의 시간에 실습할 때는 6~7명 정도로 구성한다.

① 주제 선정

전체 모둠이 같은 주제로 토의할 수도 있고, 모둠별로 다른 주제로 토의할 수도 있다. 아니면 대주제는 같은 것으로 하고, 소주제를 모둠별로 다르게 하는 방법도 있다. 원탁토의 후 패널 토의를 하기 위해서는 대주제는 같은 것으로 하는 것이 좋다. 주제를 정할 때는 구성원들 전체의 의견을 듣고 다수가 동의하는 것으로 선정한다.

② 모둠별 토의

ㄱ. 원탁토의에서 발언 시간은 1회에 2~3분 정도가 적당하며, 사회자는 토의자들의 발언 시간과 발언 횟수(3~4회 정도)를 균등하게 부여해야 한다.

ㄴ. 1차 발언: 토의자 전원이 주어진 주제에 대하여 자신의 생각을 자유롭게 발표한다. 이때 자신의 의견이 명확히 드러나게 해야 한다.(3분)

ㄷ. 2차 발언: 다른 토의자의 주장에 대하여 질문하거나 반박을 한다.(2~3분)

ㄹ. 3차 발언: 다른 토의자의 질문에 답하거나 재반박을 하며 자신의 주장을 보충한다.(2~3분)

ㅁ. 4차 발언(정리발언): 토의자 전원이 자신의 주장을 최종적으로 종합, 정리하여 마무리한다.(1~2분)

ㅂ. 토의 내용을 정리하여 조별 토의 결과지를 작성한다. 또한 전체 토의에서 모둠의 토의 결과를 발표할 대표를 선정한다.

③ 토의 결과 발표 및 전체 토의

각 모둠별로 한 명씩 대표가 나와 각 모둠의 토의 주제와 토의 결과를 발표한다. 청중은 발표 내용을 메모하며 들으며 질문할 내용을 정리한다. 발표가 끝나면 청중은 발표 내용에 궁금한 점이 있거나 해결되지 못한 점에 대하여 발표자에게 질문을 한다. 발표자가 답변을 하지 못할 경우는 같은 모둠의 토의자가 대신 대답할 수도 있다.

④ 토의 결과지 작성

전체 토의 결과를 정리하는 토의 결과 보고서를 작성한다.

2) 브레인라이팅

브레인라이팅 실습을 위하여 6명씩 소그룹 단위로 토의 조를 구성한다. 그리고 조별로 진행자 1명을 정한다.

① 주제 선정

토의 구성원들의 의견을 모아 모둠별로 토의 주제를 선정한다.

② 주제 제시 및 진행 절차 확인

진행자가 참여자들에게 주제를 제시하고, 진행 절차를 설명한다. 진행자는 참여자들이 진행 절차를 모두 이해하였는지 확인한 다음 각자에게 브레인라이팅 용지를 한 장씩 배포한다. 이때 여분의 용지를 테이블 중앙에 놓는다.

③ 개별적으로 아이디어 작성

구성원 각자는 브레인라이팅 용지 Ⅰ난의 A, B, C 세 칸에 세 가지 아이디어를 적는다. 5분 후(처음에는 3분), 각자의 브레인라이팅 용지를 왼쪽 사람에게 넘겨준다. 왼쪽 사람이 아직 작업을 끝내지 못했다면 자신의 용지를 테이블 중앙에 있는 용지와 교환한다.

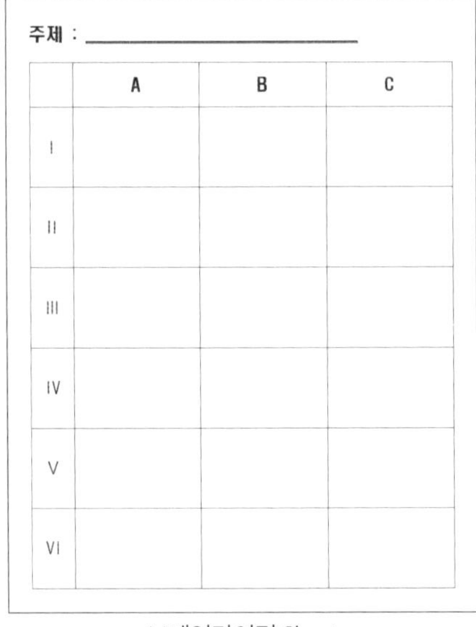

주제 : ____________

	A	B	C
I			
II			
III			
IV			
V			
VI			

브레인라이팅 Sheet

④ **타인의 아이디어 검토 및 자기 의견 기입**

각자 자신의 오른편 사람에게서 넘겨받은 용지를 보고 타인이 내놓은 아이디어를 검토한다. 그런 다음 용지의 Ⅱ난 A, B, C 세 칸에 아이디어를 적는다. 이때 자신의 독자적인 아이디어를 적어도 되고, 위에 작성되어 있는 타인의 아이디어를 확장하는 것도 가능하다. 3분이 지나면, 용지를 왼쪽 편에 있는 사람에게 전달하는 방식으로 브레인라이팅 용지의 Ⅵ칸까지 진행한다. 한 라운드(A, B, C의 각 난에 아이디어를 적는 것)에 소요되는 시간은 3분 또는 5분 정도가 적당하다. 뒤 라운드로 갈수록 앞에서 써 낸 아이디어를 읽어 볼 시간이 많이 필요하므로 시간을 여유 있게 하여 진행하는 것이 좋다.

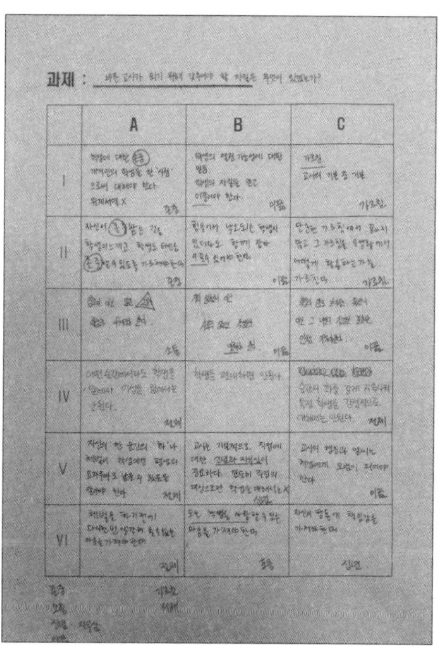

과제 :

	A	B	C
Ⅰ			
Ⅱ			
Ⅲ			
Ⅳ			
Ⅴ			
Ⅵ			

⑤ **작성된 Sheet 취합**

용지의 Ⅵ난까지 완성되면 용지를 취합하여 게시한다. 게시된 용지의 내용을 보고 각각의 아이디어에 대한 평가 및 합의를 도출하기 위한 회의를 준비한다.

⑥ **아이디어 평가**

6단계의 브레인라이팅 용지를 사용한다고 하면 시간은 20여 분이 소요된다. 토의에 6명이 참가했다고 하면 전체 아이디어의 수는 108개 정도가 된다. 제시되어 있는 아이디어를 평가하여 결과를 도출한다.

⑦ **토의 결과 발표**

모둠의 토의 결과를 전체 앞에서 발표한다.

• 연습문제 • 다음 주제 중 하나를 골라서 토의 실습을 해 보자.

- 최저임금 인상
- 정년 연장 정책
- 대학 내의 음주 규제
- 청년 실업 문제 대책
- 계층 대립 문제 해결 방안
- 충북대학교가 지역사회와 협력할 수 있는 방안
- AI 시대에 대학 교육은 어떤 방향으로 변화해야 하는가?
- 미래 사회에 예상되는 환경문제, 자원문제 등의 해결 방안

[붙임] 토의 결과 보고서

(　　　　　)조 토의 결과 보고서			
일 시		장 소	
참석자		진행자	
주 제			
토의 내용	● - - ● - - ● - - ● - -		

토의 평가표

조		구성원		평가자	
주 제					
평가범주	평가 요소			점수	총점
사회자	정확한 발음과 어법으로 표현하는가?			5, 4, 3, 2, 1	
	참여자에게 균등한 발언 기회를 주며 적극적인 참여를 유도하는가?			5, 4, 3, 2, 1	
	의견을 잘 조정하여 최선의 해결책을 이끌어내는가?			5, 4, 3, 2, 1	
	발언 내용을 잘 요약하여 전달하는가?			5, 4, 3, 2, 1	
	절차와 규칙을 잘 지키도록 하였는가?			5, 4, 3, 2, 1	
토의자	모든 토의자가 발언 기회를 고루 갖고 협력적으로 토의에 참여하는가?			5, 4, 3, 2, 1	
	의제에 관한 다양한 접근을 함으로써 문제 해결에 도움을 주는가?			5, 4, 3, 2, 1	
	발언 내용이 논리적이며 근거가 있는가?			5, 4, 3, 2, 1	
	자료는 의제와 관련되어 있으며 믿을 만한가?			5, 4, 3, 2, 1	
	다른 사람의 의견을 존중하는가?			5, 4, 3, 2, 1	
	점수: 5점(아주 잘함), 4점(잘함), 3점(보통임), 2점(부족함), 1점(아주 부족함)				
총 평					

2.2. 토론

2.2.1. 토론의 개념과 필요성

토론이란 특정한 주제에 대해 서로 다른 입장을 가진 사람들이 논리적으로 자신의 주장을 펼치고, 상대방의 주장을 반박하며 논의를 전개하는 의사소통 방식이다. 토론의 핵심 요소는 주장, 근거, 반박이며, 이를 통해 참가자들은 자신의 논리를 강화하고 상대의 논리를 검증하게 된다. 일반적으로 토론은 찬성과 반대, 혹은 다양한 관점이 대립하는 형태로 진행되며, 궁극적으로 논리적 사고력을 바탕으로 보다 타당한 결론을 도출하는 것을 목표로 한다.

토론은 단순한 의견 교환이 아니라 논리적 사고와 비판적 사고를 기르는 중요한 학습 도구다. 참가자들은 토론을 통해 문제를 다각도로 분석하고, 자신의 주장을 논리적으로 구성하는 능력을 키울 수 있다. 또한, 상대방의 논리를 검토하면서 논리적 오류를 발견하고 반박하는 과정을 통해 비판적 사고력이 향상된다. 이러한 과정은 학문적 탐구뿐만 아니라 일상적인 의사 결정에도 큰 도움이 된다.

그뿐만 아니라, 토론은 효과적인 의사소통 능력을 요구하고 발전시키는 데 중요한 역할을 한다. 자신의 주장을 명확하고 설득력 있게 전달하는 것은 사회생활에서 필수적인 역량 중 하나다. 논리적인 표현뿐만 아니라, 적절한 어휘 선택, 목소리 톤, 신체 언어 등을 활용하는 능력도 함께 발전하게 된다. 이러한 경험을 통해 학생들은 자신감을 갖고 의견을 개진할 수 있으며, 직장이나 공적인 자리에서도 효과적인 발표와 협상 능력을 발휘할 수 있다.

토론은 경쟁이 아니라 협력과 민주적 태도를 기르는 과정이기도 하다. 토론에 참여하는 사람들은 상대방의 의견을 경청하고 존중하는 자세를 가지며, 논리적 사고를 통해 사회적 합의를 도출하는 능력을 기른다. 이는 건전한 토론 문화를 형성하는 데 기여할 뿐만 아니라, 다양한 의견이 공존하는 민주주의 사회에서 최선의 결정을 내리는 데 필수적이다. 또한, 토론은 소수의 권위나 물리적 힘이 아닌 다수의 의견 교류를 통한 문제 해결 방식을 촉진하며, 구성원의 적극적인 참여와 합리적 의견 공유 문화를 조성한다. 이를 통해 사람들은 자신의 의견을 합리적으로 전달하고 상대의 주장을 비판적으로 분석하는 능력을 익히며, 감정적 태도가 아닌 논리적 설득 방식을 학습할 수 있다.

토론을 통해 습득한 논리적 사고력과 설득력, 비판적 사고는 학업뿐만 아니라 실생활에서도 광범위하게 활용될 수 있다. 현대 사회에서는 다양한 정보가 넘쳐나며, 이를 객관적으로 분석하고 사실과 의견을 구분하는 능력이 필수적이다. 직장에서의 협상, 정치적·사회적 문제에 대한 토의, 심지어 일상적인 대화에서도 논리적으로 의견을 전달하고 합리적인 결론을 도출하는 능력은 매우 중요하다. 토론을 통해 우리는 사회적 문제를 비판적으로 바라보고 해결 방안을 모색하는 공동체의 일원으로 성장할 수 있다.

효과적인 토론을 위해서는 단순한 기술 습득을 넘어 토론의 원리를 이해하고 준비하는 과정이 필요하다. 논제를 분석하고 논점을 도출하는 과정, 근거를 수집하고 논리적으로 배열하는 과정, 토론 개요서를 작성하고 입론을 구성하는 과정 등은 모두 충실한 토론을 위한 필수 단계다. 이러한 준비 과정을 거친 후에야 감정을 절제하고 이성적으로 논의를 전개할 수 있으며, 논리적이고 설득력 있는 토론을 진행할 수 있다.

이처럼 토론은 단순한 말싸움이 아니라, 논리적 사고력, 비판적 사고력, 의사소통 능력, 협력적 태도 등을 함양하는 중요한 학습 방법이다. 따라서 대학생들은 토론을 적극적으로 활용하여 사고력을 심화하고, 실생활에서도 효과적으로 의사소통할 수 있는 역량을 키워야 한다.

2.2.2. 토론의 유형

토론의 유형은 목적과 상황에 따라 다양하게 나누어진다. 먼저 대립 방식에 따라 찬반 토론과 자유 토론으로 나뉘기도 한다. 찬반 토론은 주어진 논제에 대해 찬성과 반대의 두 입장이 대립적으로 주장하는 방식이며, 자유 토론은 찬반의 주장 이외에도 다양한 의견을 제시하는 방식이다. 이 외에도 목적과 상황에 따라 실생활에서 이루어지는 현장 토론과 교육 목적으로 진행되는 교육 토론으로 나눌 수도 있다.

현장 토론은 우리가 일상적으로 접하는 다양한 상황에서 이루어진다. 가정이나 직장에서의 의사 결정 과정, 정치적·사회적 문제를 논의하는 공청회나 토론회, 방송 토론 등이 대표적인 예다. 이러한 토론에서는 공식적인 규칙이 엄격하게 적용되지 않으며, 상대방의 의견을 듣고 이에 대한 자기의 생각을 자유롭게 개진하는 것이 중요하다. 또한, 현장 토론은 사회적 합의나 문제 해결을 목적으로 이루어지는 경우가 많으며, 참여자들은 서로의 의견을 존중하면서도 비판적으로 검토하는 태도를 가져야 한다.

반면, 교육 토론은 학생들의 논리적 사고력과 비판적 사고력을 함양하기 위해 체계적인 형식과 절차를 갖추고 이루어지는 토론 방식이다. 교육 현장에서 활용되는 토론 방식은 다양한데, 특정한 논제를 중심으로 찬성과 반대 입장을 나누어 논리를 전개하는 형식이 일반적이다. 이러한 토론에서는 주장과 근거를 명확히 제시해야 하며, 상대의 논리를 반박하는 과정도 중요하다. 학생들은 토론을 통해 논리적 사고뿐만 아니라 자료 조사 능력, 효과적인 의사소통 능력을 기르게 된다.

또한, 교육 토론은 경쟁적인 요소를 포함할 수도 있지만, 궁극적으로는 비판적 사고력과 협력적 의사소통 능력을 기르는 것이 핵심 목표이다. 학생들은 자신과 다른 의견을 가진 사람들의 논리를 검토하고, 논리적 오류를 파악하며, 합리적인 대안을 모색하는 과정을 통해 보다 성숙한 사고방식을 갖출 수 있다. 이러한 과정은 단순한 말하기 능력을 넘어, 사회에서 발생하는 다양한 문제를 분석하고 해결하는 데 필요한 실질적인 역량을 키우는 데 기여한다.

결론적으로, 현장 토론은 자유로운 분위기에서 의견을 교환하며 실질적인 사회 문제의 해결책을 도출하는 것을 목표로 하는 반면, 교육 토론은 학생들의 논리적 사고력과 표현력을 기르는 데 중점을 둔다. 두 가지 방식의 토론을 상황에 따라 적절히 활용한다면, 우리는 논리적으로 사고하는 능력뿐만이 아니라 타인을 설득하는 능력까지 갖출 수 있을 것이다. 이 글에서는 교육 현장에서 주로 활용하는 교육 토론의 대표적인 유형을 소개하고자 한다.

1) CEDA(교차조사)식 토론

CEDA(Cross Examination Debate Association)식 토론은 1970년대 미국에서 대학생들의 논리적 사고력과 정책 토론 능력을 함양하기 위해 개발된 형식적 토론 방식이다. 1971년, 미국에서 설립된 교차조사토론협회(CEDA)에서 처음 시작되었으며, '교차조사 토론', '교차질문 토론', '상호질문형 토론', '확인조사 토론' 등으로도 불린다.

CEDA식 토론은 기존의 전국 대학생 토론 대회의 방식이 지나치게 기술적이고 속도 중심적인 토론으로 변질된 것을 비판하며, 보다 교육적이고 논리적인 토론 방식을 제공하기 위해 고안되었다. 기존 방식에서는 각자 자신의 주장만 강조하고 상대방의 의견을 충분히 경청하지 않는 문제가 있었기 때문에, 이를 보완하기 위해 교차조사 과정이 추가되었다.

CEDA식 토론은 찬성과 반대 두 팀이 특정 논제에 대해 논리적으로 주장하고 반박하는 방식으로 진행된다. 입론은 찬성 팀이 먼저 시작하고, 반론은 반대 팀이 먼저 시작하는데, 이는 찬성 팀이 논제의 타당성을 입증해야 하고 반대 팀은 이를 반박하는 역할을 맡기 때문이다. 그리고 입론 시간이 반론 시간보다 길다. 각 팀의 두 토론자가 모두 입론을 담당하기 때문에, 주장을 강력하게 표현할 수 있다. 또한, 제1 토론자의 입론에서 주장한 내용을 제2 토론자가 확장하여 논의를 심화하므로 보다 역동적인 토론이 가능하다. 모든 입론에는 교차조사가 이루어지는데 이를 통해 상대의 논리를 검토하고 허점을 찾아낸다. 이를 통해 참가자들은 상대의 논점을 명확히 이해하고, 논리적 허점을 파악하는 능력을 키울 수 있다.

<토론 진행 순서 및 시간>

	내용	시간
1	찬성 측 첫 번째 토론자(찬성 ①)의 입론	8분
2	반대 측 두 번째 토론자(반대 ②)의 확인질문	3분
3	반대 측 첫 번째 토론자(반대 ①)의 입론	8분
4	찬성 측 첫 번째 토론자(찬성 ①)의 확인질문	3분
5	찬성 측 두 번째 토론자(찬성 ②)의 입론	8분
6	반대 측 첫 번째 토론자(반대 ①)의 확인질문	3분
7	반대 측 두 번째 토론자(반대 ②)의 입론	8분
8	찬성 측 두 번째 토론자(찬성 ②)의 확인질문	3분
9	반대 측 첫 번째 토론자(반대 ①)의 반론	4분
10	찬성 측 첫 번째 토론자(찬성 ①)의 반론	4분
11	반대 측 두 번째 토론자(반대 ②)의 반론	4분
12	찬성 측 두 번째 토론자(찬성 ②)의 반론	4분
총소요시간		60분

2) 칼 포퍼식 토론

칼 포퍼식 토론은 오스트리아 출신의 철학자 칼 포퍼(Karl Popper, 1902~1994)의 이름을 따서 만들어진 토론 방식이다. 칼 포퍼는 비판적 합리주의를 강조하며, 논리적 검증과 반증을 통해 지식을 발전시킬 수 있다고 주장했다. 그의 철학적 관점은 토론의 기본 원리와 맞닿아 있으며, 이에 따라 비판적 사고와 논리적 반박을 강조하는 토론 형식이 개발되었다.

칼 포퍼식 토론은 특히 교육적 목적으로 설계되었다. 기존의 토론 방식이 지나치게 대결적이거나 복잡한 형식을 취하는 데 비해, 칼 포퍼식 토론은 논리적 사고력을 키우면서도 균형 잡힌 의견 교환과 비판적 분석 능력을 향상하는 데 초점을 맞춘다. 특히 논리적인 토론 기초를 배우기에 적합하여 토론 초보자들도 쉽게 접근할 수 있는 방식으로 평가받고 있다.

칼 포퍼식 토론은 일반적으로 세 명으로 구성된 찬성 팀과 반대 팀이 특정 논제에 대해 논리적으로 논쟁을 펼치는 구조를 갖는다. 각 팀은 한 번의 입론과 두 번의 반론, 두 번의 확인질문을 하게 되며, 논리적 근거를 제시하고 상대의 주장을 비판하는 방식으로 진행된다. 입론은 한 번인데 반론을 두 번 하는 것은 이 토론 방식이 주장을 강하게 하는 것보다 상태 팀 주장의 논리적 허점을 비판하는 데 중점을 두기 때문이다. 또한 미리 준비한 주장을 하는 것이 아니라 상대방의 주장을 듣고 이를 반박하는 것이 중요하므로 논제에 대한 깊이 있는 학습과 순발력이 요구된다.

<토론 진행 순서 및 시간>

	내용	시간
1	찬성 측 첫 번째 토론자(찬성 ①)의 입론	6분
2	반대 측 세 번째 토론자(반대 ③)의 확인질문	3분
3	반대 측 첫 번째 토론자(반대 ①)의 입론	6분
4	찬성 측 세 번째 토론자(찬성 ③)의 확인질문	3분
5	찬성 측 두 번째 토론자(찬성 ②)의 반론	5분
6	반대 측 첫 번째 토론자(반대 ①)의 확인질문	3분
7	반대 측 두 번째 토론자(반대 ②)의 반론	5분
8	찬성 측 첫 번째 토론자(찬성 ①)의 확인질문	3분
9	찬성 측 세 번째 토론자(찬성 ③)의 반론	5분
10	반대 측 세 번째 토론자(반대 ③)의 반론	5분
총소요시간		44분

3) 링컨-더글러스형 토론

링컨-더글러스형 토론은 1858년 미국 일리노이주 상원의원 선거에서 에이브러햄 링컨과 스티븐 더글러스가 벌인 일련의 정치 토론에서 유래되었다. 이 형식은 가치 중심의 논제를 다루는 1:1 토론 방식으로, 윤리적, 철학적, 도덕적 문제에 대해 깊이 있는 논의를 전개하는 것이 특징이다.

링컨-더글러스형 토론 방식은 철학적·윤리적 사고력을 기르는 데 효과적이며, 개인의 논리적 사고력과 즉흥적 논증 능력을 키우는 데 도움이 된다. 1:1 토론이 진행되는 만큼, 개인의 논리적 표현력과 설득력을 향상하는 데 적합하다. 특히 윤리적 가치나 도덕적 딜레마를 다룰 때 효과적인 사고 훈련이 된다. 또한 한 사람이 모든 흐름을 책임지는 구조이기 때문에 책임감과 집중력, 그리고 전반적인 의사소통 능력의 향상에도 큰 도움이 된다.

<토론 진행 순서 및 시간>

	내용	시간
1	찬성 측 입론	6분
2	반대 측 확인질문	3분
3	반대 측 입론	7분
4	찬성 측 확인질문	3분
5	찬성 측 반론	4분
6	반대 측 반론	6분
7	찬성 측 반론	3분
총소요시간		32분

2.2.3. 토론 준비하기

1) 논제 선정

토론 논제는 토론에서 참가자들이 서로의 입장을 논의하는 중심 주제를 말한다. 따라서 찬성과 반대라는 상반된 입장을 상정할 수 있는 것이어야 하며, 이에 따라 참여자들 간에 논리적 사고와 설득이 이루어질 수 있는 쟁점을 제공해야 한다. 또한 단순한 질문이나 주장이 아니라, 찬반 양측 모두 타당한 논거를 제시할 수 있는 것이어야 한다.

토론 논제는 일반적으로 평서문 형식으로 표현된다. 의문문보다는 명확한 주장을 담고 있는 문장이 바람직하며, 주로 '~해야 한다', '~이다', '~것이 타당하다'와 같은 단정적 표현을 사용한다. 논제의 형식은 명확하고 간결해야 하며, 논제의 범위가 지나치게 넓거나 추상적이지 않도록 주의해야 한다. 논제는 토론의 방향성과 범위를 설정하는 역할을 하므로, 참가자들이 명확하게 쟁점을 인식할 수 있도록 구성해야 한다.

(1) 논제의 유형

토론 논제는 그 성격에 따라 여러 유형으로 나눌 수 있으며, 각각은 토론의 방향성과 깊이를 결정짓는 중요한 요소가 된다. 토론 논제의 유형에 따라 토론의 방식, 요구되는 논거의 성격, 참여자의 접근 방식 등이 달라진다. 토론 논제는 일반적으로 사실 논제, 가치 논제, 정책 논제로 나뉜다.

사실 논제는 어떤 사실이나 사건, 상태가 실제로 존재하거나 존재했는지를 다루는 논제이다. 예를 들어 "유전자 변형 식품(GMO)은 인간의 건강에 해롭다."와 같은 주제가 이에 속한다. 이러한 논제는 명확한 근거 자료와 논리적 분석이 요구되며, 과학적 혹은 역사적 사실을 토대로 한 토론에 적합하다.

가치 논제는 특정 사안이나 행위, 상태 등이 옳은가, 좋은가, 바람직한가 등에 대한 가치 판단을 요구하는 논제이다. 예를 들어 "환경보호보다 경제 성장이 더 중요하다." 또는 "기술 발전은 인간의 자유를 침해한다."와 같은 논제가 이에 해당하며, 윤리적·철학적 근거를 중심으로 한 논의가 주를 이룬다.

정책 논제는 현재 존재하는 문제에 대해 구체적인 해결 방안을 제시하거나 제도적 변화의 필요성을 주장하는 논제 유형이다. 예를 들어 "정부는 기본소득 제도를 도입해야 한다." 또는 "대학교는 등록금을 전면 무상화해야 한다."와 같은 주제가 이에 포함되며, 실현 가능성과 효과성에 대한 분석이 중점이 된다.

(2) 적절한 토론 논제

토론 논제는 균형성과 논쟁성을 동시에 갖추고 있어야 한다. 우선, 찬반 양쪽의 논리가 타당하게 성립할 수 있는 균형 잡힌 구조여야 하며, 한쪽 주장이 명백히 우세하거나 다른 입장을 논할 여지가 없는 경우는 적절치 않다. 또한 논제는 참가자들이 충분히 접근할 수 있는 범위의 주제여야 하며, 너무 기술적이거나 전문성이 높은 경우에는 오히려 토론이 제한될 수 있다. 이와 더불어, 토론의 목적에 따라 논제의 난이도와 범위를 조절하는 것도 중요하다. 초급 학습자를 위한 논제는 일상적이고 친숙한 주제에서 시작하는 것이 효과적이며, 숙련된 참가자들에게는 보다 복합적인 구조와 다층적 논의가 가능한 주제가 도전 과제가 될 수 있다. 적절한 토론 논제는 '논쟁 가능성', '명확성', '흥미성과 시의성', '균형성', '실현 가능성' 등의 조건을 충족해야 한다.

① **논쟁 가능성:** 논제는 찬성과 반대 양측의 입장이 모두 설득력 있게 존재해야 하며, 어느 한쪽이 명백하게 옳다고 여겨지지 않아야 한다. 예를 들어 "청소년에게 스마트폰 사용시간 제한을 법으로 규제해야 한다."나 "범죄자의 신상 공개는 정당하다." 등은 찬성과 반대 의견이 대립할 수 있는 논제이나, "공기가 없으면 인간은 살 수 없다."나 "물은 100도에서 끓는다." 등은 당연한 사실로 찬성 반대가 불가능하여 논쟁 가능성이 없는 논제라고 할 수 있다.

② **명확성:** 표현이 모호하거나 중의적인 요소가 없어야 하며, 누구나 논제를 같은 의미로 이해할 수 있어야 한다. 예를 들어 "유튜브 등 SNS에 대한 청소년 이용 규제를 강화해야 한다."나 "대학 입시에서 수능 비중을 확대해야 한다." 등은 논제가 명확하게 전달되는 반면 "학생의 권리가 충분히 보장되어야 한다."라는 논제는 '권리'의 범위가 모호하며, '충분히'의 기준도 사람마다 다르므로 명확한 논제라고 할 수 없다.

③ **흥미성과 시의성:** 사회적 관심이 높고, 참여자의 흥미를 유발할 수 있는 주제가 바람직하다. 예를 들어 "인공지능이 작곡한 음악에 저작권을 부여해야 하는가?"나 "메타버스가 교육의 미래가 될 수 있는가?" 등은 흥미롭고 현재 사회에 중요한 이슈인 논제라고 할 수 있으나 "조선시대 선비 문화는 존중받아야 한다."라는 주제는 고전적 주제로서 역사학적 논의에는 적절하지만, 현대 사회 문제와 직접 연결되지 않아 일반 참가자들의 관심을 끌기 어렵다.

④ **균형성:** 논제는 찬반 양측이 균형 있게 토론할 수 있도록 구성되어야 한다. 어느 한쪽의 입장이 현저하게 우세하거나 빈약하지 않도록 주의해야 한다. 예를 들어 "안락사는 허용되어야 한다."나 "공공 CCTV 설치는 개인의 사생활을 침해하는가?" 등의 주제는 찬반의 주장이 팽팽하게 대립할 수 있는 논제라고 할 수 있으나 "장애인을 차별하면 안 된다."나 "음주 운전을 하면 안 된다." 등은 찬성 측만 합리적 주장이 가능하며 반대 측은 주장을 논리적으로 구성하기 힘든 논제이다.

⑤ **실현 가능성:** 특히 정책 논제의 경우, 논의 대상이 실현 가능한 현실적 수준에서 설정되어야 하며, 지나치게 이상적이거나 비현실적인 주제는 피해야 한다. 예를 들어 "탄소세를 도입해야 한다."라는 논제는 이미 여러 국가에서 시행 중이며 정책적으로 실현이 가능한 논제이다. 그러나 "시험을 모두 없애고 추첨으로 대학을 가야 한다."라는 논제는 교육 시스템의 근본을 흔드는 극단적인 주장으로 제도 도입의 현실성이 없는 논제이다.

(3) 논제 다듬기

토론은 특정한 주제에 대해 논리적이고 비판적인 사고를 기반으로 한 깊이 있는 의사소통이다. 따라서 논제가 막연하거나 중의적일 경우, 토론의 방향이 흐려지고 참여자 간의 이해 차이로 인해 생산적인 논의가 어려워질 수 있다. 이처럼 명확하지 않은 논제는 토론의 질을 떨어뜨리고, 의도한 학습 효과를 거두기 어렵게 만든다.

논제를 다듬는 과정은 이러한 문제를 예방하고, 토론의 초점을 분명하게 해주는 중요한 절차이다. 다듬어진 논제는 참여자들이 동일한 문제의식과 인식을 공유할 수 있도록 하며, 쟁점이 분명한 토론을 가능하게 한다.

논제는 하나의 중심적인 쟁점만을 표현해야 한다. "범죄 예방을 위한 성범죄자 신상 공개는 정당하다."라는 논제는 '성범죄자 신상 공개가 범죄 예방에 효과가 있는가.'와 '성범죄자 신상 공개가 정당한가.'라는 두 가지 쟁점이 들어 있는 논제이다. 이러면 서로 다른 쟁점을 다룰 수 있어 토론이 제대로 진행되기 어렵다.

그리고 논제에 포함된 용어나 조건을 구체화해야 한다. 논제가 지나치게 포괄적이거나 모호하면 토론의 초점이 흐려지고 논쟁의 기준이 불분명해진다. 예를 들어 '인간 배아 복제를 허용해야 한다.'라는 논제는 범위가 넓고 포괄적이어서 좀 더 구체적으로 서술해야 한다. 예를 들면 '치료 목적의 인간 배아 복제는 허용해야 한다.' 등으로 범위나 방법 등을 한정해야 토론이 제대로 진행될 수 있는 것이다.

논제는 일반적으로 찬성 측이 주장하고 입증해야 할 형태로 구성해야 한다. 찬성 측이 현재 상황의 변화를 요구하는 것이기 때문에 찬성 측이 입증하도록 하고 있다. 예를 들어 '사형제를 유지해야 한다.'가 아니라 '사형제를 폐지해야 한다.'로 작성되어야 한다. 이때 찬성 측은 사형제를 폐지하는 것이 유지하는 것보다 더 큰 사회적 이익을 가져올 것이라는 것을 입증해야 한다.

또한 논제는 가치중립적으로 표현되어야 한다. 논제에 감정적이거나 편향된 표현이 들어가면 토론이 감정싸움으로 번질 수 있다. 따라서 객관적이고 중립적인 용어를 사용해야 한다. 예를 들어 '무분별한 동물실험은 잔인하므로 금지해야 한다.'라는 논제는 감정적인 단어로 표현되어 토론의 공정성을 잃고 있다.

(4) 논제 개요서 작성

토론 논제가 정해지면 토론의 방향을 정하고 참가자들이 사전 준비를 할 수 있도록 '논제 개요서'를 작성한다. 논제 개요서는 해당 논제에 대한 배경 상황, 개념과 용어 정의, 핵심 쟁점을 포함하는 것이 일반적이다. 예를 들어, '존엄사를 법적으로 인정해야 한다.'라는 논제를 다룰 경우, 논제 개요서에는 존엄사 논의의 배경, 존엄사와 안락사의 개념, 적극적 존엄사와 소극적 존엄사의 구분, 존엄사 법적 허용으로 발생할 수 있는 쟁점 등의 내용이 포함될 수 있다. 이를 통해 참가자들은 보다 입체적이고 분석적인 관점에서 토론을 준비할 수 있게 된다.

토론 논제 개요서 작성은 토론에 참여하는 찬성 팀과 반대 팀이 함께 작성한다. 이 과정을 통해 토론에 사용되는 용어, 논제 범위 등을 공유한다. 논제 개요서를 작성하는 논증 활동은 논제를 벗어나지 않게 하여 참가자들이 깊이 있는 토론을 할 수 있도록 한다.

논제	존엄사를 법적으로 인정해야 한다.
배경 상황	현대 의학의 발전으로 치료가 불가능했던 많은 질병을 극복하게 되었지만, 동시에 죽음의 문턱에 선 환자의 생명을 기계적 장치로 연장하는 '연명 치료'가 늘어나게 되었다. 이 과정에서 환자의 극심한 고통은 외면된 채 생물학적 생존만을 유지하는 상황이 빈번해지면서, 단순히 '얼마나 오래 사느냐'보다 '어떻게 품위 있게 삶을 마감할 것인가'라는 삶의 질에 대한 근본적인 질문이 제기되었다. 즉, 무의미한 생명 연장보다는 인간으로서의 존엄성을 지키며 스스로 죽음을 선택할 권리, 즉 존엄사에 대한 사회적 요구가 전 세계적으로 확산하고 있다. 이미 네덜란드, 스위스, 캐나다 등 일부 국가에서는 조력 존엄사나 안락사를 법적으로 허용하고 있으며, 한국 사회에서도 2018년 '연명의료결정법' 시행을 통해 존엄한 죽음에 대한 법적 논의의 물꼬를 튼 바 있다. 그러나 여전히 생명 경시 풍조에 대한 우려와 종교적·윤리적 가치관의 대립, 그리고 법적 오남용에 대한 불안감이 공존하고 있어, 존엄사의 법적 인정 범위를 어디까지 허용할 것인가에 대한 논쟁은 우리 사회가 해결해야 할 사회적 문제로 부상했다.
용어 정의	- **존엄사:** 말기 암이나 불치병 등의 이유로 치료 및 생명 유지가 무의미하다고 판단되는 환자에 대하여 직·간접적 방법으로 죽음에 이르게 만드는 행위. - **안락사:** 회복할 수 없는 죽음에 임박한 중환자의 고통을 덜어주기 위하여 그 환자의 생명을 단축하여 사망케 하는 행위.
쟁점	• 쟁점 1: 개인에게 죽음을 선택할 권리가 있는가? • 쟁점 2: 존엄사는 생명권 침해인가, 인권 존중인가? • 쟁점 3: 제도가 악용될 가능성은 없는가?

• 연습문제 • 조별로 선정한 논제에 대해 토론 논제 개요서를 작성해 보자

논제	
배경 상황	
용어 정의	
쟁점	

2) 논점 분석

토론 논제가 정해진 후에는 논점을 분석하는 작업이 필요하다. 논점 분석은 토론에서 다루어지는 핵심 쟁점을 파악하고, 명확히 하여 논의의 방향을 잡는 데 중요한 역할을 한다. 논점을 명확하게 구축해야 토론자가 보다 논리적인 주장을 설계할 수 있으며, 주장에 대한 의견 대립 지점을 찾고 논의의 방향과 선략을 수립할 수 있다. 논점 분석은 논제의 유형에 따라 접근 방식이 달라진다.

사실 논제는 주로 어떤 사태에서 비롯한 사실의 참과 거짓, 존재 여부를 놓고 논쟁하게 된다. 사실 논제에 대한 논점 분석은 논제에 포함된 용어를 정의하여 핵심 개념을 명확하게 하는 것으로부터 출발한다. 그리고 사실의 근거를 뒷받침할 수 있는 데이터, 통계, 사례 등을 수집하여 해당 사실이 실제로 존재하는지, 인과 관계가 존재하는지 등을 분석해야 한다. 이때 찬반 양측의 주장을 비교하고, 각 주장의 타당성과 신뢰성을 따져 본다.

예를 들어 'SNS는 청소년의 정신 건강에 악영향을 끼친다.'라는 논제는 '정신 건강'은 어떤 기준으로 측정할 것인가? SNS 사용량과 정신 건강 사이에 통계적으로 유의미한 인과관계가 성립하는가? 가정환경, 학업 스트레스 등 외부 요인은 어떻게 고려할 것인가? 등을 분석해야 한다. 이처럼 사실 논제에서는 객관적 자료와 검증된 근거를 중심으로 '무엇이 사실인가'에 대한 판단 기준을 먼저 설정하고, 그 위에서 논리를 세워야 한다.

가치 논제는 어떤 사안이 바람직한가 혹은 도덕적으로 옳은가를 따지는 유형이기 때문에 개념이 추상적일 수 있다. 따라서 개념을 명확하게 해 주는 것이 무엇보다 선행되어야 한다. 그런 다음 논제에 내재된 가치 기준을 명확히 하고, 그 기준을 토대로 논점들을 도출하는 것으로 이어져야 한다. 그러고 나서 대립되는 다른 가치 또는 선택지를 명확히 하고, 구체적인 사례를 바탕으로 해당 가치가 실현되었는지 평가한다. 서로 충돌하는 가치가 있을 때는 우선순위나 사회적 영향에 따라 조율한다.

예를 들어 '환경 보호는 경제 성장보다 우선되어야 한다.'라는 논제에서 핵심 가치는 '생태 보전'과 '성장, 일자리 창출' 등이 될 수 있다. 개발로 인해 훼손된 생태계 복구 비용 사례나 환경 규제가 산업에 미친 영향 등을 분석하여 기후 위기의 시급성, 경제 성장의 필요성 중 어떤 가치를 우선할 것인가를 결정한다. 이 논제는 환경 보호와 경제 성장이라는 두 가치가 충돌할 때, 어떤 가치에 더 무게를 두어야 하는지를 판단하는 전형적인 가치 논제이다. 따라서 논점 분석 과정에서는 두 가치 중 어떤 것이 더 본질적이고 사회 전체에 어떤 영향을 미치는지를 중점적으로 비교 평가해야 한다.

정책 논제는 어떤 행동이나 제도를 시행할 것인가, 말 것인가에 대한 찬반 논의를 다루기 때문에 단순한 가치 판단을 넘어서, 현실적인 문제 해결 방안을 중심으로 쟁점을 설정하는 것이 핵심이다. 정책 논제에서의 논점 분석은 단순히 '찬성/반대'로 입장을 나누는 것을 넘어, 현 상황의 문제점과 정책의 필요성, 실행 가능성, 효과성, 부작용 등을 다각도로 따져보아야 한다.

예를 들어, '기본소득제를 도입해야 한다.'라는 논제에서 우선 현재의 제도나 상황의 문제점을 분석한다. 곧 현재 사회 구조 속에서 어떤 문제가 있고, 어떤 한계가 있는지를 비판적으로 분석하는 것이다. 현재의 복지 제도가 사각지대를 양산한다는 분석이 가능하다. 다음으로 정책의 실현 가능성을 검토한다. 예산, 인력, 법률, 제도적 뒷받침 등 정책이 현실에서 실행 가능한가를 따진다(예: 기본소득 도입이 재정적으로 가능한가?). 다음으로 기대 효과와 사회적 이익을 분석한다. 정책이 성공적으로 시행될 경우 얻을 수 있는 직접적·간접적 이점을 제시한다. 다음으로 부작용이나 반대 논거를 탐색한다. 정책이 초래할 수 있는 부작용, 윤리적 쟁점, 형평성 문제를 사전에 분석하여 대응책을 고민한다(예: 기본소득이 노동 의욕을 저하하는가?). 반대 측에서는 현 제도의 보완 또는 다른 정책 대안을 제시함으로써 찬성안보다 더 우월한 해결책임을 주장할 수 있다(예: 기본소득 대신 복지 정책을 세분화해 실효성을 높이는 방안).

3) 논거의 수집 및 정리

토론에서 주장의 설득력을 높이기 위해서는 그 주장을 뒷받침하는 논거가 반드시 필요하다. 논거는 단순한 의견이 아니라, 주장의 타당성을 증명하거나 강화하기 위한 근거 있는 자료와 설명으로 구성된다. 효과적인 토론을 위해서는 논거를 폭넓게 수집하고 체계적으로 정리하는 과정이 반드시 선행되어야 한다.

논거는 사실 논거와 의견 논거로 나뉜다. 사실 논거는 객관적으로 입증 가능한 사실, 통계, 사건, 연구 결과 등을 기반으로 한 논거이다. 누구나 확인할 수 있고, 그 진위를 따질 수 있다는 점에서 신뢰성과 설득력이 높다. 사실 논거는 출처가 명확하고, 데이터 기반의 정보이다. 주관이 개입되지 않으며, 변하지 않는 정보를 말한다. 사실 논거를 사용할 때는 최신 자료인지 확인하여야 하며, 공신력 있는 기관의 자료인지 확인해야 한다. 또한 통계나 수치의 맥락을 왜곡하지 말아야 한다.

의견 논거는 개인의 견해, 전문가의 의견, 도덕적 판단, 사회적 인식 등을 바탕으로 한 논거이다. 객관적 입증은 어려울 수 있지만, 가치 판단이나 감정적 공감을 유도하는 데 효과적이다. 의견 논거는 주관이 개입된 주장이나 해석으로, 설득력은 있으나 상대방이 동의하지 않을 수도 있다. 의견 논거는 의견을 말한 사람의 권위나 공신력에 따라 신뢰도가 달라진다.

논거를 찾을 때는 찬성과 반대의 자료를 함께 찾는 것이 좋다. 우리 측 논거와 상대 팀 논거를 함께 찾아야 입론의 논리적 허점, 예상 질의에 대한 응답 자료, 반론을 대비한 예상 재반론 등을 준비할 수 있기 때문이다.

• 연습문제 • 다음 논제에 대한 찬성 논거와 반대 논거를 제시해 보자.

- 난민 수용 확대
- 심신 미약에 따른 감형
- 블라인드 채용
- 유기동물 안락사
- 노키즈존 확대
- 대리모 출산 합법화
- 노인 연령 상향

4) 토론 개요서 작성

토론 개요서는 토론에 앞서 자신의 주장과 논거, 반론 및 대응 논리 등을 체계적으로 정리한 자료를 말한다. 이는 토론자의 논리를 명확하게 정리하고, 발언 시 일관성 있는 주장을 전개하는 데 중요한 역할을 한다. 또한 팀원들의 역할 분담과 전략 수립에도 토론 개요서가 핵심 자료로 활용된다. 토론 개요서는 다음과 같은 순서로 작성한다.

① 논제의 의미와 범위를 분석하고, 찬성과 반대 중 자신의 입장을 분명히 정한다.
② 자신의 입장을 한 문장으로 요약한 주장 요지를 작성한다.
③ 주장을 뒷받침할 수 있는 논거를 마련한다.
④ 각 논거를 지지할 수 있는 구체적인 자료를 조사하여 포함한다.
⑤ 상대측이 제시할 수 있는 주요 반론을 정리하고, 그에 대한 논리적 대응을 작성한다.
⑥ 개요서를 전체적으로 점검하여 주장과 논거, 반론 대응 사이에 모순이나 누락이 없는지 확인한다.
⑦ 우리 팀의 주장과 근거, 예상 반론과 반박에 대한 개요가 정리되면, 상대 팀의 주장과 근거 반박 등을 예측하며 토론 개요서를 완성한다.

토론 개요서<찬성>

팀명		팀원 성명	
논제	존엄사를 법적으로 인정해야 한다		
배경 상황	현대 의학의 발전으로 치료가 불가능했던 많은 질병을 극복하게 되었지만, 동시에 죽음의 문턱에 선 환자의 생명을 기계적 장치로 연장하는 '연명 치료'가 늘어나게 되었다. 이 과정에서 환자의 극심한 고통은 외면된 채 생물학적 생존만을 유지하는 상황이 빈번해지면서, 단순히 '얼마나 오래 사느냐'보다 '어떻게 품위 있게 삶을 마감할 것인가'라는 삶의 질에 대한 근본적인 질문이 제기되었다. 즉, 무의미한 생명 연장보다는 인간으로서의 존엄성을 지키며 스스로 죽음을 선택할 권리, 즉 존엄사에 대한 사회적 요구가 전 세계적으로 확산하고 있다. 이미 네덜란드, 스위스, 캐나다 등 일부 국가에서는 조력 존엄사나 안락사를 법적으로 허용하고 있으며, 한국 사회에서도 2018년 '연명의료결정법' 시행을 통해 존엄한 죽음에 대한 법적 논의의 물꼬를 튼 바 있다. 그러나 여전히 생명 경시 풍조에 대한 우려와 종교적·윤리적 가치관의 대립, 그리고 법적 오남용에 대한 불안감이 공존하고 있어, 존엄사의 법적 인정 범위를 어디까지 허용할 것인가에 대한 논쟁은 우리 사회가 해결해야 할 사회적 문제로 부상했다.		
용어 정의	- **존엄사:** 말기 암이나 불치병 등의 이유로 치료 및 생명 유지가 무의미하다고 판단되는 환자에 대하여 직·간접적 방법으로 죽음에 이르게 만드는 행위. - **안락사:** 회복할 수 없는 죽음에 임박한 중환자의 고통을 덜어주기 위하여 그 환자의 생명을 단축하여 사망케 하는 행위.		
쟁점	• **쟁점 1:** 개인에게 죽음을 선택할 권리가 있는가? • **쟁점 2:** 존엄사는 생명권 침해인가, 인권 존중인가? • **쟁점 3:** 제도가 악용될 가능성은 없는가?		

입론		
입론	주장1	**인간의 자율성을 존중해야 한다.**
	근거	• 인간은 자신의 삶과 죽음을 결정한 기본적인 권리를 가지고 있다. 존엄한 죽음은 모든 인간이 추구하는 권리이다. • 말기 암 환자나 심한 고통을 겪고 있는 사람들에게 자신의 삶을 마무리하는 방법에 대한 선택권을 제공한다.
	주장2	**고통을 견디게 강요하는 것은 오히려 인간 존엄성을 훼손하는 행위이다.**
	근거	• 일말의 희망도 없으나 존엄을 명분으로 죽음보다 더한 육체적, 정신적 고통을 감내하라는 것은 도리어 인간의 존엄성을 크게 위협하는 행위이다. • 최소한의 생존 가능성조차 없을 때, 죽음이나마 편안하게 맞이하여 삶을 매듭짓는 것은 살인과 동등한 위치일 수가 없다.
	주장3	**의료비 부담을 감소하고 법적 명확성을 제공한다.**
	근거	• 존엄사를 허용함으로써 가족들에게 돌아가는 부담을 줄일 수 있다. • 존엄사를 허용함으로써 장기기증 같은 방식을 통해 다른 생명을 구원할 수 있다. • 존엄사가 합법화되면 이와 관련한 법적 기준과 절차가 명확해진다. 이는 불법적인 죽음과 의료 관련 범죄를 예방하는 데 큰 역할을 할 수 있다.
	기대 효과	• 장기기증을 통해 새로운 생명 구원. • 유가족들의 부담 완화. • 환자 본인의 인간 존엄성 회복.

반론	예상 반론	**존엄사는 결과적으로 살인이다.**
	대책	• '살인의 정의'와 '존엄사의 본질' 사이의 근본적인 차이가 있다. 살인은 타인의 의사에 반해 생명을 강제로 빼앗는 것이지만, 존엄사는 환자 본인의 자유로운 의사에 따른 '고통으로부터의 해방'이다. • 단순히 숨을 쉬는 생물학적 생존을 강요하는 것이 오히려 환자에게는 '고문'이나 '인권 침해'가 될 수 있다.
	예상 반론	**환자의 판단은 명확하고 신중한 것인가?**
	대책	• 힘든 결정을 의심하여 환자의 고통을 연장하는 것이야말로 진정 비윤리적인 일이다. • 삶에서 죽음이란 마지막 순간을 의미한다. 환자 역시 인간으로서 모를 리가 없다. 설령 감정에 치우쳤더라도 그런 극단적인 선택을 할 수밖에 없는 상황을 우리는 고려해야 한다.
	예상 반론	**인간생명 경시 풍조를 유발한다.**
	대책	• 안락사는 인간의 생명을 다루는 것이기에 철저한 기준이 필요하다. 첫째, 환자의 질병 상태가 말기에 도달하는 경우여야 한다. 둘째, 고통이 견딜 수 없게 심하며 영속적이고 불치의 경우여야 한다. 셋째, 안락사를 요청하는 환자가 자발적인 결정을 내려야 한다. 넷째, 신중하게 숙고하여 내린 지속적인 죽음의 요청이어야 한다. 다섯째, 2명 이상의 의사에게 불치병이라는 진단을 받아야 한다. • 이러한 기준들에 따라서 안락사를 결정해야 하며 반드시 신중하고 안전한 선택이어야 한다. 이렇게 신중하게 안락사가 결정된다면 인간 생명 경시 풍조를 유발하지 않고도 안락사를 충분히 실행할 수 있다.

토론 개요서<반대>

팀명		팀원 성명	
논제	**존엄사를 법적으로 인정해야 한다.**		
배경 상황	현대 의학의 발전으로 치료가 불가능했던 많은 질병을 극복하게 되었지만, 동시에 죽음의 문턱에 선 환자의 생명을 기계적 장치로 연장하는 '연명 치료'가 늘어나게 되었다. 이 과정에서 환자의 극심한 고통은 외면된 채 생물학적 생존만을 유지하는 상황이 빈번해지면서, 단순히 '얼마나 오래 사느냐'보다 '어떻게 품위 있게 삶을 마감할 것인가'라는 삶의 질에 대한 근본적인 질문이 제기되었다. 즉, 무의미한 생명 연장보다는 인간으로서의 존엄성을 지키며 스스로 죽음을 선택할 권리, 즉 존엄사에 대한 사회적 요구가 전 세계적으로 확산하고 있다. 이미 네덜란드, 스위스, 캐나다 등 일부 국가에서는 조력 존엄사나 안락사를 법적으로 허용하고 있으며, 한국 사회에서도 2018년 '연명의료결정법' 시행을 통해 존엄한 죽음에 대한 법적 논의의 물꼬를 튼 바 있다. 그러나 여전히 생명 경시 풍조에 대한 우려와 종교적·윤리적 가치관의 대립, 그리고 법적 오남용에 대한 불안감이 공존하고 있어, 존엄사의 법적 인정 범위를 어디까지 허용할 것인가에 대한 논쟁은 우리 사회가 해결해야 할 사회적 문제로 부상했다.		
용어 정의	- **존엄사:** 말기 암이나 불치병 등의 이유로 치료 및 생명 유지가 무의미하다고 판단되는 환자에 대하여 직·간접적 방법으로 죽음에 이르게 만드는 행위. - **안락사:** 회복할 수 없는 죽음에 임박한 중환자의 고통을 덜어주기 위하여 그 환자의 생명을 단축하여 사망케 하는 행위.		

쟁점	• **쟁점 1:** 개인에게 죽음을 선택할 권리가 있는가? • **쟁점 2:** 존엄사는 생명권 침해인가, 인권 존중인가? • **쟁점 3:** 제도가 악용될 가능성은 없는가?

입론	주장1	**생명을 인간 스스로 끊는 것은 허용될 수 없다.**
	근거	• 환자가 고통스럽고 가족에게 부담이 된다 하여 생명 종식을 허용한다면, 다른 비윤리적 일들이 일어날 것이다. • 고통 중에 있으며 진통제 투여 중에 있는 환자가 정상적인 상태에서 신중하게 결정할 수 있을지 의문이다. • 존엄사를 허용함으로써 유족을 비롯하여 의사 모두 정신적 고통을 느낀다.
	주장2	**존엄사는 인간의 존엄성을 해치는 행위이다.**
	근거	• 생존 가능성이 없다 하더라도 사람의 목숨은 누군가 판단 지을 수 없는 일이다. • 생명은 그 어떤 무엇보다 우선적인 가치를 내포한다. • 환자에게 죽음에 대한 선택권을 준다면 자살 역시 인정해야 한다.
	주장3	**악용될 가능성이 있다.**
	근거	• 그 기준이 모호하거나 실행 과정에서 관리가 소홀할 경우 심각한 남용 사례가 발생할 수 있다. • 사회적 경제적으로 압박을 받는 환자들이 자신의 의지와는 무관하게 안락사를 선택하도록 강요받을 수 있다. • 가족이나 사회에 부담이 되지 않도록 해야 한다는 정신적 압박을 느껴 환자가 자신의 진정한 의지와는 무관하게 안락사를 선택할 수도 있다.
	기대 효과	• 비윤리적 여지 말소. • 환자의 생명 보호. • 의사 환자 치료 매진.
반론	예상 반론	**생명유지장치에 의존해 생명을 연장하고 있는 이들의 삶의 질은 참혹하다.**
	대책	• 인간의 생명은 그 무엇보다 소중하다. • 설령 그렇다 하더라도 이를 허용하기 위한 현실적 제도가 마련되어 있지 않다. 또한 판단 기준 역시 모호하다. • 소생 가능성을 무시하는 것이 진정한 살인이다.
	예상 반론	**인간답게 죽고 고통에서 해방될 권리를 줘야 한다.**
	대책	• 객관적인 잣대 없이 존엄사를 용인하는 일은 없어야 한다. • 회복 불가능한 환자의 고통을 덜어주는 것이 아닌 '귀찮고 쓸모없는 인간'의 제거 수단으로 악용될 수 있다. • 환자의 회복 불가능 여부를 명확히 판단할 기준이 없다.
	예상 반론	**법은 고정불변의 것이 아니라 유동적이며, 그 변화는 보수적 성향을 띤다.**
	대책	• 아직까지 법률은 제정되지 않았고 헌법재판소의 동 판례에서도 앞으로 소극적 안락사 사안도 법원의 판단에 의하여 해결하면 족할 것이지 법규 제정의 의무가 입법자에게 없다고 판시한 바 있다. • 또한 유동성 있게 법을 도입했던 다른 나라들과 우리나라를 같게 보면 안 된다. 차근차근 안락사에 관해 논의를 해온 서구권 국가와 OECD 자살률 1위인 우리 한국은 분명히 사회적으로 차이점이 있기 때문이다.

• 연습문제 • 토론 개요서를 작성해 보자.

토론 개요서

팀명		팀원 성명	
논제			
배경 상황			
용어 정의	- -		
쟁점	• 쟁점 1: • 쟁점 2: • 쟁점 3:		

입론	주장1	
	근거	• • •

입론	주장2	
	근거	• • •
	주장3	
	근거	• • •
	기대 효과	• • •
반론	예상 반론	
	대책	• • •
	예상 반론	
	대책	• • •
	예상 반론	
	대책	• • •

5) 토론 입론서 작성

토론 개요서를 작성한 다음에는 토론 입론서를 작성한다. 토론 입론서는 실제 토론에서 자신의 입장을 체계적으로 발표하기 위해, 찬성 또는 반대 입장에서 주장과 근거를 정리한 글이다. 토론 입론서의 서두에서는 자신의 입장이 찬성인지 반대인지 분명히 밝히고, 전체 주장 방향을 간단히 요약한다. 그리고 본론에서는 2~3개의 주요 주장을 제시하고, 각 주장마다 타당한 근거와 구체적인 예시를 덧붙여 설득력을 높인다. 주장을 뒷받침하는 근거는 통계, 사례, 전문가 의견 등 신뢰할 수 있는 자료를 기반으로 하며, 다양한 출처를 활용하는 것이 좋다. 주장 간의 연결이 자연스럽고 논리적인 순서로 배열되어야 하며, 듣는 이가 쉽게 이해할 수 있도록 명확한 구조를 갖추어야 한다. 입론서의 문장은 감정적인 표현보다 객관적이고 이성적인 표현을 사용하면, 설득력 있는 입론을 구성할 수 있다. 마지막에는 제시한 주장들을 간단히 요약하고, 입장의 정당성을 다시 한번 강조하는 결론으로 마무리한다. 입론서의 분량은 주어진 발표 시간에 맞춰 작성하며, 시간 내에 핵심 내용을 모두 전달할 수 있도록 구성한다.

찬성 측 입론서

논제: 로봇세를 도입해야 한다.

인간의 일자리가 로봇으로 대체될 것이라는 우려가 대두되며 로봇에 세금을 부과해야 한다는 논의가 확산되고 있다. 우리는 세 가지 이유로 로봇세 도입에 찬성한다.

- **첫째, 로봇으로 인한 실직사태의 속도를 늦추고 대안을 마련해야 한다.**

로봇의 증가는 필연적으로 인간 노동력에 대한 필요성을 감소시킨다. 전미경제연구소(NBER)는 로봇 한 대당 인간 일자리 6.2개가 감소되며, 임금 수준이 0.7% 하락하고 있다고 밝혔다. 일자리 및 소득 감소는 소비의 감소로 이어지며, 이는 심리적·경제적으로 작용하여 경제성장률에 영향을 끼친다. 그리고 이러한 현상이 로봇에 의한 것이었을 때 국민 정서는 더욱 부정적으로 나타난다. 이미 현대인들은 일자리 문제와 인간의 존엄성 훼손, 더 나아가 로봇이 인간의 우위에 서는 것에 대한 불안을 느끼고 있다. 같은 조사에서, '인공지능 기술개발을 위한 국가적 차원의 준비가 필요하다'는 문항에 대해 82.4%가 동의하며, 인공지능의 시대가 성큼 다가오고 있음에도 불구하고 우리나라의 준비는 부족하다고 입을 모았다. 전문가들은 앞으로 로봇으로 인한 대규모 실직 사태는 더욱 심화될 것으로 예측하고 있다. 로봇세를 도입하여, 실직 사태의 속도를 늦추면서 앞으로 야기될 문제에 대비할 수 있는 대안을 마련하여야 한다.

• **둘째, 실직 사태로 인한 세수부족을 완화하기 위해 세금을 부과해야 한다.**

우리나라는 소득에 따라 세금을 납부한다. 실직자에 대해서는 납부 예외자로 취급하는데, 2015년 기준 실직으로 인한 사유가 가장 높은 비율을 차지하고 있는 실정이다. 앞으로 로봇에 의한 실업자, 혹은 소득 감소자가 늘어날수록 세수입이 더욱 감소할 것이다. 또한, 로봇은 세금을 납부하지 않으므로 이러한 현상을 더욱 악화시킬 것이다. 따라서 로봇으로 인한 실직 사태와 그에 따른 세수 부족을 완화하기 위해 로봇에 세금을 부과해야 한다.

• **셋째, 로봇세를 도입하여 로봇에 일자리를 빼앗긴 노동자의 실업 및 재교육 지원에 투자해야 한다.**

앞에서 말한 바와 같이 로봇으로 인해 많은 노동자가 실직하게 된다. 이렇게 실직한 노동자에게 실업 지원을 하고, 로봇이 대체할 수 없는 직종으로 재배치하는 과정에서 재교육하는 데에는 많은 비용이 필요하다. 한국경영자총협회(KEF)에 따르면, 비제조업 노동자 교육에는 평균 23.6개월의 시간이 소요된다. 신입사원 교육에 1인당 연간 3,746만 원의 비용이 발생하며, 우리나라 100인 이상 기업이 재교육에 사용하는 비용은 총 1조 4,184억 원이다. 정부에서도 실업 급여로 연간 수조 원에 상당하는 금액을 지출하고 있으며 고용노동부 주도하에 일자리를 알선하고 있다. 그런데도, 설문조사 결과 현재보다 많은 금액을 지원해야 한다는 의견이 과반수였다. 로봇으로 인해 실직한 노동자가 늘어날수록 재교육 비용과 실업 지원 지출액도 증가할 것이고, 이를 로봇세 수익을 통해 지원해야 한다.

로봇은 인간의 일자리를 위협하고 있다. 수입에 따른 세금 또한 납부하지 않는다. 앞으로 이로 인해 일자리 부족, 세수 부족, 이직에 따른 노동자 교육비 증가 등 다양한 문제들이 야기될 것이다. 따라서 로봇에 세금을 부과해 세수를 보충하면서 로봇으로 인한 일자리 감소와 사회적 영향을 상쇄할 수 있는 방법을 찾을 시간을 벌어야 한다.

이상에서 우리 팀은 로봇으로 인한 실직사태의 속도를 늦추고 대안을 마련해야 할 필요가 있다고 판단하였다. 그리고 그 대안으로 로봇세를 도입함으로써 실직 사태로 인한 세수 부족을 완화할 수 있으며, 이렇게 마련한 세금은 로봇에 일자리를 빼앗긴 노동자의 실업 및 재교육 지원에 투자할 수 있을 것임을 주장하였다. 따라서 로봇세는 도입되어야 할 것이다.

반대 측 입론서

논제: 로봇세를 도입해야 한다.

장기적 실업 시태와 로봇 기술 발전이 맞물려, 로봇에 세금을 부과해야 한다는 논의가 확산되고 있다. 그러나 아직은 로봇세의 개념조차 분명하지 않은 실정이다. 우리는 세 가지 이유로 로봇세 도입에 반대한다.

- **첫째, 세금 부과 기준이 모호하여 사회적 합의 도출과 과세가 용이하지 않다.**

로봇이 인간의 노동력을 대체할 수 있기 때문에 세금을 부과해야 한다면, 먼저 어디까지 로봇으로 볼 것인지, 세금을 얼마나 부과해야 할 것인지에 대한 기준을 정해야 한다. 본 토론에서는 편의를 위해 로봇에 대해 명확히 정의했지만, 실제로 세금 책정을 위해 로봇의 범위와 "인간의 노동력을 얼마나 대체할 수 있는지"를 정의하는 것은 매우 어렵다. 예컨대 공장자동화 관련 기계 가운데 어디까지가 자동화 기계이고 어디서부터 로봇인지가 분명치 않다. 게다가 약간의 수정만 거쳐도 이 범위를 넘나들 수 있고, 대체의 정도도 무한으로 변할 수 있다. 또한, 협업 로봇처럼 인간을 대체하는 것이 아니라 보완하는 성격이 있을 때의 경우에는 세금을 부과하는 것이 정당하지 않을 수 있다.

정책 시행은 명확한 정의를 바탕으로 한 사회적 합의가 기본이다. 하지만 로봇세의 경우 로봇의 범위가 모호함에 따라 어떤 로봇에 어느 정도의 세금을 부과할지에 대한 사회적 합의를 이루기 어려울 것이다. 그리고 이러한 모호함이 악용되어 과세가 불투명하게 이루어질 수 있다.

- **둘째, 로봇세를 부과하는 것보다 로봇 산업 발전을 통해 세수를 확보하는 것이 효율적이다.**

로봇은 최저 비용으로 최고의 효과를 창출하는 효율적 생산 도구이자, 인건비 상승 문제를 해결할 수 있는 열쇠다. 로봇으로 인해 절감된 인건비는 소비자에게 값싼 가격과 혁신을 제공한다. 200년 전만 해도 옷은 매우 비쌌고 대부분 사람들이 한 벌의 옷만을 가지고 있었다. 그런데 자동화가 도입되면서 의류의 시장 가격이 떨어졌고, 사람들은 더 많은 의류를 구입할 수 있게 되었다.

또한 로봇 산업 발전은 새로운 일자리를 창출한다. 경제학자 제임스 베슨에 따르면, 1980년대에 바코드 스캐너가 도입되면서 계산원 업무가 자동화됐지만 계산원의 수는 증가했다. 전자문서는 2000년대에 법률보조원의 일자리를 자동화했지만 법률 보조원의 수는 증가했다. 이들의 고용 성장은 매년 1.1%에 달했다. 또한 ATM이 은행의 텔러 업무를 대체했지만 미국에서 텔러의 수는 연평균 2%가 증가했다. 은행들은 ATM 덕분에 비교적 저렴한 비용으로 지점을 확장할 수 있었다. 지점이 늘어나면서 ATM과 텔러 인력이 함께 증가할 수 있었다. 이를 통해 로봇세를 부과하지 않더라도 충분한 세수입을 얻을 수 있었다.

우리나라는 현재 산업용 로봇 도입에 따라 인건비를 33%나 절감하고 있다. 이러한 인건비 절감이 없었다면, 기업들은 국내 생산보다 국외 생산을 늘렸을 것이고, 관련 현직자들 또한 없었을 것이다. 가격이나 품질, 편의 면에서 소비자들의 불만도 더욱 컸을 것이다.

- **셋째, 로봇세로 인해 국가경쟁력이 약화될 것이다.**

현재 글로벌 로봇 시장은 단순 자동화를 넘어 AI가 결합된 지능형 로봇으로 패러다임이 급격히 전환되고 있다. 우리나라는 제조업 현장의 로봇 밀도가 세계 1위(IFR 2023 보고서 기준, 직원 1만 명당 1,012대)에 달하지만, 정작 이를 구현하는 핵심 부품 장비의 외국 의존도는 여전히 높은 실정이다. 최근 미국 빅테크 기업들이 AI 소프트웨어 패권을 앞세워 시장을 선점하고 있고, 중국은 정부의 막대한 보조금을 바탕으로 저가형 로봇 시장을 잠식하고 있다. 이러한 상황에서 로봇세 도입은 국내 로봇 제조 원가 상승과 직결되어, 기술 자립화를 시도하는 국내 중소·벤처 기업들에 '이중고'를 안겨줄 것이다. 결과적으로 국산 로봇의 가격 경쟁력을 상실시켜 해외 기술에 대한 예속을 심화하고, 매년 수조 원에 달하는 기술 로열티 유출을 가속화하는 결과를 초래할 것이다.

우리나라는 현재 '인구 절벽'과 '노동력 부족'이라는 구조적 위기에 직면해 있다. 이제 로봇은 인간의 일자리를 뺏는 존재가 아니라, 생산 가능 인구 감소로 인한 국가 경제의 침몰을 막기 위한 '필수 생존 도구'이다. 미국, 일본, 중국 등 주요 경쟁국들은 로봇을 국가 전략 산업으로 지정하고 법인세 감면, R&D 보조금 지급 등 파격적인 혜택을 제공하며 '로봇 산업 발전에 박차를 가하고 있다. 타 국가들이 보조금을 주며 로봇 산업을 독려할 때 우리만 세금을 부과하는 것은, 국가 대표 선수의 발목에 모래주머니를 채워 국제 경기에 내보내는 것과 다름없다. 로봇은 과세의 대상이 아니라, 지속 가능한 경제 성장을 위해 국가 차원에서 장려하고 보호해야 할 핵심 전략 자산이어야 한다.

이상에서 우리는 로봇세가 세금 부과 기준이 모호하여 과세가 용이하지 않으며, 로봇세를 부과하는 것보다 로봇 산업 발전을 통해 세수를 확보하는 것이 효율적임을 주장하였다. 또한 로봇세로 인해 국가경쟁력이 약화될 수 있다. 따라서 우리는 로봇세 도입을 반대한다.

2.2.4. 토론의 구성

1) 입론

입론은 토론의 첫 부분에서 자신의 주장을 개진하고, 그 이유가 무엇인지를 논리적으로 설명하는 단계이다. 입론은 단지 의견을 내세우는 것이 아니라, 논리적인 주장과 신뢰할 수 있는 근거를 통해 상대방과 청중에게 '왜 이 입장이 타당한가'를 설득해야 한다. 입론에서 제시된 주장은 이후 모든 반론과 반박의 기준점이 되므로, 토론 전체의 설계도라 할 수 있다.

입론을 준비할 때는 주장, 근거, 예시의 세 가지 요소를 명확하게 구성해야 한다. 주장만을 제시하는 것은 설득력이 부족하므로, 객관적인 데이터나 신뢰할 수 있는 연구 결과를 바탕으로 근거를 마련해야 한다. 또한 상대방이 예상할 수 있는 반론을 미리 고려하여 대응 전략을 준비하는 것이 효과적이다. 입론에서는 논리적 일관성을 유지하는 것이 중요하다. 한 가지 핵심 논점을 중심으로 주장을 전개해야 하며, 여러 개의 논점을 무작위로 제시하면 논리적 흐름이 약해질 수 있다. 또한 입론자는 청중이 자신의 주장을 쉽게 이해할 수 있도록 간결하고 명확하게 표현해야 한다.

(1) 찬성 팀 입론

찬성 팀은 논제에 찬성하는 입장을 갖고, 해당 주장이 왜 필요하고 타당한지를 설명한다. 찬성 팀의 입론에는 논제의 배경 제시, 용어의 개념 정리, 핵심 주장 제시 등이 포함된다. 먼저 본격적인 주장을 펼치기 전에 논제의 배경을 시급성, 중요성, 개선의 필요성 등으로 제시한다. 그 논제가 우리 사회에 시급하게 해결해야 할 문제인가? 그 논제가 사회적으로 중요한 문제인가? 현재 상황에서 개선할 필요성이 있는가? 등을 제시하여야 한다. 용어의 개념을 설명하는 방법에는 사전적 정의, 법률적 정의, 전문가의 견해 등이 있다. 개념이 제대로 정의되지 않으면 쟁점이 엇나갈 수 있으므로 용어 정의는 사전에 서로 협의하는 것이 필요하다.

핵심 주장은 주로 2~3개를 제시하는데, 명확한 근거를 통해 이를 뒷받침해야 한다. 이때 신뢰할 수 있는 연구 결과나 통계 자료, 전문가 의견 등 근거자료를 활용하여 주장의 설득력을 높인다. 예를 들어 "세계은행 보고서에 따르면, 기본소득이 도입된 국가에서는 빈곤율이 평균 30% 감소했습니다." 등과 같이 자료를 활용하면 설득력이 높아진다. 예시와 사례를 들어 청중이 쉽게 이해할 수 있도록 돕는 것이 중요하다. 마지막으로는 전체 주장의 핵심을 정리하고 입장을 재강조하며 마무리한다.

입론에서는 논리의 일관성, 용어 정의의 명확성, 자료의 신뢰도가 핵심이다. 특히 어려운 개념은 쉽게 설명하고, 근거는 너무 많기보다는 핵심적인 몇 개를 명확하게 전달하는 것이 효과적이다.

(2) 반대 팀 입론

반대 팀은 찬성 팀의 주장을 받아들이지 않으며, 그 주장이 비현실적이거나 위험하다는 점을 지적해야 한다. 구성 방식은 찬성 팀과 유사하되, 강조점이 다르다. 반대 팀의 입론에서는 찬성 팀이 현재 상황에 문제점이 있다고 한 주장에 대해 그렇지 않다고 주장하거나, 설령 문제가 있다고 하더라도 찬성 팀의 문제 인식이나 대책이 적절하지 않음을 주장하게 된다. 이때 찬성 팀 주장의 논거가 가지고 있는 논리적 약점, 실현 가능성 부족, 주장이 실현되었을 때의 부작용 등을 지적한다. 또한 논제가 실현되었을 때 초래할 문제점이나, 대안적 해결책을 제시해 자신의 입장이 단순한 반대가 아닌 '합리적인 다른 선택'임을 보여 준다. 이때 찬성 팀과 마찬가지로 근거 자료를 제시해야 한다. 찬성 팀 주장보다 더 구체적이고 설득력 있는 자료를 활용해야 청중의 신뢰를 확보할 수 있다.

2) 확인질문

확인질문은 입론에 대한 반론, 반론에 대한 재반론을 하기 위해 입론과 반론에서 말한 상대방의 발언 내용에 대해 질문하는 과정이다. 이 질문을 통해 토론자는 상대방의 주장의 논리적 약점이나 모순을 드러내어 상대의 논리를 흔들고, 자신의 반론을 위한 기반을 마련할 수 있다.

확인질문은 단순한 정보 확인이 아니라, 의도된 논리적 압박과 검증이다. 따라서 질문 항목들의 논리적 연결을 고려하면서 전략적으로 실시해야 한다. 확인질문은 상대방이 제시한 논점 중에서 가장 취약한 부분이나 논리적 허점을 지적해야 한다. 정의의 개념과 범위, 근거의 사실성, 근거와 논제와의 관련성, 근거의 신뢰성 등을 검토하고 이에 대한 질문을 해야 한다. 질문은 답변이 길어질 수 있는 "~에 대하여 어떻게 생각하십니까?"와 같이 열린 질문이 아니라 '예, 아니요'로 짧게 답변할 수 있는 질문을 한다.

3) 반론

반론은 상대방의 주장에 대해 직접 반박하고, 자신의 입장을 다시 강화하는 과정이다. 이 단계는 토론의 '중심 격돌'에 해당하며, 각 팀의 사고력과 순발력이 시험받는 시간이다. 효과적인 반론을 위해서는 먼저 상대방의 논거를 정확히 요약하고, 그 논거에 담긴 전제나 근거의 약점을 지적해야 한다. 상대 팀이 구축해 놓은 논증을 타당성이 없다거나 충분한 뒷받침이 없다는 점을 들어 비판해야 한다. 효과적인 반론을 하기 위해서는 다음의 사항에 유의해야 한다.

먼저 상대의 논리를 직접 반박하기 전에, 먼저 상대의 주장을 요약하여 정확히 이해했음을 보여야 한다. 예를 들어 "상대 팀은 기본소득이 경제적 부담을 증가시켜 정부의 재정 건전성을 해칠 것이라고 주장했습니다. 하지만, 이는 다음과 같은 이유로 타당하지 않습니다."라고 할 수 있다. 그런 다음 상대방 주장을 반박해야 한다. 이때 상대방의 주장이나 근거의 논리적 오류를 지적하면 설득력을 높일 수 있다. 예를 들어, "기본소득을 도입하면 정부가 파산할 것이다."라는 주장을 하였다면 이는 흑백논리의 오류로 실제로는 여러 경제적 해결책이 존재함을 들 수 있고, "기본소득이 도입된 나라에서는 실업률이 높다."라고 주장한다면 단순한 상관관계가 아니라, 실업률 상승의 다른 원인을 분석해야 함을 들어 인과관계의 오류임을 밝힘으로써 상대방의 주장을 반박할 수 있다.

반론을 할 때는 상대방의 논리가 약한 부분을 지적하면서, 더 설득력 있는 근거를 제시해야 한다. 보다 신뢰할 수 있는 자료나 연구를 제시하여 상대 자료의 약점을 지적하고, 입론에서 제시했던 주장을 강화하거나 보완하여 더욱 설득력 있게 만든다. 반박 후에는 대안을 제시해야 한다. 예를 들어 "기본소득의 재원 마련을 위해 부유층의 세금을 일부 조정하면, 경제적 부담 없이도 지속 가능한 재원을 확보할 수 있습니다."와 같이 단순히 상대를 부정하는 것이 아니라, 더 나은 대안을 제시하는 것이 중요하다.

반론을 할 때 주의할 것은 자기 측에 유리한 쟁점을 찾아내야 하며, 반론할 내용을 체계적으로 구성해야 한다는 점이다. 반론도 신뢰성과 타당성을 가져야 설득력을 높일 수 있다. 또한 앞의 과정에서 나오지 않은 주장을 제시하지 말아야 하며, 상대측이 주장한 논증은 모두 반론해야 한다.

4) 최종 변론

최종 변론은 토론의 마무리 단계로, 자신의 주장을 다시 한번 강조하고, 토론을 유리한 방향으로 이끌어 가는 역할을 한다. 최종 변론에서는 새로운 논점을 제시하기보다, 기존의 논점을 정리하고 상대방의 반론을 논파하는 것이 핵심이다.

이 단계에서는 먼저 토론에서 제시된 주요 논점을 요약한다. 예를 들어 "오늘 토론을 통해 우리는 기본소득이 경제적 안정성을 높이고, 사회적 불평등을 줄이며, 경제 성장을 촉진하는 효과가 있다는 점을 입증했습니다."와 같이 정리할 수 있다. 다음으로 상대방 반론의 약점을 지적하고, 자신이 제시한 근거가 상대의 반론보다 더 타당하다는 점을 강조해야 한다. 예를 들어, "상대 팀은 기본소득이 실업률을 증가시킬 것이라고 주장했지만, 여러 연구 결과는 반대의 결론을 보여주었습니다."와 같이 말할 수 있다. 최종 변론에서는 논리뿐만 아니라 감정적인 요소를 활용하여 청중에게 강한 인상을 남길 수도 있다. 예를 들어 "우리 사회는 더 공정하고 포용적인 시스템을 만들어야 합니다. 기본소득은 단순한 정책이 아니라, 보다 나은 미래를 위한 투자입니다."와 같이 말할 수 있다. 또한, 청중이나 심사위원이 기억하기 쉬운 강력한 마무리 멘트를 준비하는 것이 효과적이다. 예를 들어, "오늘 우리는 기본소득이 우리 사회에 긍정적인 변화를 가져올 것임을 증명했습니다. 이제 우리는 이 변화를 실행할 때입니다."와 같은 결론을 제시하면 설득력을 높일 수 있다.

실전 연습

지금까지 맞춤법과 띄어쓰기에 대해 학습한 내용을 총동원하여 아래의 글을 어문 규범에 맞게 고쳐 보자.

국어의 장애음 중 평음과 격음은 폐쇄의 개방 시점과 성대 진동의 시작 시점간의 간격을 나타내는 ***VOT(Voice Onset Time)와** 이들 장애음에 후행하는 모음의 기본 주파수(Fundamental Frequency, f0) 차이를 바탕으로 변별 된다. 일반적으로는 격음의 VOT가 평음 보다 유의미하게 길어서 VOT 차이 만으로도 평음과 격음의 변별이 가능하다. 그러나 젊은 세대를 중심으로 평음과 격음간 VOT 차이가 점차 줄어들고 있으며, 특정 집단에서는 VOT가 아닌 후행 모음의 f0에 의해 이들이 변별 되고 있다는 점이 여러 음성학 및 음운론 논의들을 통해 보고 되어 왔다.

평음과 격음 중 평음을 조작 음성의 원음성 자료로 선택한 것은, 본고의 주된 목적이 다른 음향적 특성이 통제된 상태에서 모음에 따라 f0값이 서로 다른 지각 및 인식 경계를 가지는 지 알아보는데 있기 때문이다. 평음과 격음간 VOT 차이가 미미해진 집단은 이와 같은 f0 차이에 의존하여 평음과 격음을 변별하기에, 평음 뒤에 격음에 후행하는 것 만큼 높은 f0값을 가지는 모음을 결합한 음성을 들려주면 이를 대체로 격음으로 지각한다. 그런데 이 실험에 'ㅏ' 보다 f0값이 높은 'ㅣ' 모음이 사용되어도 지각 결과가 동일할지는 의문이다. '바'만이 260mel(181.6㎐)로 설정된 6번 자극에서부터 격음으로 인식될뿐이다.

* 잠깐! 글을 쓰다가 괄호를 사용하게 되면, 조사는 괄호 밖의 단어에 맞춰서 적어야 할까? 아니면 괄호 속의 단어에 맞춰서 적어야 할까? 윗글의 'VOT(Voice Onset Time)와'의 예에서 확인할 수 있듯이 조사는 괄호 밖의 단어에 맞춰서 적는 것이 옳다. 위의 예의 경우 괄호 밖의 단어, 즉 'VOT'에 맞춰서 조사를 사용한다면 'VOT와'가 되겠고, 괄호 속 단어 'Time'에 맞춰서 조사를 사용한다면 'Time과'가 될 텐데, 괄호 속 내용은 본문 문장에 대한 별도의 부연 내용인 것이므로, 조사는 본문 문장과 이어서 적어주는 것이 적절하다.

참고문헌

I 장

이수지, 『만질 수 있는 생각』, 비룡소, 2024.

이성범, 『소통의 화용론』(2판), 한국문화사, 2019.

Badiou, A. (2009), Éloge de l'amour, Paris: Flammarion. [이재형 역, 『사랑 예찬』, 새물결, 2012.]

de Waal, F. (2009), The Age of Empathy: Nature's Lessons for a Kinder Society, New York: Broadway Books. [최재천 역, 『공감의 진화: 자연이 가르쳐주는 더 나은 사회를 위한 교훈』, 까치, 2010.]

Doherty, M. J. (2009), Theory of Mind: How children understand others' thoughts and feelings, Hove: Psychology Press.

Deleuze, G. & Guattari, F. (1987), A Thousand Plateaus: Capitalism and Schizophrenia, Minneapolis: University of Minnesota Press. [김재인 역, 『천의 고원: 자본주의와 분열증 2』, 새물결, 2001.]

Eisenberger, N. I., & Lieberman, M. D. (2004), "Why rejection hurts: A common neural alarm system for physical and social pain," Trends in Cognitive Sciences, 8(7), pp. 294-300.

Grice, H. P. (1975), "Logic and Conversation," in P. Cole & J. L. Morgan (Eds.), Syntax and Semantics, Vol. 3: Speech Acts, New York: Academic Press, pp. 41-58.

Hall, E. T. (1976), Beyond Culture, New York: Anchor Books.

Han, B.-C. (2012), Agonie des Eros, Berlin: Matthes & Seitz. [김태환 역, 『에로스의 종말』, 문학과지성사, 2015.]

Harari, Y. N. (2014), Sapiens: A Brief History of Humankind, London: Harvill Secker. [조현욱 역, 『사피엔스: 유인원에서 사이보그까지, 인간 역사의 대담하고 위대한 질문』, 김영사, 2015.]

Larsen-Freeman, D. (1994), "Second language pedagogy: Grammar," in M. Celce-Murcia (Ed.), Teaching English as a Second or Foreign Language (2nd ed.), Boston: Heinle & Heinle, pp. 279-296.

Leech, G. N. (1983), Principles of Pragmatics, London: Longman.

Shannon, C. E., & Weaver, W., The Mathematical Theory of Communication, University of Illinois Press, 1949/1964.

Tomasello, M. (2008), Origins of Human Communication, Cambridge, MA: MIT Press. [이현진 역, 『인간의 의사소통 기원』, 영남대학교출판부, 2015.]
Tomasello, M. (2014), A Natural History of Human Thinking, Cambridge, MA: Harvard University Press. [이정원 역, 『생각의 기원』, 이데아, 2017.

II장

고영근·구본관, 『우리말 문법론』, 집문당, 2019.
구본권, 『로봇 시대, 인간의 일』, 어크로스, 2017.
권순희 · 김경주 · 송지언 · 이영호 · 이윤빈, 『작문교육론』, 사회평론아카데미, 2023.
김민석, 하도습지의 탄소배출량 추정에 관한 연구, 인하대학교 토목공학과 대학원 석사학위 논문, 2025.
김세율, 교육환경이 아파트 전월세가격에 미치는 영향에 관한 실증연구: 서울시 송파구를 중심으로, 건국대학교 부동산대학원 부동산경영관리전공 석사학위 논문, 2020.
김아름, 한국어 자동 음성 인식의 오류 유형에 대한 음운론적 연구, 서울대학교 대학원 박사학위 논문, 2022.
김애란 외, 『눈먼 자들의 국가』, 문학동네, 2014.
김종철, 난민관련 한국 법규정과 판례의 비판적 분석, 고려대학교 법학과 대학원 석사학위논문, 2014.
남기택 외, 『학술적 글쓰기와 발표』, 삼경문화사, 2022.
남정희 외, 『발표와 토론』, 주민출판사, 2021.
남청수, K.Waltz의 '일반국제정치이론'에 대한 검토: 전쟁연구에서 구조-단위 관계를 중심으로, 중앙대학교 정치외교학과 대학원 석사학위 논문, 2003.
대학 글쓰기 교재 편찬위원회(2018), 『대학 글쓰기』, 충북대학교출판부, 2018.
류수열 외, 『고등학교 국어』, 금성출판사, 2018.
박영목, 『작문 교육론』, 역락, 2008.
박영민 · 가은아 · 권태현 · 박종임 · 박찬흥, 『작문 교육론』, 역락, 2025.
서영채, 『인문학 개념정원』, 문학동네, 2013.
송재일 외, 『대학생을 위한 발표와 토론』, 박이정, 2017.
아주대학교 의사소통센터, 『디지털 시대 대학 글쓰기』, 역락, 2023,

안희은·지희정, 기후변화에 따른 생태계 교란 식물 가시상추와 미국쑥부쟁이 잠재 분포 예측, 『한국데이터정보과학회지』 35(6), 한국데이터정보과학회, 2024, 843-858면.
유시민, 『역사의 역사』, 돌베개, 2018.
유홍주, 『발표와 토론을 위한 화법 연습』, 메이킹북스, 2023.
윤은경·이호영, 한국어 비음의 탈비음화에 대한 연구, 『이중언어학』 55, 이중언어학회, 2014, 183-218면.
이진화, 유전자발현의 열쇠, 후성유전학(epigenetics), 『지역사회』, 한국지역사회연구소, 2017, 139-145면.
이태준, 『문장 강화』, 창작과비평사, 2005.
이홍식, 『국어 문장의 주성분 연구』, 월인, 2000.
전지니 외, 『인공지능 시대 대학생을 위한 말하기와 글쓰기』, 태학사, 2024.
최형용·김수현·조경하, 『발표와 토론』, 박이정, 2014.
홍승주, 「누가 비 올 때 배달하래? 기후실업급여 비웃는 사람들」, 『더스쿠프』, 2024.
황지영 외, 『통합적 사고와 글쓰기』, 이화여자대학교출판문화원, 2020.
Boyd, Brian. (2009), On the Origin of Stories: Evolution, Cognition, and Fiction, Cambridge, MA: Harvard University Press. [남경태 역, 『이야기의 기원』, 휴머니스트, 2013.]
Solnit, Rebecca. (2010), A Paradise Built in Hell: The Extraordinary Communities That Arise in Disaster, New York: Viking. [정해영 역, 『이 폐허를 응시하라』, 펜타그램, 2012.]

III장

가톨릭대학교 교양교육원 편, 『문제해결과 의사소통-발표와 토론』, 가톨릭대학교출판부, 2010.
구현정 · 전영옥, 『의사소통의 기법』, 박이정, 2013.
구현정 · 전정미, 『화법의 이론과 실제』, 박이정, 2007.
김복순, 『발표와 토의』, 태학사, 2015.
남기택·최도식·국원호·박상익, 『학술적 글쓰기와 발표』, 삼경문화사, 2022.
백미숙, 『스피치 특강』, 커뮤니케이션북스, 2006.
백미숙·이상철, 『소통의 기초 스피치와 토론』, 성균관대학교 출판부, 2018.
송재일 · 송주영 · 정형근 · 조현아 · 차수정, 『대학생을 위한 발표와 토론』, 박이정, 2017.
송재일·송주영·정형근·조현아·차순정, 『대학생을 위한 발표와 토론』, 박이정, 2023.

숙명여자대학교 의사소통능력개발센터, 『발표와 토론』, 2006.

안명철·고인석·이익모·이관수·이규성, 『글쓰기와 토론 실습(이공계열)』, 인하대학교 출판부. 2016.

이상철 · 백미숙 · 정현숙, 『스피치와 토론』, 성균관대 출판부, 2007.

이정옥, 『토론의 전략』, 문학과 지성사, 2012.

이창덕·임칠성·심영택·원진숙·박재현, 『화법교육론』, 역락, 2017.

임태섭, 『스피치 커뮤니케이션』, 커뮤니케이션북스, 2003.

임태섭, 『스피치 커뮤니케이션』, 커뮤니케이션북스, 2011.

정승혜 · 문금현, 『대학생을 위한 화법 강의』, 태학사, 2000.

조하연 · 김진희 · 김형규, 『단계별로 익히는 학술 글쓰기』, 태학사, 2016.

최형용·조경하, 『발표와 토론』, 박이정, 2014.

최형용 · 김수현 · 조경하, 『열린 세상을 향한 발표와 토론』, 박이정, 2016.

홍정선 · 원종찬 · 한성우 · 김동식 · 탁용석 · 장윤희 · 안명철, 『글쓰기와 토론』, 인하대학교 출판부, 2016.

황정산 · 최예열 · 채석용 · 김명원, 『대학생을 위한 발표와 토론』, 태학사. 2015.

MEMO

MEMO

MEMO